21世纪普通高等学校
涉外秘书专业系列教材

办公自动化高级教程

An Advanced Coursebook of Office Automation

魏慧斌　顾洪萍　主编

An Advanced Coursebook of
Office Automation

暨南大学出版社
JINAN UNIVERSITY PRESS

中国·广州

图书在版编目（CIP）数据

办公自动化高级教程/魏慧斌，顾洪萍主编 . —广州：暨南大学出版社，2014. 12
（21 世纪普通高等学校涉外秘书专业系列教材）
ISBN 978－7－5668－1302－2

Ⅰ.①办… Ⅱ.①魏… ②顾… Ⅲ.①办公自动化—教材 Ⅳ.①C931. 4

中国版本图书馆 CIP 数据核字（2014）第 295709 号

出版发行：暨南大学出版社

地　址：	中国广州暨南大学	
电　话：	总编室（8620）85221601	
	营销部（8620）85225284　85228291　85228292（邮购）	
传　真：	（8620）85221583（办公室）　　85223774（营销部）	
邮　编：	510630	
网　址：	http：//www. jnupress. com　http：//press. jnu. edu. cn	

排　版：广州市天河星辰文化发展部照排中心
印　刷：湛江日报社印刷厂

开　本：787mm×1092mm　1/16
印　张：15. 25
字　数：360 千
版　次：2014 年 12 月第 1 版
印　次：2014 年 12 月第 1 次

定　价：38. 00 元

（暨大版图书如有印装质量问题，请与出版社总编室联系调换）

21 世纪普通高等学校
涉外秘书专业系列教材编委会

总序一

20 世纪 80 年代中期，在改革开放形势的呼唤下，广东得风气之先。广东外语外贸大学的前身广州外国语学院以前瞻性的战略眼光，凭着自身的优势，抓住机遇，于 1986 年开办了中英文秘书专业（专科），这在全国范围来说是名列前茅的。1989 年，该专业升级为本科，并改称涉外秘书专业。1999 年改称汉语言专业（涉外秘书）。2005 年 5 月，中国语言文化学院成立，汉语言专业（涉外秘书）更名为汉语言专业（高级涉外文秘），是校级名牌专业。2010 年 8 月，汉语言专业（高级涉外文秘）获批为广东省高等学校本科特色专业。二十多年过去了，广东外语外贸大学中国语言文化学院的汉语言专业（高级涉外文秘）获得了长足的发展，一批又一批的学生走向社会，活跃在全国各个层次、各个领域的涉外机构，得到了社会的广泛认可，赢得了很好的社会声誉。汉语言专业（高级涉外文秘）在二十多年的稳健发展过程中，也培养和造就了一支优秀的师资专业队伍。汉语言专业（高级涉外文秘）被评为广东省高等学校本科特色专业，这既是对我校过去人才培养成绩的肯定，也是我校继续做好专业建设的新契机。为此，中国语言文化学院组织了一批教学经验丰富的优秀教师，编写了这套"21 世纪普通高等学校涉外秘书专业系列教材"。

这套教材是专业建设的新成果，有两个很明显的特点：

一是涉外性。我校是一所具有鲜明国际化特色的教学研究型大学，是华南地区国际化人才培养和外国语言文化、对外经济贸易、国际战略研究的重要基地。国际化是我校最重要的特色，我校践行"明德尚行，学贯中西"的校训，以培养全球化的高素质公民为使命，着力推进专业教学与外语教学的深度融合，培养"双高"（思想素质高、专业水平高）、"两强"（跨文化交际能力强、实践创新能力强），具有国际视野，通晓国际规则，能直接参与国际合作与竞争，有社会责任感的国际化人才。这套教材从选题遴选、内容安排、案例选择、练习设计等方面均体现了鲜明的涉外特色。

二是实践性。教育部《关于全面提高高等教育质量的若干意见》文件要求，强化实践育人环节，结合专业特点和人才培养要求，分类制定实践教学标准。增加实践教学比重，组织编写一批优秀实验教材。我校重视学生实践环节的培养，成立了实验教学中心，在教学计划中专门设立了实践教学模块，并建设有一大批校外实践教学基地。这套教材即从秘书职业的实际需要出发，精心安排教学内容。编委会在我校十几届涉外秘书专业毕业生中进行了广泛调研，以了解职业需求，故这套教材的教学内容，可立即运用于秘书职业实践。

　　2012 年 9 月，教育部颁布了新的《普通高等学校本科专业目录》，在中国语言文学一级学科下特设了独立的秘书学专业。这是专业发展的又一次新契机。希望这套教材能为秘书学专业建设作出贡献。

　　是为序。

广东外语外贸大学校长、教授、博士生导师

2014 年 12 月于广州

总序二

作为长期从事涉外秘书专业一线教学工作，积累了一些教学经验的教师，我们感到，教材建设的滞后在一定程度上影响了专业的建设和教学水平的提高。就目前来看，专门针对涉外秘书专业的教材寥寥无几，更遑论系列性的教材了。因此，借助我校特色专业获批的契机，经过充分的筹划和准备，我们组织编写了"21世纪普通高等学校涉外秘书专业系列教材"。本系列教材的突出特点是：

（一）针对性

在策划过程中，本系列教材的指导思想就很明确，主要用于涉外秘书专业。涉外秘书与传统的秘书相比，其对知识技能的复合性要求更高，除了要懂写外，还要能说会干。也就是说涉外秘书很多时候必须是个"全才"，不但要熟悉各种文案的写作和制作，还要有很强的沟通表达能力和各种各样的办事能力，包括办公自动化技能等。本系列教材正是围绕着学生的这些必备能力来精心选择相关的教学内容的。

（二）前沿性

社会的飞速发展，要求作为辅助管理的秘书工作必须与时俱进。本系列教材在编写过程中注意吸收一些前沿性的学术成果，如写作的最新规范，用办公自动化手段处理各种各样的涉外秘书实务工作等，尽可能地缩短教材理论和知识与实践的距离，让学生"学即能用"、"学即可用"。

（三）实际操作性

秘书专业是一门应用学科，它所涉及的有关的程序、方法和措施等，其实际操作性都是很强的。有鉴于此，我们在教材的编写过程中注意避免坐而论道、纸上谈兵的做法，通过案例分析、情景模拟、实训练习等方法，强化学生对基本技能的操作能力，为学生就业、从业打下扎实的基础。

本系列教材既适用于高等院校本、专科涉外秘书学专业的学生，也适用于广大在职或准备入职的涉外秘书人员以及对涉外秘书工作有兴趣的各类人员。

本系列教材的编写和出版得到了暨南大学出版社的大力支持，我们对编审人员所付出的辛勤劳动表示衷心的感谢！

"看似寻常最奇崛，成如容易却艰辛。"由于我们水平有限，书中难免有错漏、欠妥之处，恳请专家、行家和广大读者不吝赐教。

21 世纪普通高等学校涉外秘书专业系列教材编委会
2014 年 12 月

前　言

　　本书是方尤瑜、李惠娟主编的"21世纪普通高等学校涉外秘书专业系列教材"之一，可作为本科或高职高专文秘专业"办公自动化"课程教材，也可作为职业培训教材。

　　当代社会是信息社会，以计算机和网络技术为代表的现代信息技术发展非常迅速，这极大地改变了人类社会的生产和生活面貌。办公自动化是利用现代信息技术处理各类事务、加快信息流通、提供决策参考、提高办公效率的高效利器。了解办公自动化常识，切实掌握各种操作技能，是文秘乃至现代各行业从业人员的基本职业素养和必然要求。编者认为，文秘专业学生在信息素养方面的要求应当是"博"而"杂"。所谓"博"，是知识方面的要求，对现代信息技术方面的新设备、新技术、新趋势要有所了解。所谓"杂"，是技能方面的要求，对文字处理、数据分析应用、多媒体加工、网站建设和管理，以及软硬件简单维护等技能都应有所掌握，能够利用这些技能解决办公中遇到的一般问题。办公室出现的一些软硬件问题，往往不需要专业人员处理。编者经常看到这类现象：无意中将默认打印机设置错了，便使办公室秘书束手无策，整整一天不能正常打印文件，极大地影响了工作效率。如果办公室秘书懂得简单的故障维护，这些问题就会迎刃而解。当然，有些软件技术，例如多媒体信息加工和处理，是非常专业精深的，可以单独开设几门课程来学习。我们只要求文秘人员熟悉办公室的日常简单应用，点到为止，不作过专过深的要求。

　　由于我国中小学已经普及信息技术教育，高等学校也开设了面向文科学生的"计算机基础"等选修课，当代大学本、专科学生已经具有较好的信息技术基础和实操能力。本书不再讲述剪切、复制之类的基本操作，主要介绍各类进阶技能。本书取名为"高级教程"，其意即在于此。

本书按 2 学分、36 学时的教学安排进行编写，共分 10 章。魏慧斌编写了第 1 章至第 6 章，并审读了全书。顾洪萍编写了第 7 章至第 10 章。每章标题下设有"学习重点"板块，提纲挈领地说明重点教学内容。每章配有"思考和操作"内容，建议学生切实上机完成。"办公自动化"是一门操作性很强的课程，最好在机房边上课，边实际操作。

现代信息技术发展一日千里，由于编者水平有限，书中错漏之处在所难免。祈请读者及时批评指出，以便再版时补充修正。

魏慧斌　顾洪萍
2014 年 10 月 7 日于广州

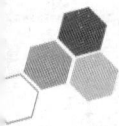

目　录

第1章
概　论

学习重点：了解办公自动化的主要概念、发展历程和发展趋势；熟悉办公自动化系统的软硬件组成。

对"办公自动化"（Office Automation，简称 OA）一词，学界有多种理解，目前尚没有统一的定义。1997 年，我国专家在第一次全国办公自动化规划讨论会上提出办公自动化的定义为：利用先进的科学技术，使部分办公业务活动物化于人以外的各种现代化办公设备中，由人与技术设备构成服务于某种办公业务目的的人—机信息处理系统。这一概念包括广义和狭义两个层面的内涵。广义的概念是指在办公过程中，利用自动化设备和现代信息技术处理各类事务，提高办公效率的一切技术和工作。诸如打印和复印文件，收发传真和电子邮件，扫描加工图片，处理加工多媒体信息等。狭义的概念仅指一种管理信息系统，通常叫作办公自动化系统（Office Automation System，简称 OAS），以前也叫作无纸化办公、数字化办公或电子政务。

1.1　办公自动化发展简史

"Office Automation"一词起源于 20 世纪 50 年代的美国，当时主要指使用机械打字机、传真机、复印机等机械设备提高办公效率。虽然计算机在此时已经发明，但由于其体积大、性能低、价格高，还没有广泛地应用到办公室中。20 世纪 80 年代初，英特尔公司发明了 8086 等系列微处理器，国际商业机器公司（IBM）迅速将其投入使用，研制了体积相对较小、功能较强的桌面微型个人计算机。自此，美国的各种办公室开始广泛使用电脑来处理文档。受美国潮流影响，我国学界也开始关注办公自动化应用技术。1983 年，全国性的办公自动化学会在北京成立；1995 年，学会创办《办公自动化》期刊；1997 年起，每年举行一届"办公自动化国际学术研讨会"（OA 大会），这标志着办公自动化正式成为一门学科。

图 1-1　机械式英文打字机

图 1-2　机械式中文打字机

　　办公自动化发展水平主要取决于现代信息技术发展水平。我国办公自动化发展主要经历了以下四个时代。

1.1.1　单机时代（1980—1995）

　　电脑 CPU 主频低、内存小、存储空间不足。主流操作系统是微软的 DOS，需要记忆大量的命令。电脑价格比较昂贵，只有少数大型企事业单位才用得起。汉字在计算机中的输入、输出和存储曾经是中文办公自动化的瓶颈问题。1985 年中科院计算所正式推出联想汉卡，1989 年巨人公司推出巨人汉卡，随后又出现 CCDOS、UCDOS 等汉字系统，基本解决了汉字瓶颈问题。随后，王码五笔输入法、金山 WPS 文字处理软件、CCED 表格软件开始风行，办公室开始广泛使用 WPS 软件输入和打印文稿。北京大学王选教授领衔研发的激光汉字照排系统，使得新闻出版行业告别了传统铅字排版，实现了全过程的计算机化。这一时期电脑主要用于文档处理，针式打印机代替了原来的机械打字机，实现印刷出版行业的计算机化。

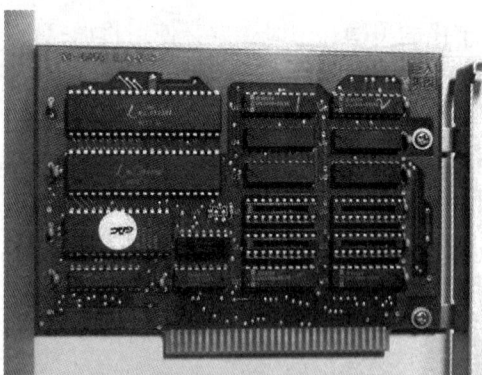

图 1-3　巨人汉卡

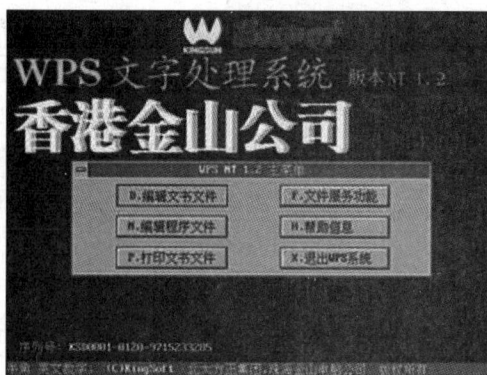

图 1-4　金山 WPS

1.1.2　局域网时代（1996—2000）

　　电脑进入 486、586、奔腾时代，性能迅速提升，价格有所下降。微软先后推出 Windows 95、Windows 98、Windows Me、Windows 2000 等操作系统，采用了鼠标加键盘的输入方式。界面友好，减轻了办公室人员的记忆负担。微软推出中文版 Office 95、Office 97、Office 2000 等办公系统套件，迅速取代了 WPS 软件。办公室开始普遍配置电脑，并通过局域网进行联机，广泛使用 Visual Foxpro、Visual Basic 等高级编程语言研发的信息管理系统。这些信息管理系统大多采用客户端/服务器模式，用户需要安装专用的客户端。此时，我国民众开始使用互联网，主要接入方式是 56K Modem 拨号，但信号不稳定、速度低、费用高，并未在办公室普及使用。

图 1-5　56K 拨号 Modem

1.1.3　互联网时代（2000—2008）

电脑硬件性能飞速提高，价格迅速下降。机关、企事业单位和家庭基本普及配置电脑。这一时期，互联网技术迅速发展，接入方式为 ADSL、CABLE、百兆局域网、光纤到户等，网速不断提高。浏览器/服务器（B/S）模式的办公自动化系统广泛应用。B/S 模式系统不需要客户端，通过浏览器即可访问服务器，完成信息的上传、修改、发布、下载等工作，在任何接入互联网的电脑上均可以操作。

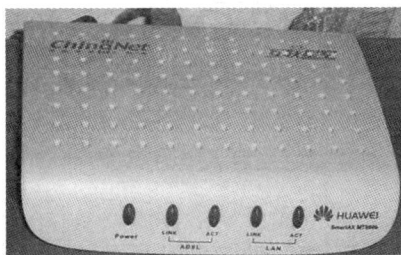

图 1-6　ADSL Modem

1.1.4　移动互联网时代（2008 年至今）

苹果公司、谷歌公司分别推出两大移动操作系统 iOS 和安卓（Android），智能移动设备，特别是智能手机，迅速占领市场并普及，移动互联网方兴未艾。原来 B/S 模式的办公自动化系统开始移植到智能移动设备上。智能移动设备通过无线局域网、移动通信运营商 3G 和 4G 信号等接入互联网，在任何时间、任何地点登录系统处理事务，是我国办公自动化行业发展的最新趋势。

图 1-7　中国移动 4G

1.2　办公自动化系统

办公自动化系统是使用现代信息技术软硬件设备构建的信息管理系统，包括硬件和软件两个部分。

1.2.1　硬件

服务器：包括系统服务器、数据存储服务器、互联网服务器、音视频服务器、邮件服务器等。系统服务器用于安装办公自动化系统的服务端软件。数据存储服务器用于保存用户信息及文档、数据等海量信息。互联网服务器提供整个系统的互联网接入服务。音视频服务器提供在线音视频播放服务。邮件服务器提供邮件收发服务。

客户端电脑：单位员工使用，一般人手一台，主要是台式电脑或笔记本电脑。

网络设备：包括大型交换机、路由器、无线路由器、光纤转接器等，负责把单位内部的服务器和客户端电脑连接起来，组成网络。

信息采集设备：包括录音笔、绘图板、扫描仪、数码相机、数码摄像机、视频采集卡、摄像头等。

信息存储设备：包括移动硬盘、U盘、光盘刻录机等。

信息输出、复制、传送设备：包括打印机、复印机、传真机等。

其他办公设备：包括UPS不间断电源、碎纸机等。

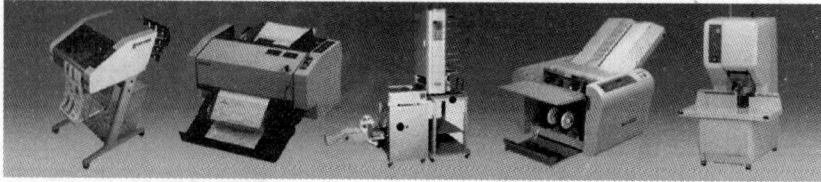

图 1-8　部分办公自动化硬件设备

1.2.2　软件

软件是办公自动化系统的灵魂。小型企事业单位可使用专业公司开发的通用型办公自动化系统软件，一般只用于信息传递和文档处理，不涉及具体业务流程。软件安装在原来的办公电脑上即可，不需要购买太多额外的硬件设备。

图 1-9　通用型办公自动化系统软件

大中型企事业单位一般聘请专业公司根据本单位业务需求开发专用的办公自动化系统，一般采用 HTML、ASP、PHP、JSP 等网页语言开发。系统集成了多个业务模块，通常包括人事、财务、销售、仓管、物流等子系统，功能较完善和强大。

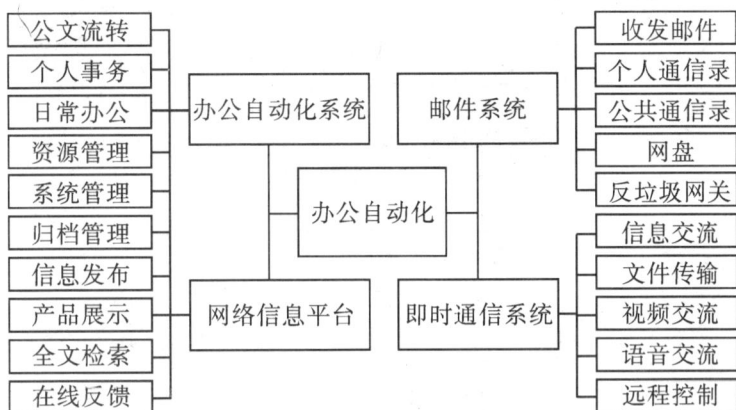

图 1 – 10　某办公自动化系统功能模块示意图

大型办公自动化系统的研发要经过需求调研、系统设计、模块开发、硬件安装、软件调试、反馈修改、业务培训、验收使用等几个阶段。

下面我们以"数字广外"为例介绍办公自动化系统的软件部分。广东外语外贸大学各职能部门从 2000 年开始，陆续开发各自的管理信息系统。2005 年，大学教育技术中心与专业 IT 公司合作，统筹进行软硬件升级改造，打造统一的数字化办公平台——"数字广外"。

图 1 – 11　"数字广外"门户

"数字广外"实行统一的用户认证登录平台，教职工以工号，学生以学号，其他人员以临时工作证号码作为用户账号。系统赋予不同用户以不同等级的权限。

登录信息

█████，下午好，欢迎使用校园信息门户

工号：████████
身份：教职工
部门：中国语言文化学院
上次登录时间：
2014-10-05 00:42:43
上次登陆IP：
192.168.75.70

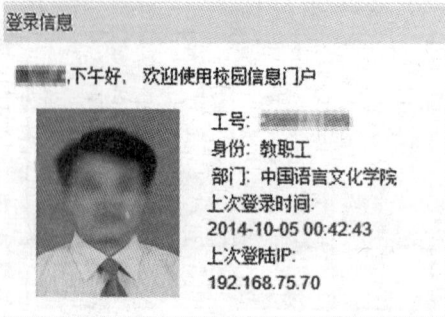

图 1-12　"数字广外"用户认证信息

"数字广外"的公文事务模块包括文件起草、审阅、发布、查阅和督办等环节。

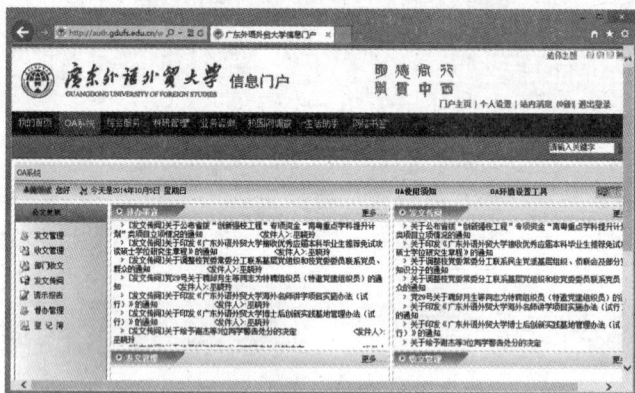

图 1-13　公文事务模块

通知信息

▶ 关于组织申报2014年校级出版资助项目的通知…	2014-10-02
▶ 军训感谢信	2014-09-30
▶ 敬请收看军训汇演、军训慰问暨迎新晚会视频 …	2014-09-30
▶ 组织部、统战部、党校、机关党委2014年国庆…	2014-09-30
▶ 关于广东外语外贸大学校运动队招新的通知…	2014-09-30
▶ 2014年中层领导干部换届填报个人意向的通知…	2014-09-30
▶ 人事处2014年国庆节假期值班安排表 …	2014-09-30
▶ 关于申报2014年度广东省 "海外名师项目" …	2014-09-30
▶ 关于开放自习室的通知…	2014-09-30
▶ 教师发展中心第五周活动指引	2014-09-30
▶ 关于下发2014年度广东外语外贸大学海外名师…	2014-09-30
▶ 关于校园预防登革热工作的温馨提示 …	2014-09-30
▶ 关于2014-2015学年度下学期赴贵州昆士…	2014-09-30
▶ 国际合作与交流处2014年国庆值班表 …	2014-09-30
▶ 关于2014-2015学年下学期赴台湾真理大…	2014-09-30
▶ 关于开展2014年省质量工程立项建设项目开题…	2014-09-30
▶ 关于做好国庆期间防火安全工作的通知…	2014-09-30
▶《广东外语外贸大学科研项目经费管理办法》征求…	2014-09-30
▶ 后勤处机关2014年国庆假期值班表…	2014-09-30
▶ 2014年军训工作简报第四期	2014-09-30

▶ MORE

图 1-14　查阅通知

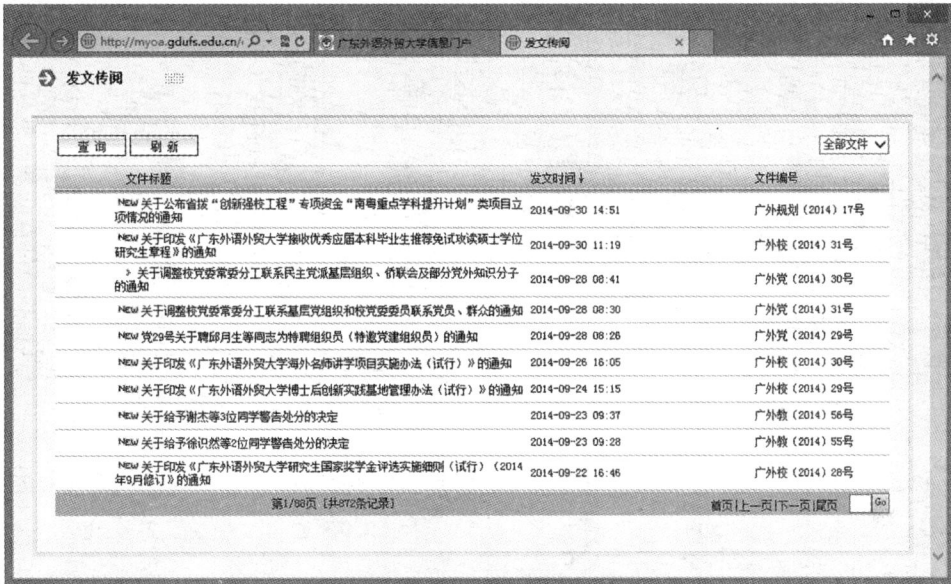

图 1 - 15   传阅文件

邮件功能模块可以群发、抄送、暗送、转发内部邮件。

图 1 - 16   内部邮件

另外还有公共服务、教职工服务、学生综合管理、校务管理、财务管理等功能模块。

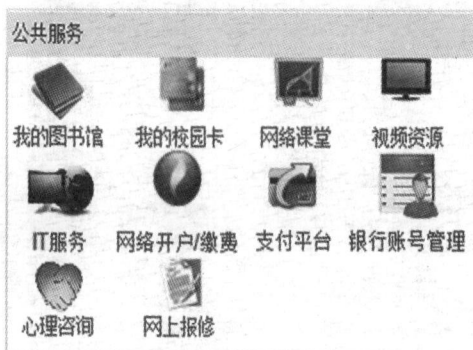
图1-17 公共服务

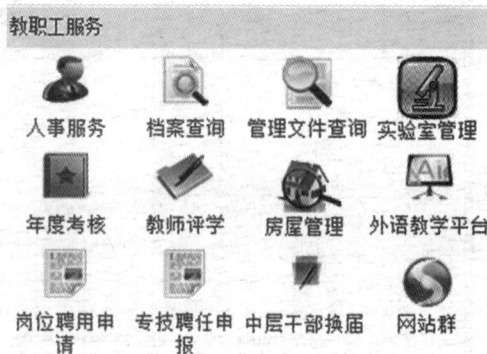
图1-18 教职工服务

图1-19 学生综合管理

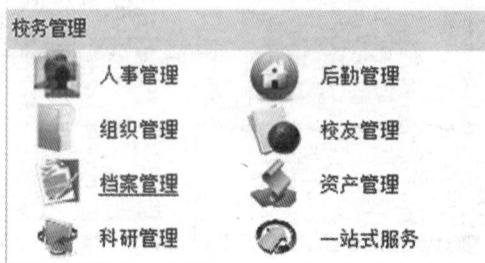
图1-20 校务管理

图1-21 财务管理

1.3 办公自动化发展趋势

随着经济水平的提高和社会的发展进步，人类对自己生存的环境越来越重视，绿色低碳、节能环保成为潮流。办公自动化行业也更加重视营造高效实用、健康环保的办公环境。办公自动化和信息技术发展息息相关，未来办公自动化行业将有以下发展趋势。

1.3.1 移动办公普及

智能手机等移动终端性能不断提高，未来几年性能有望赶上台式电脑。激烈的市场竞争使得移动终端价格不断下降，安卓智能手机价格最低只需几百元。智能手机正在我国迅速普及。据谷歌公司发布的报告，截至2011年10月，中国城市的智能手机普及率已达35%，高居全球第三位，30%的受访者拥有两部或两部以上手机。2014年7月，中国互联网信息中心发布报告，我国网民数量达到了6.32亿，其中手机网民数量大幅上升，手机

8

网民规模首次超越传统电脑网民规模。移动互联网发展势头强劲，特别是 2008 年北京奥运会以后，中国电信等通信服务商的 WiFi 热点遍布城市的各个角落，基本解决了移动互联网的网速问题。基于以上形势，B/S 模式办公自动化系统必将移植到手机等智能终端上。凡是有电信信号的地方，均可登录办公自动化系统，实现随时随地办公。

1.3.2　办公设备集成化和便携化

为了满足移动办公的需求，硬件设备必须集成化和便携化。智能终端可以自主安装应用，能够处理电子文档、图片，拍摄数码照片和录像，扫描条码和文件，收发电子邮件，发送微博，基本实现了台式电脑的功能。复印机、打印机等设备小型化技术发展较慢，但市面上已经出现了一些便携化掌上型设备。

1.3.3　进一步实现无纸化

纸张的生产不但要砍伐树木，更会产生大量的污水废渣。前一时期办公自动化系统的采用，虽然减少了纸张的使用，但还远远没有达到无纸化的程度。近几年来，身份验证技术、电子支付技术、电子单据技术、电子防伪技术、电子传真技术取得了飞速进步，人们传递、验证信息越来越不需要纸张。因此，纸质文件的生产量将会下降，复印、打印设备最终要淘汰。

1.4　思考和操作

（1）了解一下你所在学校的教务管理系统和学生管理系统的主要功能模块。
（2）说一说市面上最新的办公自动化硬件设备。

第 2 章
计算机硬件

学习重点：了解计算机硬件的组成，能组装台式计算机并进行简单维护。

2.1 计算机硬件

计算机按架构、功能、速度、用途的不同可分为超级计算机、工业计算机、网络计算机、微型计算机等不同类别。办公室常用的是微型计算机，俗称电脑，分为服务器（Server）和个人电脑（PC）两种。服务器通常提供文件存储、传输、打印、多媒体和网络等服务，一般由专业人员使用和维护。个人电脑是用于处理个人办公事务的桌面型电脑，用于文档、图像、音视频信息的加工和处理。现代办公室秘书日常接触和使用最多的是个人电脑。

图 2-1　机架式服务器　　　　图 2-2　办公电脑

桌面型计算机的硬件包括主机和外设两大部分。主机是指机箱及机箱内的主板、电源、中央处理器、内存、硬盘、光驱、声卡、显卡等设备。外设是指主机箱之外的输入输出设备和存储设备，包括键盘、鼠标、显示器等。

2.1.1 中央处理器

中央处理器简称 CPU（Central Processing Unit），是计算机的运算和控制核心。CPU 采用高度集成技术制造，从外观上看是一块带有上千个引脚的方形器件。衡量 CPU 性能的主要参数有制造工艺单位（一般以纳米为单位）、核心数、缓存、主频等。CPU 性能是办公电脑的关键性指标。一般日常文档处理配备中低价位 CPU 即可，而多媒体处理则需要高性能 CPU。

不同的处理器具有不同的引脚，购买时应注意选配相应的主板。另外，随着性能的大幅度提升，CPU 的功耗和发热也越来越大，应注意配备足够功率的散热器，办公室应安装空气调节设备。

图 2 - 3　Intel CPU

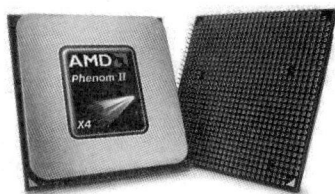

图 2 - 4　AMD CPU

图 2 - 5　风扇式 CPU 散热器

图 2 - 6　热管式 CPU 散热器

2.1.2　主板

主板（Mainboard）承载 CPU、内存、显卡等电脑组件，从外观上看是一块密布零件的大型线路板。主板用铜质螺丝钉固定在机箱内，有各种排线和电源、硬盘、光驱等设备连接。主板的主要部件有南桥、北桥、CPU 插槽、显卡插槽、内存插槽、网卡插槽、电源接口、硬盘接口等。主板上一般集成了声卡和网卡，有的还集成了显卡。主板上还有一个可以拔插的 CMOS 跳针，忘记电脑 BIOS 密码时，可以改变跳针位置以清除密码。

图 2 - 7　主板

图 2 - 8　CMOS 跳针

2.1.3 内存

内存（RAM）是 CPU 和其他设备交换信息的缓存装置，从外观上看是长条形的线路板。内存由操作系统管理，断电后信息消失。衡量内存性能的主要参数是制造工艺、容量、存取速度等。当前主流内存容量是 4G，频率是 DDR3，1 000M 以上，不同频率的内存条不能兼容。

内存条接触不良是电脑常见故障，开机时会听到"嘀"的一声长鸣，显示器无任何显示。此时可关机断电，将内存条从主板上拔出，用橡皮擦擦干净金色的接触部分（俗称金手指），然后将其重新插回主板即可。注意插拔内存条时要有方向性，需要对准内存条插槽的卡口。

图 2-9　内存条

2.1.4 硬盘

硬盘是存储信息的组件，从外观上看是一块较重的长方体。衡量硬盘性能的主要参数是容量、转速、接口、缓存等。主流硬盘是 7 200 转、SATA 接口，容量 500G 以上的磁性存储硬盘。硬盘内有电机，工作时驱动磁头高速旋转，因此要保护硬盘，不能使其跌落震动，否则容易损坏硬盘和数据。硬盘容易产生坏道、损失数据，平时要注意用移动存储设备或刻录光盘做好备份。目前有一种先进的固态硬盘（SSD），采用闪存芯片储存数据，读取速度快，数据安全性较高，代表将来的电脑内部存储发展趋势。但其目前容量不够大、价格也高，短期内难以普及。

图 2-10　硬盘

图 2-11　固态硬盘

2.1.5 显卡

显卡是处理图像信号的组件，由显示处理器（GPU）、显存、散热器等部分组成。衡量显卡性能的主要参数有制造工艺、GPU 主频、显存大小、显示带宽和速度等。显卡连接显示设备的接口有 VGA、高清 HDMI 两种，其中高清 HDMI 已成为主流。高清显卡不仅可以连接电脑显示器，还可以连接高清电视机、高清投影仪等大屏幕显示设备，分为如果对显示性能要求不高，电脑主要用于处理文档，选用主板集成显卡即可，可以节约一部分资金。显卡和主板接触不良时，也会造成电脑故障，重新插拔即可。

图 2 - 12　VGA 接口显卡

图 2 - 13　HDMI 接口显卡

2.1.6　光驱

光驱是读写光盘的驱动设备，分为 CD - ROM 光驱、DVD 光驱、COMBO 光驱和刻录光驱等。光盘盘片有 CD、DVD5（4.7G）、DVD9（8G）、蓝光 DVD（25G 以上）等不同的类型和容量。衡量光驱性能的主要参数有读写速度、稳定性、噪音等。

图 2 - 14　光驱

图 2 - 15　蓝光 DVD 光盘

2.1.7　机箱和电源

机箱是容纳主机各部件的钢制箱体，外部还有各种开关、接口、显示灯。机箱是阻截电脑辐射的重要部件，要选购由具有一定厚度和强度的板材制作，防辐射、防静电、散热通风、噪音小的箱体。电源是把市用交流电转换成各种规格的直流电，供给箱内各部件的供电装置。由于性能的迅速提高，电脑的功耗也在不断提升。电源功率不够时，电脑会经常死机。主流电源额定功率一般在 350W 以上。

图 2 – 16　机箱

图 2 – 17　电源

2.1.8　输入设备

　　键盘和鼠标是最常见的电脑输入设备。为了减少电脑外部连线，无线键盘和无线鼠标最近开始普及起来。除此之外，还有轨迹球、触摸屏等。触摸屏是覆盖在电脑显示器上的一层透明薄膜，采用电阻或电容技术制作，能够感应手指的点触，常应用于 ATM 等公共服务电脑上。

图 2 – 18　无线鼠标和键盘套装

图 2 – 19　触摸屏

2.1.9　显示器

　　显示器是办公电脑最常用的输出设备。阴极射线管型的显示器（CRT）较为笨重、耗电多、辐射大，已经逐步被淘汰。液晶显示器是当前主流。衡量液晶显示器的主要参数有屏幕大小、分辨率、可视角度、响应时间、屏幕类型、接口类型等。办公型电脑选用中低价位显示器即可，注意接口要和显卡相配。

图 2 – 20　CRT 显示器

图 2 – 21　液晶显示器

2.1.10 外部数据储存设备

计算机外部的储存设备有移动硬盘、U盘、SD卡等。移动硬盘是将台式电脑硬盘或者笔记本电脑硬盘内置在电路盒内，通过USB线与电脑连接。市面主流移动硬盘容量在500G~1 000G。移动硬盘较重，但相对于U盘来说容量大。U盘和SD卡通过闪存储存信息，体积小，重量轻，使用非常方便。前者可以直接插入电脑USB接口，后者通常用于数码相机、手机等设备，要通过读卡器才能和电脑连接。

图2-22　移动硬盘　　　　图2-23　U盘　　　　图2-24　SD卡和读卡器

2.1.11 多媒体设备

声卡和音箱是计算机的主要多媒体设备。声卡一般集成于主板中，不需要额外购置。音箱一般都带有功率放大装置，按声道的多少分为2.1、3.1、5.1、7.1等多种类型。

图2-25　2.1声道音箱　　　　　　图2-26　5.1声道音箱

2.2　计算机组装

2.2.1 硬件组装

通过组装操作，可以熟悉电脑硬件构成，掌握连接配件、拔插板卡的基本方法，以便在以后的工作中能够处理简单的电脑硬件故障。

2.2.1.1 去除静电

人的身体上可能带有静电。静电对计算机集成电路危害极大，安装之前，操作者应双手触摸墙面或地面，释放身上的静电。

2.2.1.2 准备零配件

将各类电脑配件去除纸盒、薄膜等包装材料，去除电源插头保护套，放置在宽大平稳的工作台上。

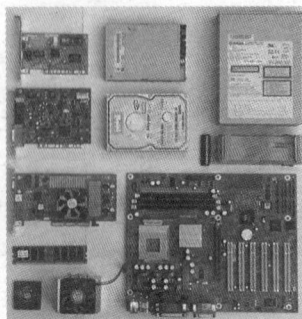

图 2 - 27　电脑零配件

2.2.1.3　剔除机箱挡板（新装机）

打开电脑机箱，根据主板和光驱类型，用螺丝刀剔除相应位置挡板，将机箱附带的铜螺柱旋入机箱底板中。

图 2 - 28　去除机箱挡板

将金属螺丝柱或塑料钉旋入机箱底板上

图 2 - 29　旋入螺柱

2.2.1.4　安装电源

将电源安装在机箱顶部，用螺丝钉固定。

2.2.1.5　安装硬盘和光驱

将硬盘和光驱安装在机箱内，并用螺丝钉固定，注意方向。

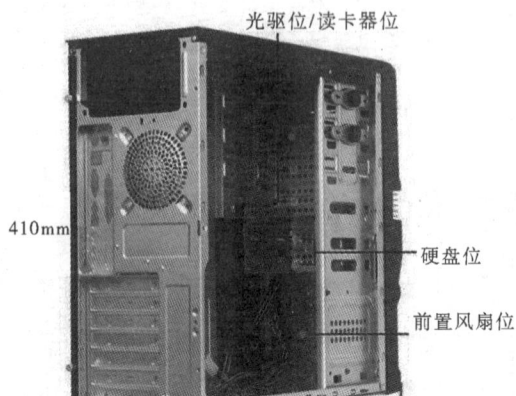

光驱位/读卡器位

410mm

硬盘位

前置风扇位

图 2 - 30　安装硬盘和光驱

2.2.1.6 安装 CPU 和散热风扇

把主板放在平稳宽大的工作台上，打开主板 CPU 插槽中的压杆装置。按照正确的方向把 CPU 放入插槽中，按紧压杆；给 CPU 背面涂上散热硅胶；最后装上散热风扇。

图 2 - 31　CPU 压杆

图 2 - 32　装上 CPU

图 2 - 33　涂好硅胶

图 2 - 34　装散热风扇

2.2.1.7 安装主板

将主板安装在机箱底部，用螺丝钉固定。

2.2.1.8 安装其余板卡

将显卡、内存条、网卡等设备插入主板相应插槽内，注意卡口的位置。

图 2 - 35　安装内存条

图 2 - 36　安装显卡

第2章 计算机硬件

17

2.2.1.9 连线

连接好硬盘、光驱和主板的 SATA 连线，注意方向性。连接好主板、硬盘、光驱电源线。连接好机箱和主板的若干连线，特别注意主板 USB 接口的连接，要参照说明书。显示器信号线连接显卡接口。

图 2-37 机箱和主板连接线

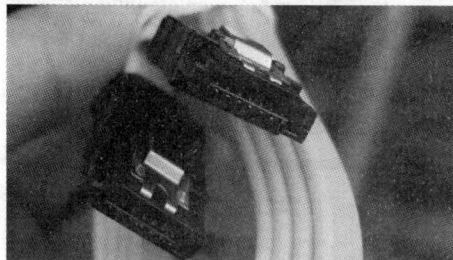

图 2-38 SATA 连线

图 2-39 主板电源线

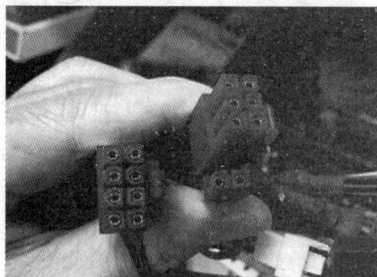

图 2-40 CPU 散热器电源线

2.2.1.10 通电试机

连接机箱电源线、显示器电源线。接通电源，启动显示器、机箱。正常情况下，电脑应发出"嘀"的一声短鸣，显示器显示 BIOS 自检数据。如出现问题，重复第 5 个至第 9 个步骤。试机没有问题后，盖上机箱面板并紧固。

2.2.2 安装操作系统

第 3 章会详细介绍安装 Windows 8 操作系统的方法，这里我们先介绍利用 GHOST 系统盘映像快速安装系统的方法。

2.2.2.1 硬盘分区或备份资料

如果是在新电脑上安装，先用 DM 软件进行快速硬盘分区；如果是在旧电脑上重装，则先做好 C 盘资料的备份工作。

2.2.2.2 BIOS 设置

电脑开机，按 Del 键进入"BIOS 设置程序"（以 AWARD BIOS 为例，其余品牌可从网上查询设置方法），选

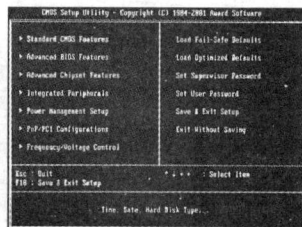

图 2-41 BIOS 光盘启动设置

择"Advanced BIOS Features"，将"First Boot Device"设置为"CDROM"光盘启动（没有光驱的笔记本电脑可利用 USB 启动盘启动），如图 2 - 41。

2.2.2.3　进入 Windows PE

将 GHOST 光盘放入光驱，保存 BIOS 设置，重启电脑。光盘启动电脑后，选择启动 Windows PE 操作系统，如图 2 - 42。进入 Windows PE 操作系统后，选择 GHOST 程序，将光盘上的 gho 文件恢复到 C 盘。等待恢复完成，系统就快速装好了。

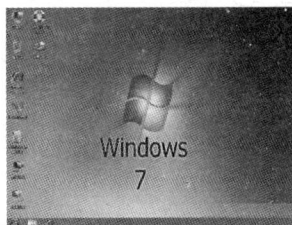

图 2 - 42　Windows 7 PE

2.2.3　安装驱动程序

驱动程序是硬件生产商开发的底层软件，提供操作系统和其他应用程序的驱动接口。主板、显卡、声卡、网卡、打印机、扫描仪等设备需要安装驱动程序，才能被操作系统识别并正常工作。驱动程序文件后缀一般是 inf、dll 和 sys。通常 Windows 等操作系统安装时会附带通用驱动程序包，但不能确保正确识别硬件，应使用硬件厂商附赠的驱动程序光盘，当驱动程序光盘遗失时，可从硬件厂商网站或"驱动之家"网站（http：//www. mydriuers. com）下载相应驱动程序。

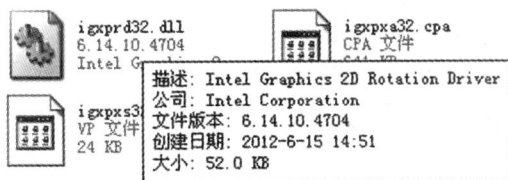

图 2 - 43　驱动程序文件

右键单击桌面上"我的电脑"图标，弹出菜单，选择"属性"，弹出对话框。

选择"硬件"，点击"设备管理器"，找到带黄色问号标记的项目并右键单击，选择"更新驱动程序"。

选择"从指定位置安装"，选择驱动程序所在位置，等待安装完成。

2.2.4　计算机简单维护

计算机在使用过程中，由于设置或其他人为因素，总会发生一些故障。计算机是高度发达的现代制造业产物，在正常的使用寿命内，硬件质量一般是过硬的。办公室计算机及外设故障，九成以上是软件原因导致的。即使是硬件故障，多数情况下也是因为主板上的板卡连接不良而产生的。拆开机箱，重新插拔板卡，故障往往能够排除。办公室秘书应当掌握处理简单故障的知识，消除硬件神秘感，这样能够随时随地处理故障，而不必等待专业人员来维修而浪费时间。

计算机维护的原则是：先易后难，先软后硬，善用搜索引擎。

计算机出现故障时，首先应当检查电源线、信号线是否连接良好，电源开关是否开启，然后才去判断软件、硬件是否出现故障，这就是先易后难。排除电源、信号连接原因后，应首先判断软件是否错误，比如操作系统不兼容、程序版本太低、内存不足、文件系统错误、文件丢失等，之后再去判断硬件是否损坏。不能一开始就拆卸机箱，拔除板卡，这就是先软后硬。遇到难以解决的问题时，不妨使用百度、谷歌等搜索引擎搜索类似的情况，往往能找到解决办法。计算机软硬件出现故障时，通常会弹出错误提示，根据错误提示的信息去搜索，可以找到其他人遇到同样问题的解决方案。

以下介绍计算机常见软硬件故障的处理步骤。

2.2.4.1　计算机开机无提示音、屏幕无显示

从第 1 步到第 4 步，逐一检查。

（1）检查电源线、显示器信号线是否连接好，电源开关是否开启。

（2）打开电脑机箱，重新拔插显卡和内存条。

（3）拔去硬盘、光驱电源线和数据线，组成最小系统重启。

（4）拆卸 CPU 散热器，重启计算机，触摸 CPU 表面是否发热以判断 CPU 是否损坏。

2.2.4.2　计算机屏幕有显示，但自检不通过

计算机启动后，首先是主板上固化的 BIOS 组件负责对硬件进行自检。自检不通过，蜂鸣器会发出提示音（不同品牌的 BIOS 提示音不同）。此时应仔细查看屏幕错误提示，重新进行 BIOS 设置。必要时拆开机箱，重新拔插显卡、网卡或内存条，故障往往即能恢复。

2.2.4.3　计算机通过自检，但无法进入操作系统

（1）进入 BIOS 设置，观察启动是否设为正确的硬盘。

（2）查看屏幕提示，判断 C 盘引导区是否损坏，如是则需格式化 C 盘重装操作系统。

（3）查看屏幕提示，是否操作系统丢失文件？

2.2.4.4　计算机反应缓慢

（1）"开始"—"运行"—输入"MSCONFIG"并回车—检查"启动项"，去除多余启动程序后重启计算机。

（2）"控制面板"—"管理工具"—"服务"—停止多余启动服务。

（3）按"Ctrl + Alt + Del"键弹出任务管理器，去除多余的驻留内存的程序或关闭失去响应的程序。

（4）利用"鲁大师"等优化软件，扫描硬盘，删除垃圾文件。

（5）增加物理内存或虚拟内存。

2.2.4.5　浏览器打不开网页

（1）换一个网址，看看是否是网站本身不正常。

（2）检查网线是否插好，用同一根网线插入另外一台计算机，看看是否能正常浏览。

（3）检查计算机拨号设置或网卡 IP 设置。

（4）检查计算机防火墙和杀毒软件设置。

（5）右键单击"我的电脑"—"硬件"—"设备管理器"，看看网卡是否工作正常，是否有黄色叹号，删除网卡，重装驱动程序。

（6）用防病毒软件查杀病毒。

2.3　思考和操作

（1）访问中关村在线网站（http：//www.zol.com.cn），在"模拟攒机"栏目中配置一台台式计算机，价格不超过 5 000 元。

（2）动手组装台式计算机，并安装操作系统和驱动程序。

第3章
Windows 8 操作系统

学习重点：熟悉 Windows 8 系统的各种操作。

3.1　概述

微软公司的系列桌面操作系统软件（从 Windows 98、Windows Me、Windows 2000 到 Windows XP、Windows Vista、Windows 7）都是基于 x86 架构，围绕大屏幕和鼠标键盘输入装置设计的。当今是移动互联网时代，智能移动设备（智能手机、平板电脑等）迅速普及。人们使用智能移动设备的频率已经超过传统的桌面电脑。智能移动设备普遍小型化、便携化，屏幕小，耗电量低。触控屏幕代替键盘、鼠标，成了最主要的输入装置。微软公司的这些系统软件在移动互联网迅速发展的背景下显得有点落伍，在与苹果系统、安卓系统的竞争中处于不利境地。

在人们的印象中，台式电脑和笔记本电脑（一般安装微软的操作系统）主要是用来工作的，智能手机和平板电脑（一般安装苹果系统或安卓系统）主要是用来通信和娱乐的，两者之间有明显的功能区别。但是由于互联网的发展，工作地点不再局限于办公室，有时在家中，有时在路上。因此，最好有一台智能设备，能够兼顾工作、生活和娱乐的需要。目前的设备和软件好像难以满足这样的要求：运行微软系统的台式电脑或笔记本电脑，可以安装 Office 等大型软件，很轻松地完成文字处理等任务，但它难以携带；运行苹果或安卓系统的智能手机和平板电脑容易携带，但它们又不能安装运行原来台式电脑上的某些大型软件，而且文字输入相当不便，不能高效地处理公务。

2012 年，微软公司发布了新一代操作系统 Windows 8，这是一款具有划时代意义的操作系统软件。它支持 Intel、AMD、ARM 三种 CPU 架构，可以安装在台式电脑、笔记本电脑、平板电脑、智能手机等不同类型的硬件设备中；既支持触控操作，也支持键盘、鼠标；既能运行传统的 Windows 软件，又能安装运行移动应用。通过云存储，它可以跨时间和空间共享信息资源。它是一个兼顾办公、生活、娱乐需要的崭新操作系统软件，只需要一台接入移动互联网的 Windows 8 设备（不论是 Windows 8 手机还是平板电脑），我们就可以完成文字、图片、音视频处理，与他人通信，欣赏影音娱乐，社区交友等多种任务。Windows 8 操作系统的普及应用是办公自动化系统的一个发展趋势。

目前，我国办公室电脑安装的多数还是 Windows XP 系统。绝大部分办公室工作人员都能熟练使用 Windows XP 系统，这也使人有了惯性和惰性，不愿意学习新东西。Windows XP 系统在历史上取得了很大的成功，但它的缺点和瓶颈问题也是显而易见的：它是 32 位的操作系统，最多只支持 4G 内存，不能识别 2T 以上容量的硬盘，不能适应硬件的飞速发展；对触控的支持技术不好，在移动设备上使用不方便。微软公司已经宣布从 2014 年 4 月 8 日起，取消对 Windows XP 系统的所有技术支持，转而全力推介全新的 Windows 8 操作系统。Windows 8 系统无论在界面还是架构上，都和 Windows XP 系统有极大的不同。作为办公室工作人员，应当尽快熟悉 Windows 8 系统，使用 Windows 8 系统，及时完成从 Windows XP 系统到 Windows 8 系统的过渡，才能顺应技术的进步和潮流，提高办公能力和效率。

3.2 系统安装

3.2.1 版本

Windows 8 有 4 种不同的版本：RT 版（平板电脑专用）、标准版（普通版）、专业版（Pro）、企业版（Enterprise）。对于一般的办公自动化需求来说，选择标准版就可以了。

3.2.1.1 RT 版

这是专门为平板电脑 ARM 架构设计的 32 位版本（如微软的平板电脑 Surface Pro 3），根据平板电脑的功能进行了大量优化，不零售。

3.2.1.2 标准版

这是针对普通个人消费者的版本，提供诸如 Windows Media Player 和 Internet Explorer 10 在内的常用附件。它有 32 位和 64 位两种不同的版本。32 位和 64 位指 CPU 处理数据的位数长度。32 位 CPU 最多支持 4G 内存，64 位 CPU 最多可以支持 128G 内存。操作系统也相应地分为 32 位和 64 位。64 位软件不能在 32 位系统中运行，但 64 位系统可以兼容 32 位软件。目前市面上的硬件和软件正由 32 位向 64 位过渡。

3.2.1.3 专业版

这是为中小企业用户设计的专用版本，除了提供 Windows 8 普通版的全部核心功能外，还根据企业需求加入了 BitLocker（驱动器加密）、Client Hyper – V（虚拟机）和文件加密系统等。专业版也有 32 位和 64 位两种不同的版本。

3.2.1.4 企业版

这是专门为大型企业用户设计的版本，除了拥有 Windows 8 专业版的全部功能外，还添加了 PC 管理和部署等功能。企业版也有 32 位和 64 位两种不同的版本。

3.2.2 硬件配置

Windows 8 操作系统对硬件配置的要求不高，如表 3 – 1。

表 3 − 1   硬件的最低配置和推荐配置

硬件设备	最低配置	推荐配置
CPU	主频 1G	主频 1.2G 以上
内存	1G	2G
硬盘	20G	25G
显卡	支持 DirectX 9.0c	支持 DirectX 10.1

3.2.3　安装步骤

（1）UEFI 和 GPT。

UEFI 是一种主板固件标准，全称是 Unified Extensible Firmware Interface（统一可扩展固件接口），是固化在主板 ROM 中用于开机自检，加载操作系统的一种程序。UEFI 支持鼠标操作，如图 3 − 1。过去主板采用的固件是 BIOS，不支持鼠标操作，有很多不足（如图 3 − 2），已经逐渐被 UEFI 淘汰。

GPT 指一种硬盘分区格式，全称是 GUID Partion Table（全局唯一标识分区表），可以支持容量超过 2TB 的硬盘，最大可以支持 128PB。以前硬盘分区格式是 MBR，不能自主识别容量超过 2TB 的硬盘。采用 GPT 格式是当前大容量硬盘的主流，MBR 格式逐渐被淘汰。

Windows 8 支持 UEFI 启动和 GPT 硬盘分区，而且在 UEFI 引导和 GPT 分区硬盘中启动最快。推荐选用支持 UEFI 启动的主板，并把大容量硬盘按 GPT 分区进行格式化。安装 Windows 8 时，要注意主板和硬盘的兼容性。UEFI 启动的主板不支持传统 MBR 分区的硬盘；BIOS 启动的主板不支持 GPT 分区格式的硬盘。遇到主板和硬盘不兼容时，应将硬盘所有分区删除（备份好数据以后），然后转换硬盘 MBR/GPT 分区表格式，否则 Windows 8 安装可能会不成功。

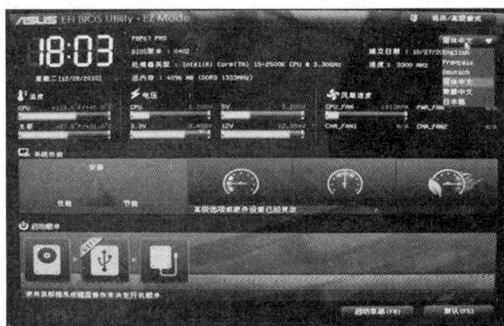

图 3 − 1　主板 UEFI 启动界面

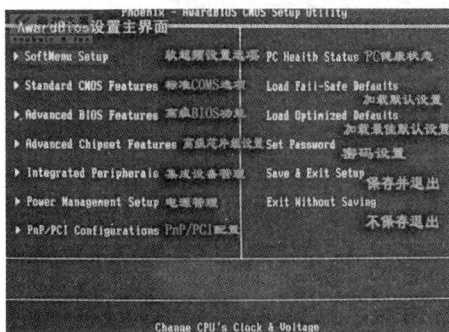

图 3 − 2　传统 BIOS 启动界面

（2）如果是升级安装或者安装双操作系统，则在启动原来的操作系统后，运行 Windows 8 安装光盘或虚拟光盘中的安装程序；如果是全新安装，则用带启动功能的 Windows 8 安装光盘或 U 盘启动计算机。运行安装程序，如图 3 − 3。

（3）安装程序运行后，选择语言等选项，点击"下一步"，如图 3 − 4。

（4）点击"现在安装"，如图3-5。

（5）输入产品密钥，点击"下一步"，如图3-6。

（6）接受许可条款并点击"下一步"，如图3-7。

（7）选择安装类型，升级安装选第一项，全新安装选第二项，如图3-8。

图3-3　安装程序启动中

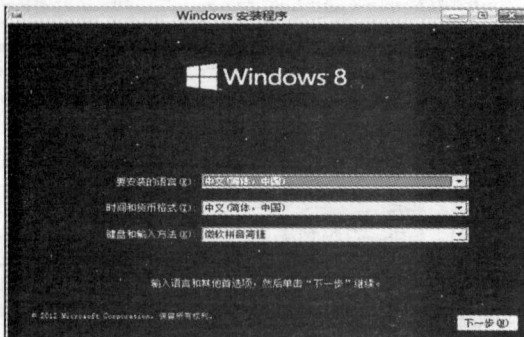

图3-4　安装选项

图3-5　现在安装

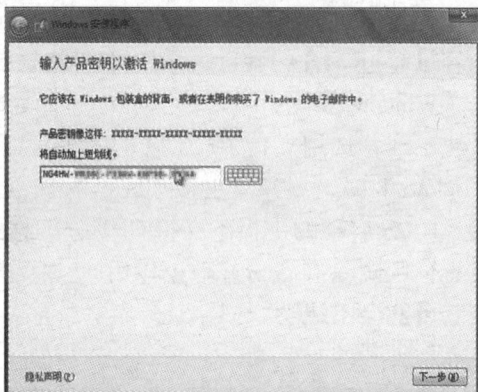

图3-6　产品密钥

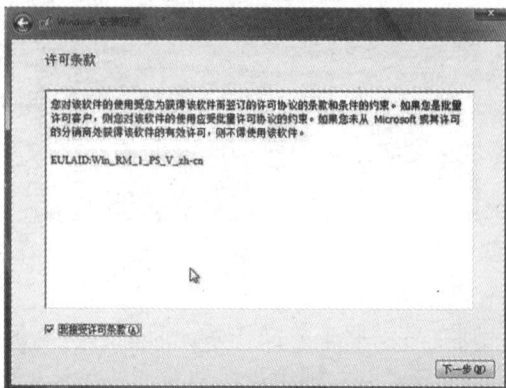

图3-7　许可条款

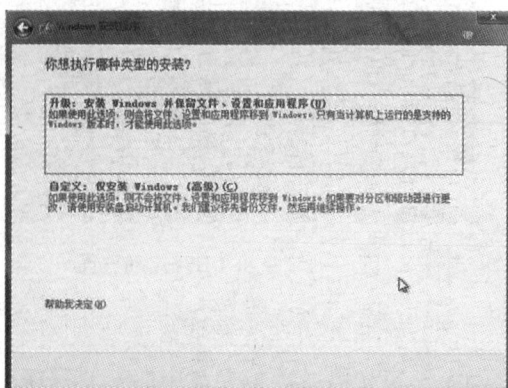

图3-8　选择安装类型

（8）选择目标驱动分区，目标分区应为主分区且至少有 20G 以上的剩余空间，如图3 - 9。

（9）正在准备安装，如图 3 - 10。

（10）安装过程中可能有 3~4 次重启电脑，如图 3 - 11。

（11）个性化设置，如图 3 - 12。

（12）设置网络、账户等信息，推荐使用快速设置以便尽快完成安装，如图 3 - 13。

（13）等待电脑安装必要的驱动和应用，完成安装，如图 3 - 14。

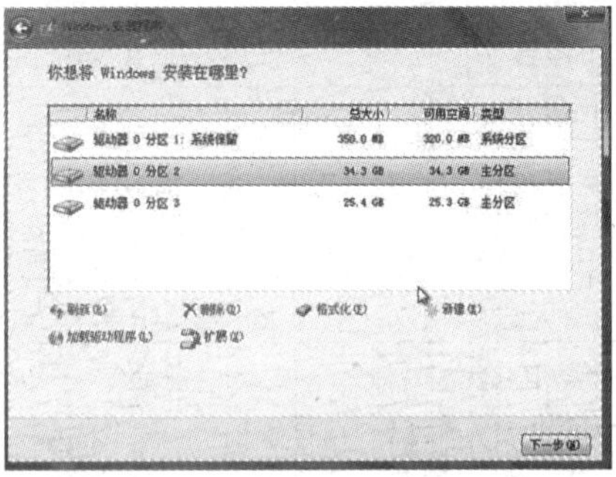

图 3 - 9　目标分区

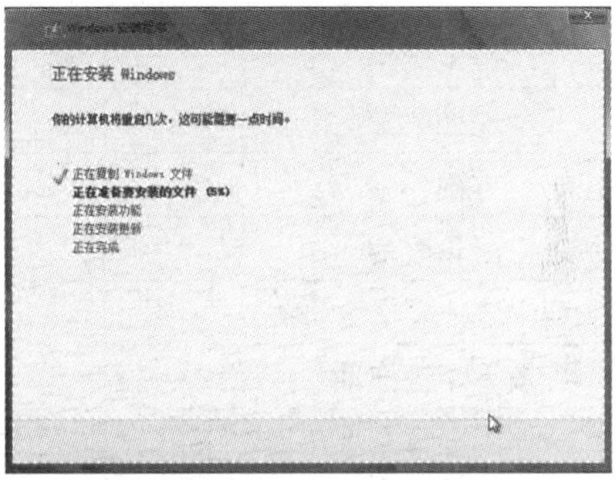

图 3 - 10　准备安装

图 3 - 11　重启电脑

图 3 - 12　个性化设置

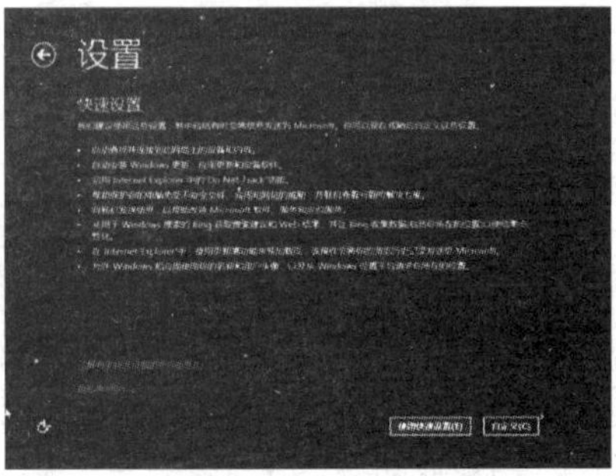

图 3 - 13　快速设置

图 3 - 14　完成安装

3.3　Modern 桌面

Modern UI 原名 Metro UI，是微软在 Windows 7 Phone 系统中首次为多点触控屏设计的用户桌面。英文单词 Metro 的含义是地铁，微软公司团队在设计时参考了地铁交通指示牌，故用这个单词来命名。电脑必须装备触摸屏才能支持 Modern 桌面的触控操作，没有触摸屏时用鼠标和键盘操作效果也一样，如表 3–2。

表 3–2　键鼠和触控操作对应表

键鼠操作	触控操作	功能
左键单击	手指点击	选定程序或应用
右键单击	手指长按	弹出项目菜单
滚轮滚动	单指上下或左右划动	屏幕上下或左右滚屏
Ctrl 键 + 滚轮滚动	两个手指捏合或放大	缩小或放大屏幕
按下左键拖动	单指点击拖动	拖动程序/应用
鼠标指针悬停到屏幕右上角或右下角	屏幕右边缘向左轻扫	唤出 Charm 菜单
鼠标指针悬停到屏幕左上角并向下划动	屏幕左边缘向右轻扫	显示已经运行的应用
	两个手指按下旋转	旋转图片或屏幕

本书在以下叙述中，鼠标、键盘操作等同于手指的触控操作。除非必要，否则不再特别说明。

Windows 8 Modern 桌面与 Windows XP 的传统桌面完全不一样，如图 3–14。刚刚接触 Windows 8 的用户常常会有无从下手的感觉。

屏幕右上角是登录 Windows 的账户信息，这个账户既可以是 Microsoft 账户，也可以是本地账户（详见 3.8 节说明）。

在 Windows 8 Modern 桌面运行的各种软件不再叫作程序，而称作应用。屏幕中心是各种应用的图标，都呈现为大小不一的方块形状。这些应用按照内容或功能等类别进行分组，在应用图标上按下鼠标左键，拖动鼠标，可以调整应用分组和位置。在应用图标上单击鼠标右键，屏幕下方出现悬停菜单，如图 3–15。菜单中的各项功能如下：

"从开始屏幕取消固定"：从开始屏幕中删除该应用图标。

"固定到任务栏"：把应用图标放入屏幕下方的任务栏中。

"卸载"：卸载应用。

"打开新窗口"：打开新窗口运行应用。

"以管理员身份运行"：以管理员权限运行应用。

"打开文件位置"：打开应用快捷方式所

图 3–15　悬停菜单

在的文件夹。

"放大"或"缩小":放大或缩小应用图标。

如果安装应用的比较多,开始屏幕下方会出现滚动条,如图3-16。鼠标拖动滚动条,可以切换屏幕显示其他应用。

在开始屏幕应用图标以外的地方单击鼠标右键,屏幕下方会出现菜单,如图3-17。

图3-16 滚动条和缩小按钮

图3-17 右键菜单

点击菜单上的"所有应用",应用图标将会以更小的方块形式显示在开始屏幕上,以便一屏能查看更多的应用,如图3-18。

再次在应用图标以外的地方单击鼠标右键,屏幕下方又会出现"所有应用"提示,单击"所有应用",应用图标将再次以大方块形式显示。

滚动条最右边有个"—"按钮,如图3-16。点击该按钮,所有应用图标均会缩小显示比例,显示在一屏之中,如图3-19。

图3-18 缩小显示

图3-19 一屏显示所有应用

3.4 传统桌面

为了照顾老用户的使用习惯,Windows 8 中保留了传统桌面。点击 Modern 界面开始屏幕上的桌面图标,或者使用快捷键 Win + D,即可进入 Windows 系统传统桌面,如图3-20。

图3-20 传统桌面

3.4.1 "开始"菜单和任务栏

Windows XP 系统桌面任务栏最左边是开始菜单,在"开始"菜单中有所有安装程序、常用程序,可以设置控制面板,还可以注销账户或关闭计算机,如图 3 – 21。

图 3 – 21　Windows XP 系统桌面开始菜单

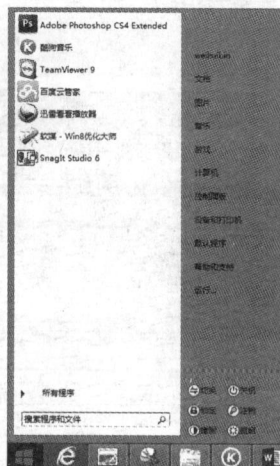

图 3 – 22　第三方软件设置开始菜单

Windows 8 传统桌面下方是任务栏,任务栏右边是应用程序状态栏,显示网络连接、音量、时间日期等信息,这些和 Windows XP 系统的桌面是一样的。但任务栏最左边没有类似 Windows XP 系统的"开始"菜单。Windows 8 关闭系统或重启计算机可以通过 Charm 菜单或快捷键 Alt + F4 操作。也可以安装第三方软件,如 Win8 优化大师等,恢复"开始"菜单,如图 3 – 22。

Windows XP 系统的"开始"菜单旁边通常有快速启动栏 Quick Launch,可以放置常用程序的快捷方式图标。Windows 8 系统桌面没有类似的快速启动栏,不过可以在快捷方式图标上单击鼠标右键,在弹出菜单中选择"固定到任务栏",如图 3 – 23。相反可以单击鼠标右键固定在任务栏上的程序图标,在弹出的菜单中选择"从任务栏取消固定此程序",如图 3 – 24。

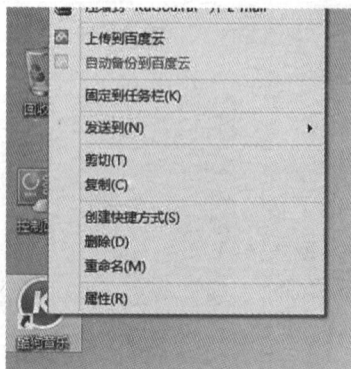

图 3 – 23　固定到任务栏

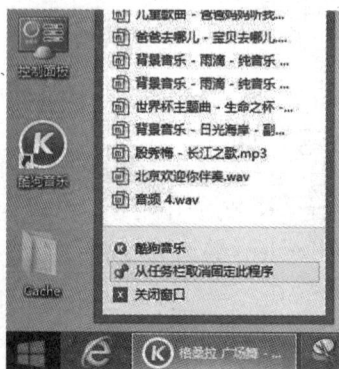

图 3 – 24　从任务栏取消固定此程序

Windows XP 系统桌面 Quick Launch 栏中还有一个我们很熟悉的"显示桌面"快捷方式，如图 3 – 25。从 Windows 7 开始，这个显示桌面的按钮已经移到了任务栏最右边，如图 3 – 26，也可以使用快捷键 Win + D 来显示桌面。

图 3 – 25　Windows XP 系统"显示桌面"

图 3 – 26　Windows 7/Windows 8"显示桌面"

3.4.2　个性化设置

3.4.2.1　桌面和主题设置

在桌面上单击鼠标右键，弹出菜单，选择最后一项"个性化"，如图 3 – 27。

在弹出的"个性化"设置窗口中，可以设置系统主题、桌面背景、窗体颜色、系统声音、屏幕保护程序等个性化信息，如图 3 – 28。

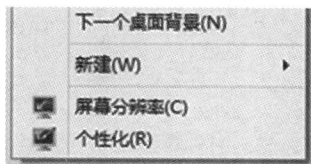

图 3 – 27　桌面鼠标右键菜单

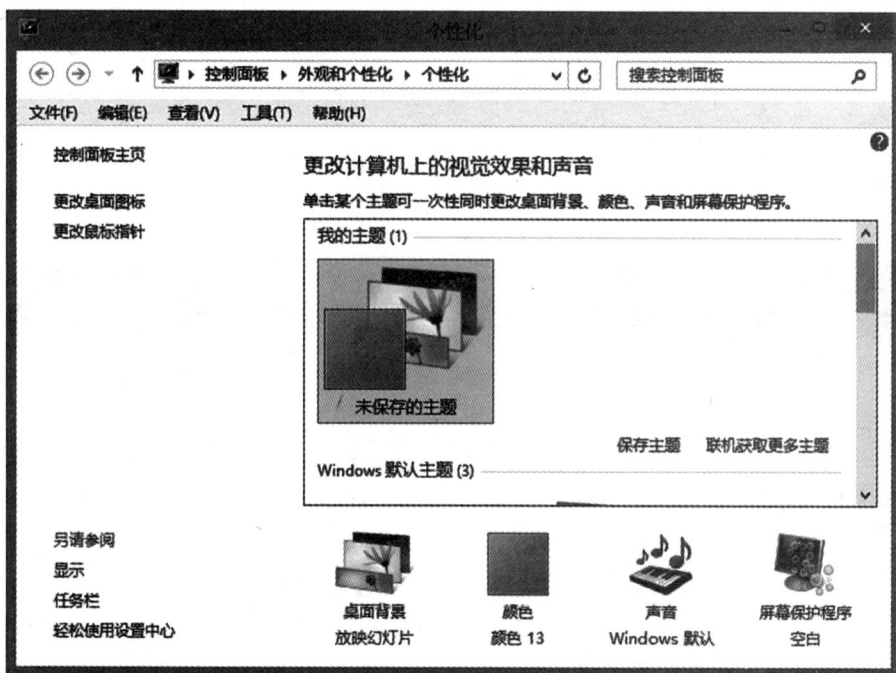

图 3 – 28　个性化设置

Windows 8 系统默认桌面图标很少，可以点击左边的"更改桌面图标"，向桌面添加更多的图标，如图 3 – 29。

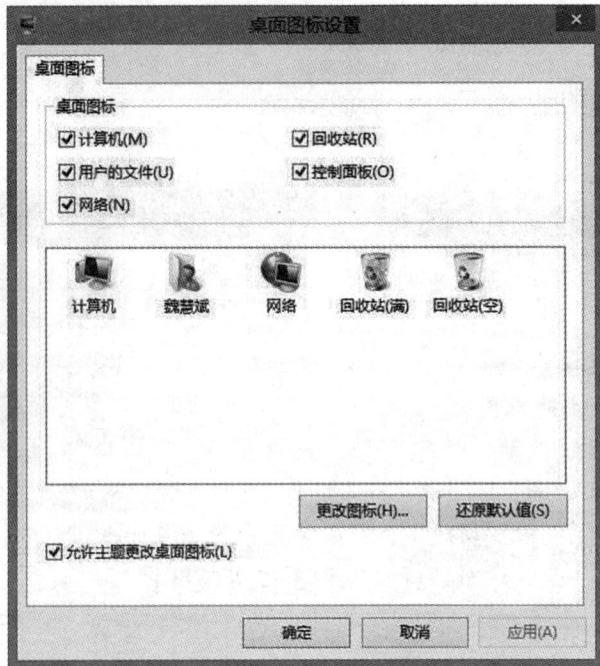

图 3 – 29　桌面图标设置

3.4.2.2　自定义图标区显示

随着安装的程序越来越多，任务栏右边图标区的图标也会越来越多。太多的图标会干扰人的视线，还会时不时冒出提示信息，如图 3 – 30。

图 3 – 30　图标区

我们可以自主设定程序图标是否在图标区显示。在任务栏上单击鼠标右键，点击弹出菜单的最后一项"属性"，弹出任务栏属性对话框，如图 3 – 31。

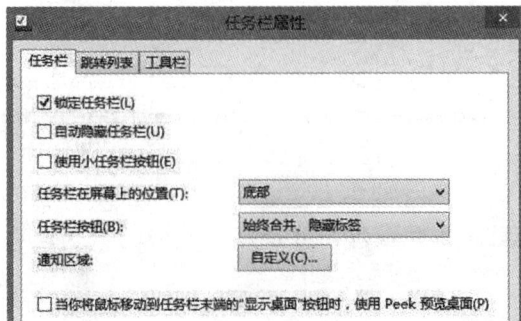

图 3 – 31　任务栏属性

点击通知区域"自定义"按钮，弹出对话框，如图3-32。

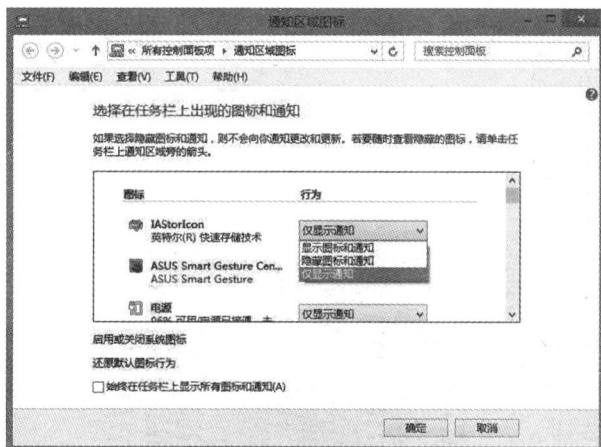

图3-32　通知区域图标设定

去掉"始终在任务栏上显示所有图标和通知"的勾选项，就可以对列表中的程序图标行为进行操作了。点击向下箭头，每个图标都有三个选项：

"显示图标和通知"：在任务栏显示图标，有通知时显示气泡提示。

"隐藏图标和通知"：不显示图标和气泡提示。

"仅显示通知"：任务栏上不显示图标，但在有通知时显示气泡提示。

图3-33　清爽的图标区

可以根据自己的喜好，逐项设定图标，让任务栏的图标区更为清爽，如图3-33。

3.5　Charm 菜单

任意状态下，把鼠标指针移到屏幕右上角或右下角，就会显示 Charm 菜单（或者按快捷键 Win + C）。将鼠标指针移出菜单，Charm 菜单会自动隐藏。Charm 菜单上有 5 个图标按钮，如图3-34。

图3-34　Charm 菜单

图3-35　搜索

点击"搜索",进入 Windows"搜索"界面(也可以按快捷键 Win + Q 进入),如图 3 – 35,可以搜索硬盘中的各种文件、应用、音乐、图片、视频等资源。

点击"共享",可以和联系人共享文件、应用、链接、邮件。

点击"开始",屏幕将回到 Modern"开始"界面。

点击"设备",可以将桌面发送到第二屏幕。

点击"设置",屏幕右边出现"设置"菜单,上方的菜单项根据桌面变化而变化,下方的菜单项固定为6个,如图 3 – 36。这些图标都可以单击进行相关设置。

图 3 – 36 设置

第一个图标显示网络连接状态,第二个图标显示音量,第三个图标调整屏幕亮度,第四个图标显示系统通知,第五个图标显示电源,点击后可以关机、重启、注销、休眠、睡眠,第六个图标是输入法状态。

3.6 Ribbon 资源管理器

3.6.1 Ribbon 界面

Ribbon UI 是微软在 Office 2007 办公软件中使用的全新用户功能界面,如图 3 – 37。英文单词 Ribbon 的含义是"彩带"、"功能区"。Ribbon 是一个收藏了命令按钮和图示的面板,它把命令组织成一组标签,每一组都包含了相关的命令。Ribbon 界面把所有功能有组织地存放,不再需要查找级联菜单和工具栏;提供命令执行结果的预览图示;提供更多的显示命令的空间;帮助用户更容易找到常用的、重要的功能,更适应触控操作。相比传统的菜单式界面,Ribbon 界面具有很多优势。微软在 Windows 7 的部分附件中,采用了 Ribbon 界面。Windows 8 系统则全面采用 Ribbon 界面设计,包括文件资源管理器,如图 3 – 38。从 Windows XP 系统过渡来的用户,起先对 Ribbon 界面可能会不太适应,抱怨无法找到常用的功能,应尽快熟悉使用。

图 3 – 37 Office Ribbon 界面

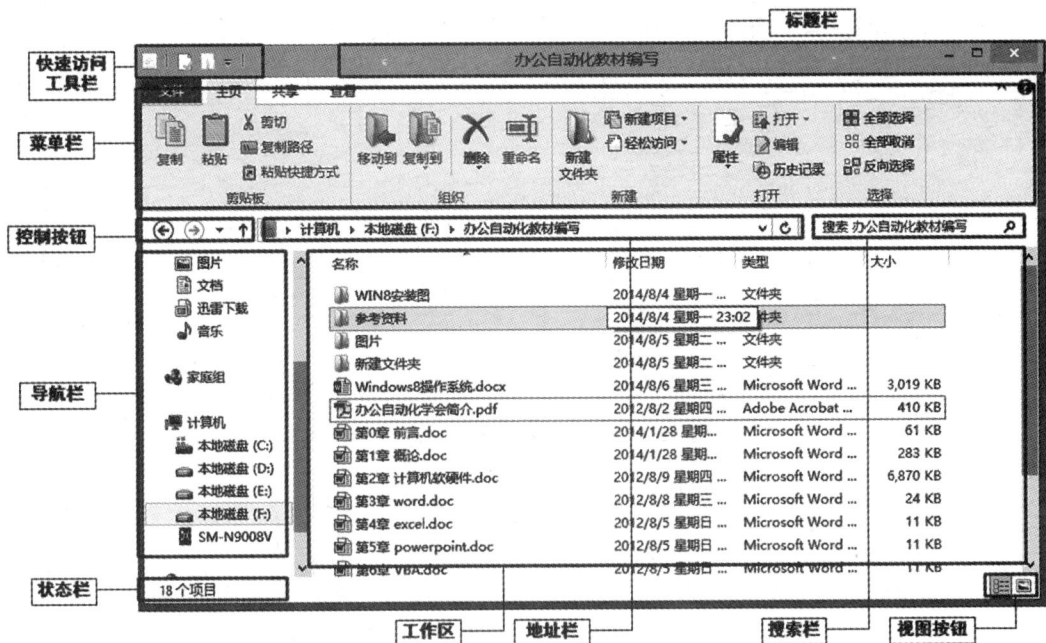

图 3 - 38　Ribbon 资源管理器

3.6.1.1　快速访问工具栏

快速访问工具栏上最右边有向下三角形按钮，点击该按钮，可以自定义快速访问工具栏按钮，如图 3 - 39、图 3 - 40。快速访问工具栏上的按钮集成了鼠标右键菜单的常见功能，用户只需点一下就可以完成删除、重命名、新建文件夹等操作。

图 3 - 39　快速访问工具栏　　　图 3 - 40　自定义快速访问工具栏

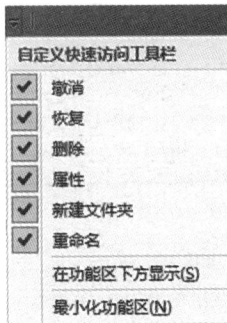

3.6.1.2　标题栏

标题栏上显示文件夹名字，右边有窗口最小化、最大化、关闭等三个按钮。

图 3 - 41　标题栏

3.6.1.3　菜单栏

菜单栏有四个一级菜单：文件、主页、共享、查看。这些菜单是敏感菜单，根据工作区内文件夹或文件不同，而呈现不同的标签组。如图 3 - 42、图 3 - 43、图 3 - 44、图 3 - 45。

图 3 - 42　"文件"菜单

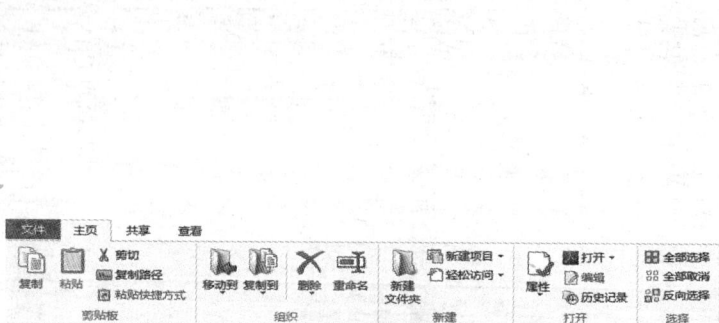

图 3 - 43　"主页"菜单标签组

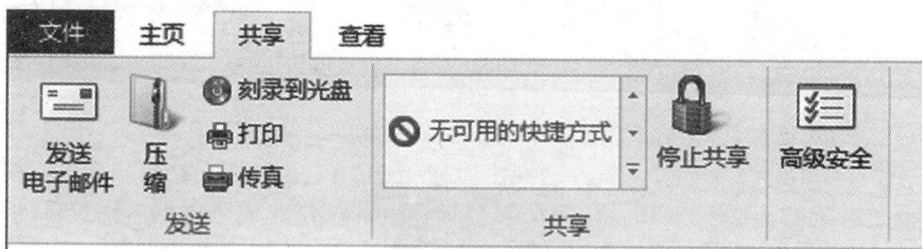

图 3 - 44　"共享"标签组

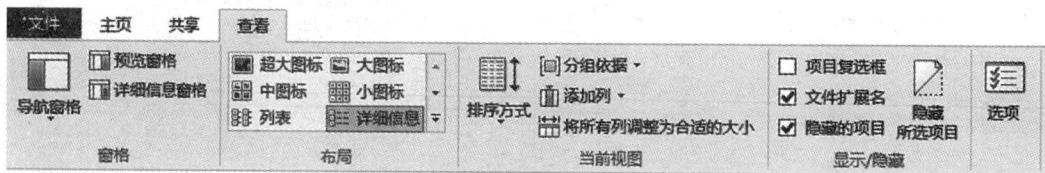

图 3 - 45　"查看"标签组

根据鼠标选定文件类型的不同，菜单栏上还会出现其他菜单，如图 3 - 46。

图 3 - 46　图片管理标签

3.6.1.4 控制按钮

从左至右分别是后退、前进、最近位置、向上等按钮，如图 3 – 47。

3.6.1.5 地址栏

地址栏显示文件夹路径，右边有刷新按钮，如图 3 – 48。

图 3 – 47 控制按钮   图 3 – 48 地址栏

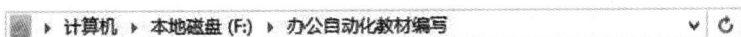

3.6.1.6 搜索栏

搜索栏提供在本文件夹内搜索的功能。

3.6.1.7 导航栏

导航栏可以快速定位到计算机的其他位置。

3.6.1.8 工作区视图按钮

工作区展现文件夹内的全部内容，可以通过视图按钮的两个按钮在"详细信息"和"大缩略图"两种展示方式中切换，也可以通过查看菜单选择其他的展示方式。

3.6.1.9 状态栏

显示文件夹或者选定文件夹、文件的数量、大小等信息。

3.6.2 设置默认程序

由于程序冲突或者配置信息缺失，有时文件图标会呈现如图 3 – 49 所示的样子。双击打开这个文件，操作系统会弹出如图 3 – 50 所示的对话框。如果选择的程序或应用不对，便不能正确地打开、读取文件。

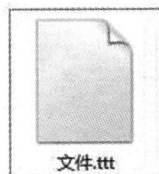

图 3 – 49 缺少默认程序   图 3 – 50 打开对话框

这是因为系统丢失了文件关联程序的信息，我们可以通过设置默认程序来修复。打开"控制面板"—"程序"—"设置默认程序"，等待片刻，弹出设置窗口，如图 3-51。

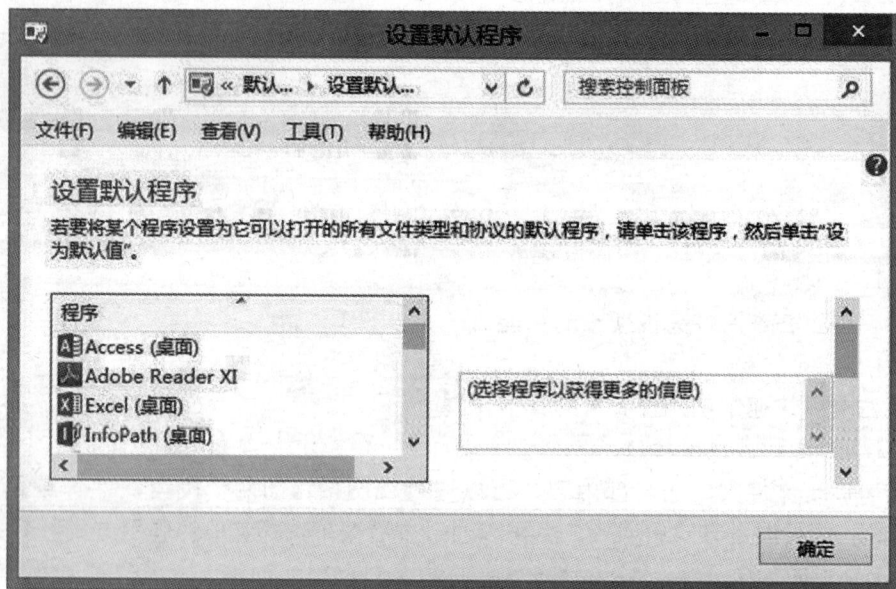

图 3-51　设置默认程序

滚动图 3-52 左边的程序列表，选定需要设定的程序，比如"Word（桌面）"，右边会出现信息。

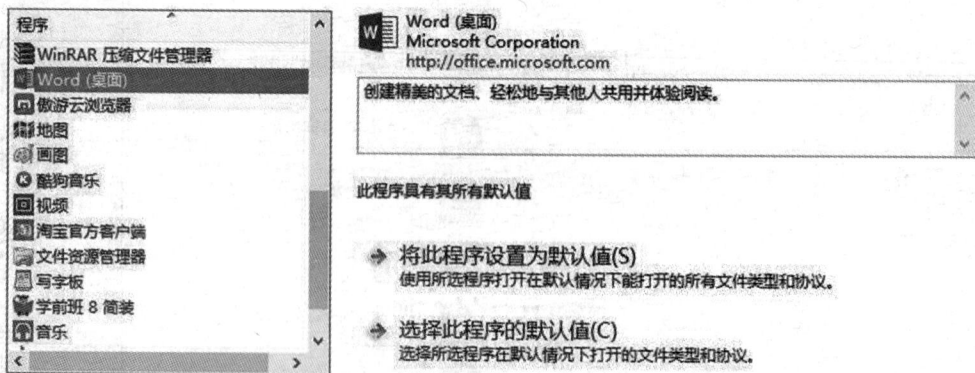

图 3-52　Word（桌面）

点击"将此程序设置为默认值"，则会恢复 Word 程序默认能打开的所有文件类型。
点击"选择此程序的默认值"，又弹出对话窗口，如图 3-53。

设置程序的关联

选择希望此程序默认打开的扩展名，然后单击"保存"。

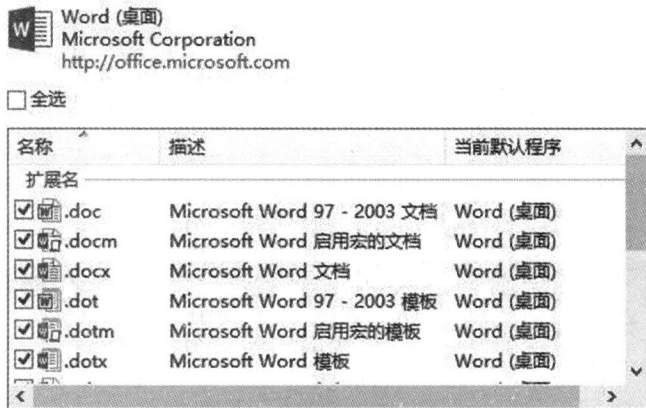

Word (桌面)
Microsoft Corporation
http://office.microsoft.com

☐ 全选

名称	描述	当前默认程序
扩展名		
☑ .doc	Microsoft Word 97 - 2003 文档	Word (桌面)
☑ .docm	Microsoft Word 启用宏的文档	Word (桌面)
☑ .docx	Microsoft Word 文档	Word (桌面)
☑ .dot	Microsoft Word 97 - 2003 模板	Word (桌面)
☑ .dotm	Microsoft Word 启用宏的模板	Word (桌面)
☑ .dotx	Microsoft Word 模板	Word (桌面)

图 3 – 53　选择打开文件类型

可以全选或者逐项选择默认用 Word 打开的文件类型。

3.7　控制面板

Windows 8 控制面板按功能类别可分为 8 类，其排列和显示方式和 Windows XP 系统相比有较大区别，如图 3 – 54。

图 3 – 54　控制面板

3.7.1　文件历史记录

Windows 8 中新增了保存文件历史记录的功能，可以自动备份库、联系人、收藏夹、

OneDrive 云存储空间和桌面上的文件。每个文件可以按指定的时间节点保存几个不同的历史版本，必要时可以选择合适的版本恢复到电脑硬盘中。对于办公室工作人员来说，数据最为重要，这个功能作用很大。

打开"控制面板"—"系统和安全"—"文件历史记录"，就可以看到如图 3 – 55 所示的界面。Windows 8 把历史文件备份在其他物理存储器或网络储存器中，如 U 盘或家庭网络中的其他电脑硬盘。因为我们既没有插入 U 盘，也没有设置网络硬盘，所以图 3 – 55 提示"找不到可用的驱动器"。

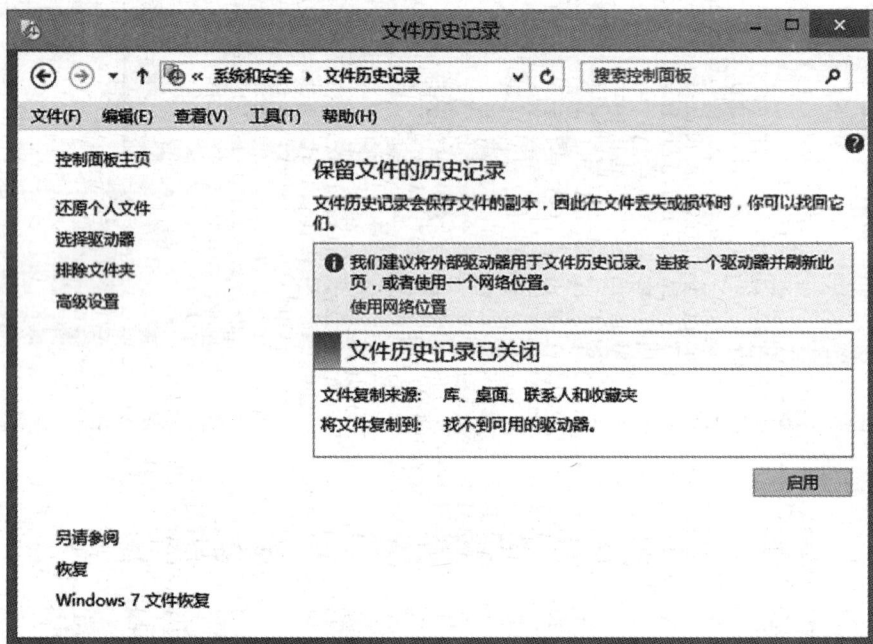

图 3 – 55　未插入 U 盘

下面我们以 U 盘作为备份驱动器来进行介绍。将 U 盘插入电脑，再次打开"文件历史记录"，系统会找到备份 U 盘，如图 3 – 56。

图 3 – 56　插入 U 盘

点击"启用"按钮，系统提示"是否为家庭组的其他成员使用此备份驱动器"，可以根据情况选择"是"或"否"。选择"是"，系统就开始往 U 盘上备份文件了，如图3－57。

图 3 – 57　第一次备份

备份完成后，打开 U 盘，可以在根目录下看到命名为"FileHistory"的文件夹，这就是保存在 U 盘里的备份文件信息，如图 3 – 58。

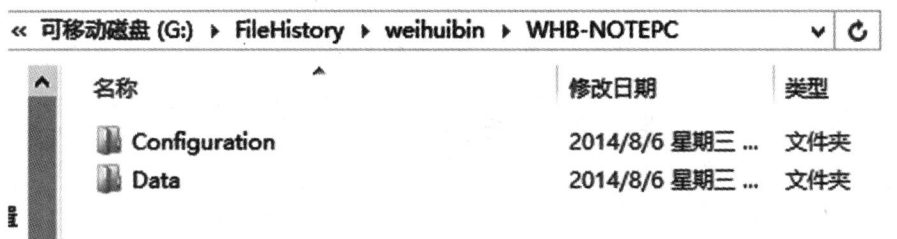

图 3 – 58　备份文件信息

文件历史记录备份的是库、收藏夹、桌面、联系人和 OneDrive 云存储空间的文件。有时候这些空间的文件过多，特别是库里包含了视频、音频等大容量文件，备份很占空间和时间。这时可以点击左边菜单里的"排除文件夹"，如图 3 – 59、图 3 – 60。

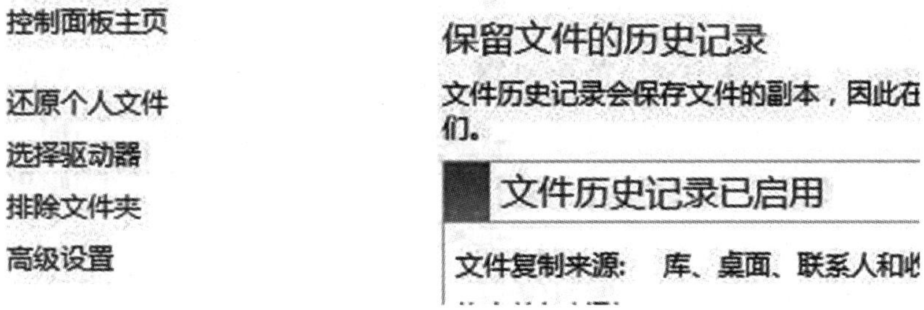

图 3 – 59　点击"排除文件夹"

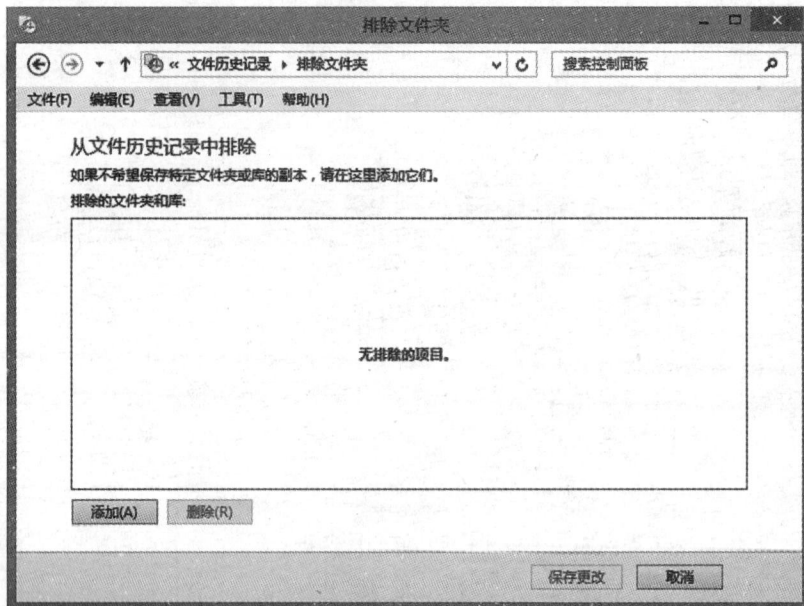

图 3 – 60　　"排除文件夹"

　　　点击"添加"按钮，选择库里的"视频"文件夹，如图 3 – 61，系统就会把视频文件夹列在不需备份的目录中，如图 3 – 62。

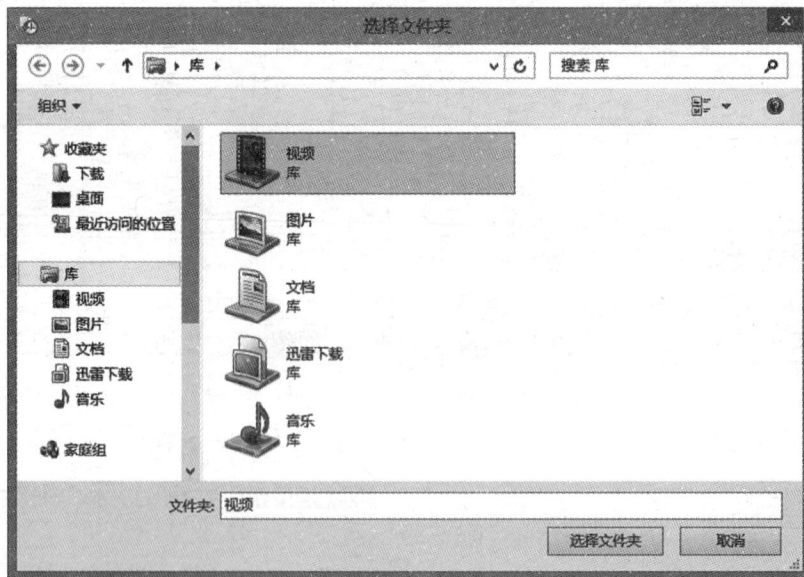

图 3 – 61　选择视频

从文件历史记录中排除

如果不希望保存特定文件夹或库的副本，请在这里添加它们。

排除的文件夹和库：

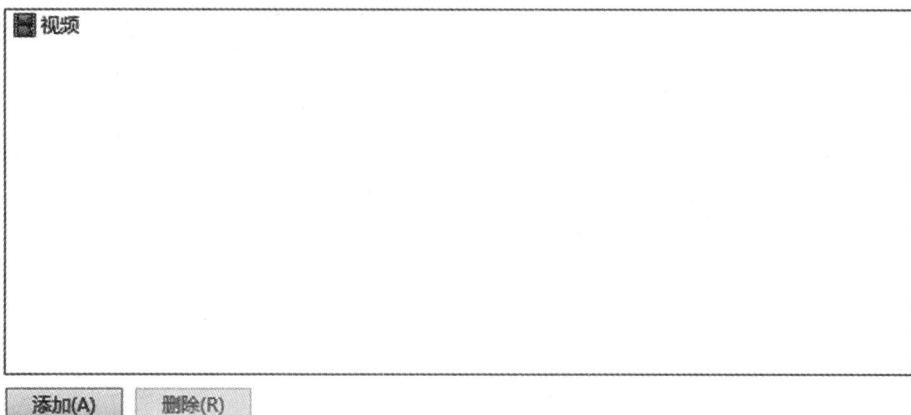

■ 视频

[添加(A)]　[删除(R)]

图 3-62　"排除文件夹"目录

点击图 3-59 左边菜单中的"高级设置"，可以设置自动保存文件副本的频率，选择保存的版本等选项，如图 3-63。

高级设置

选择你希望多久保存一次文件副本，以及将保存的版本保留多长时间。

版本

保存文件的副本：　　　　　　　　　　　　每小时(默认)　∨

脱机缓存的大小：　　　　　　　　　　　　磁盘空间的 5% (默认)　∨

保留保存的版本：　　　　　　　　　　　　永远(默认)　∨

清理版本

家庭组

如果此电脑是家庭组的一部分，你可以将此驱动器推荐给其他家庭组成员。

□ 建议此驱动器

事件日志

⊘ 打开文件历史记录事件日志以查看最近的事件或错误

图 3-63　高级设置

需要从备份的 U 盘中还原文件的历史版本时，点击图 3-59 所示菜单中的"还原个人文件"。系统将出现图 3-64 所示的窗体，选择需要还原的文件，点击窗体下方正中的红色还原按钮，文件就可以还原到指定的位置。还原过程中如果遇到同名文件，可以选择替换、跳过，或者比较两个文件的信息后再作决定，如图 3-65。

图 3 - 64 选择还原文件

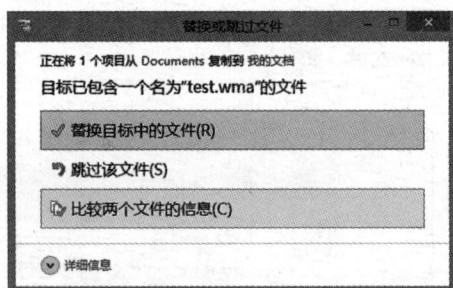

图 3 - 65 同名文件

3.7.2 BitLocker 加密

BitLocker 是从 Windows Vista 版本开始，Windows 系统自带的驱动器加密程序。BitLocker 程序可以保护文件夹和文件避免未经授权的访问。BitLocker 可以和计算机硬件防盗芯片 TPM 结合使用。TPM 是安装在计算机主板中的一块安全芯片，如图 3 - 66。安装 BitLocker 加密驱动器后，会把密钥储存在 TPM 芯片中，这样哪怕加密硬盘被盗，安装在其他计算机中也读不出其中的内容。如果计算机中没有 TPM 芯片，BitLocker 可以把密钥储存在 U 盘等其他物理介质中。

图 3 - 66 TPM 芯片

打开"控制面板"—"系统和安全"，点击"BitLocker"选项，进入加密界面，如图 3 - 67。

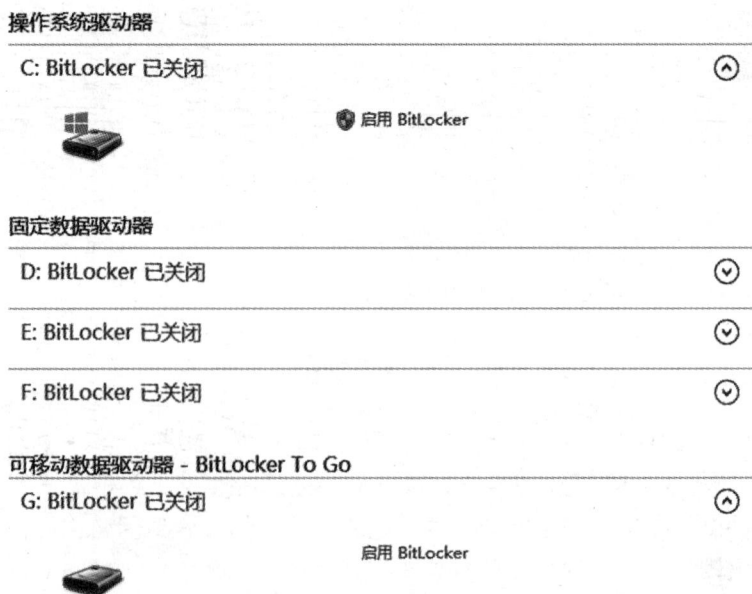

图 3 - 67 BitLocker

在系统默认状态下，所有驱动器都关闭 BitLocker 保护。在需要加密的驱动器下点击"启用 BitLocker"，首次使用时系统提示正在驱动器上安装 BitLocker 程序，几十秒后出现选择解锁方式对话框，如图 3-68，一般选择密码解锁就可以了。

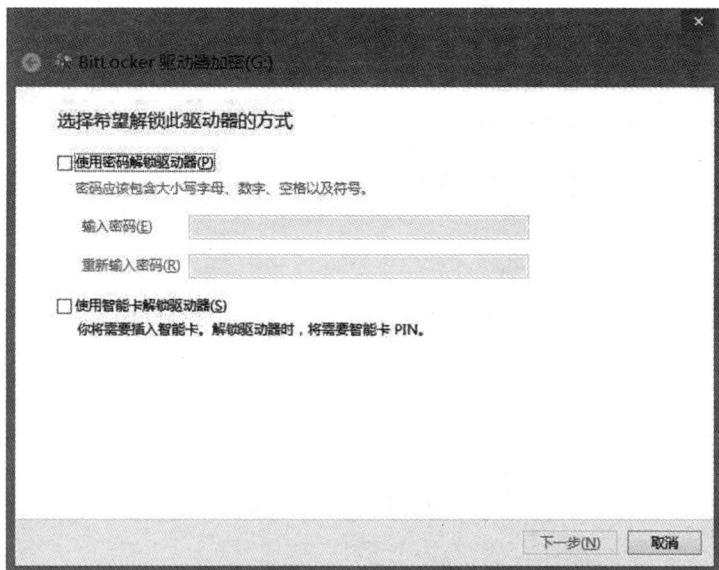

图 3-68　选择解锁方式

输入密码后点击"下一步"，系统提示选择备份密钥方式，如图 3-69，一般选择"保存到文件"，系统会生成一个加密的文本文件，要把这个文件保存到安全的位置。

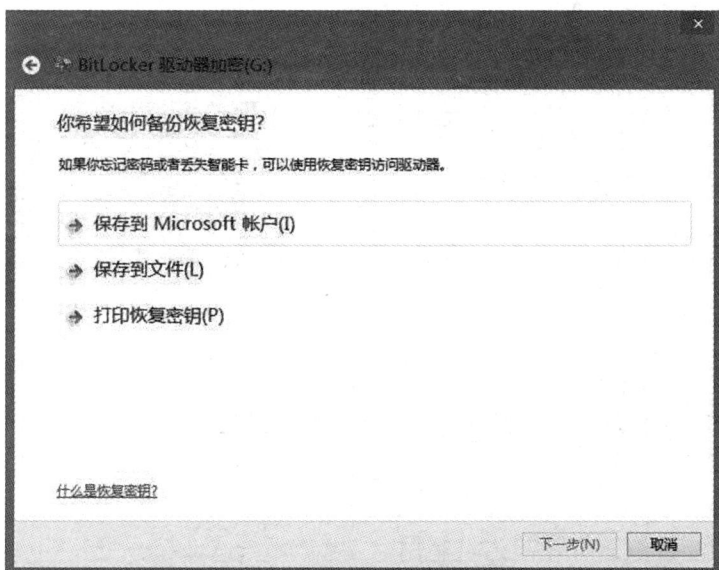

图 3-69　选择备份密钥方式

接下来系统提示选择加密空间大小，如图 3 – 70。

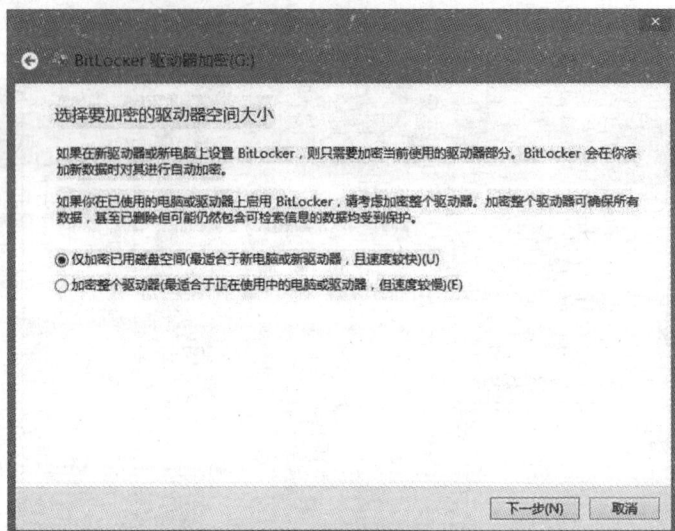

图 3 – 70　选择加密空间大小

用户可以根据自己的需要进行选择，如果驱动器存储空间较大，则 BitLocker 加密和解密需要较长的时间，从几十分钟到几小时不等，如图 3 – 71。

把加密后的 U 盘插入电脑，出现图 3 – 72 中的解锁提示。

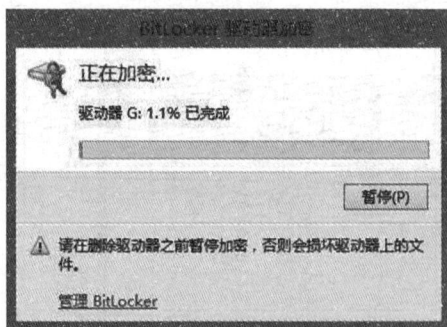

图 3 – 71　正在加密

图 3 – 72　解锁提示

单击"提示"，要求输入解锁密码，如图 3 – 73。

输入正确的解锁密码后，才能打开 U 盘进行读写操作。加密以后的 U 盘如果在其他未安装 BitLocker 的电脑上使用，U 盘盘符会显示为一把锁。双击盘符，必须输入加密时的密码才能打开 U 盘，而且只能读取，不能写入。利用这一特性，BitLocker 加密后的 U 盘可以很好地防范病毒的感染和传播。

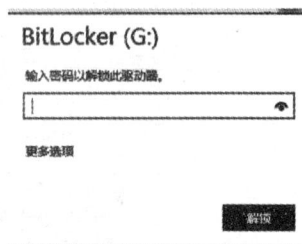

图 3 – 73　输入解锁密码

3.7.3 UAC 用户账户控制

UAC 是微软为了提高系统安全而在 Windows Vista 系统中开发的新技术。它要求用户在执行一些可能影响计算机运行或其他用户设置的操作时，提供管理员权限或密码，如图 3-74。UAC 可以防止恶意软件和间谍软件在计算机上的安装和传播。

UAC 带来安全的同时，也带来一些不便。如果不适应，可以把 UAC 关掉。打开"控制面板"—"用户账户和家庭安全"，选择当前登录的本地账户，更改用户账户控制设置，把下拉条移动到"从不通知"，如图 3-75。

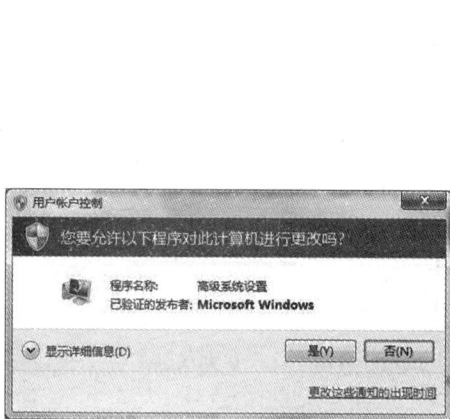

图 3-74　用户账户控制

图 3-75　关闭用户账户控制

3.8　Windows 账户

3.8.1　本地账户

Windows 系统用账户来实现不同用户的管理权限。Windows 8 有 Administrators（管理员）、Homeusers（家庭用户，即一般用户）、Guests（来宾用户）三种类型。管理员类型权限最大，可以完全控制操作系统；家庭用户类型权限次之，除了少数更改需要管理员权限外，一般操作都能执行；来宾用户权限最低，一般只能进行浏览操作，不能修改。

打开"控制面板"—"系统和安全"—"管理工具"，双击"计算机管理"快捷方式，可以查看系统中的用户，如图 3-76。

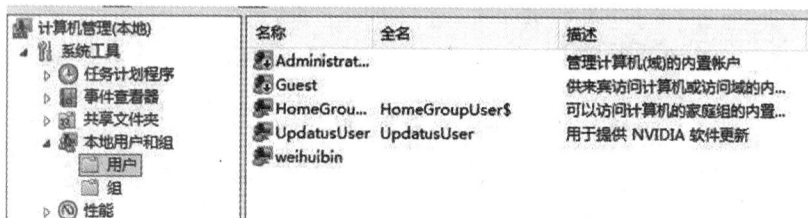

图 3-76　本地用户和组

Windows 系统内置账户是本地账户，可以通过"控制面板"—"用户账户和家庭安全"—"用户账户"，来查看、增加或删除本地账户，更改账户类型，或者增加、删除、修改用户密码，如图 3-77。

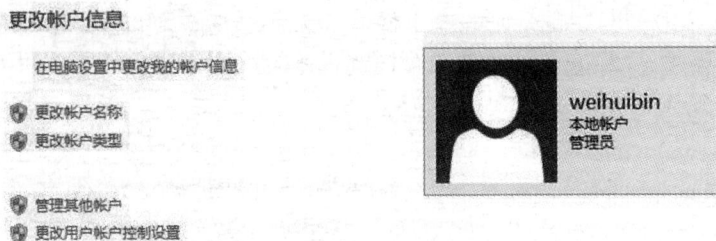

更改帐户信息

在电脑设置中更改我的帐户信息

更改帐户名称
更改帐户类型

管理其他帐户
更改用户帐户控制设置

weihuibin
本地帐户
管理员

图 3-77　更改账户

Windows 8 系统在执行一些文件操作时，有时会出现用户权限不足的提示，如图 3-78。

出现权限不足提示时，右键单击程序图标，在弹出菜单中选择"属性"—"兼容性"，勾选"以管理员身份运行此程序"，如图 3-79。

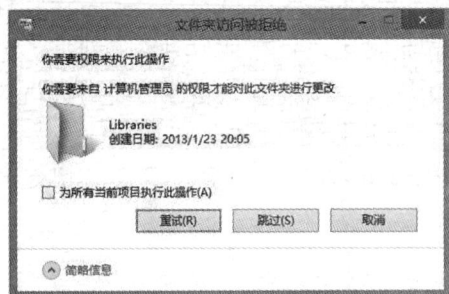

图 3-78　权限不足

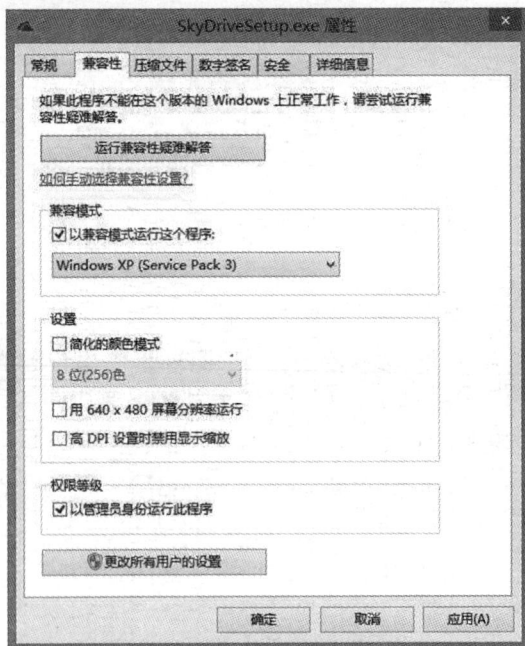

图 3-79　权限等级

这里顺便再说一下 32 位的软件在 64 位操作系统中运行的兼容性问题。在 Windows XP 系统时代，CPU、操作系统和应用软件都是 32 位的，运行没有问题。当我们把 CPU 和操作系统升级到 64 位时，一些原来的 32 位应用软件有时就运行不正常了。这时就要像图 3-79一样，勾选"以兼容模式运行这个程序"。

3.8.2 微软账户

Windows 8 系统除了本地账户外，还增加了一个微软账户。微软账户是在云计算时代获得微软公司各种服务的通行证，只需一个电子邮件地址和密码，就可以登录所有的微软网站，包括 OneDrive 云存储、Outlook 和 Hotmail 邮件服务、Messenger 信使服务、Windows 应用商店，以及 Windows 操作系统、Office 办公套件、Visual Studio 开发工具等软件服务。用户通过访问 https：//login. live. com 进行简单的注册，即可获得微软账户，如图 3-80。

图 3-80　立即注册微软账户

Windows 8 系统可以在本地用户和微软账户之间切换。按 Win + C 调出 Charm 菜单，点击"设置"—"更改电脑设置"—"用户"，弹出图 3-81 所示窗口。

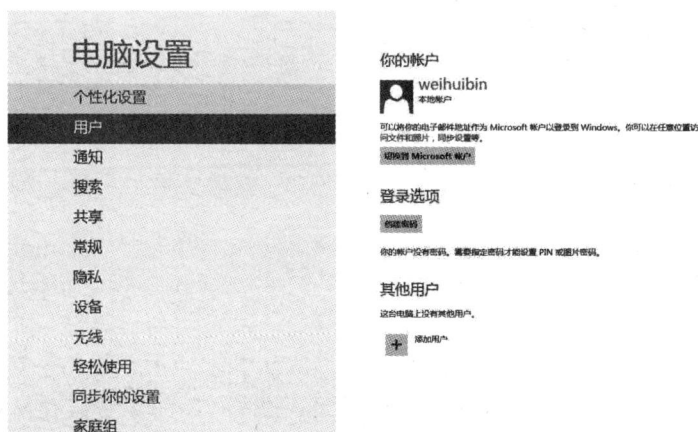

图 3-81　更改用户

点击屏幕右边"切换到 Microsoft 账户"，用微软账户登录，如图 3-82。

图 3 - 82　登录微软账户

登录成功后显示如图 3 - 83。

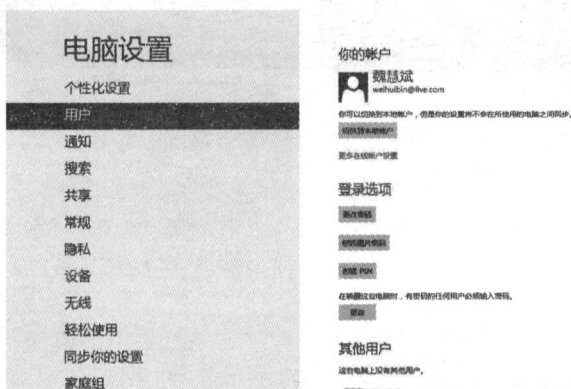

图 3 - 83　已登录微软账户

　　Windows 8 系统用微软账户登录后，每次启动计算机都要输入密码。如果嫌麻烦，可以通过同样的方法切换回本地账户。

3.9　OneDrive 云存储

　　OneDrive 是微软公司提供的一种云存储服务，原名 SkyDrive，为了避免和英国天空电视台商标重名而改名。用户可以通过微软账户登录，获得 7G 的免费云存储空间，用于备份照片等一些重要文档。Windows 8 系统的 Modern 桌面已经安装了 OneDrive 应用，已经和系统无缝集成。用微软账户登录系统，点击 Modern 桌面 OneDrive 应用图标，系统连接互联网后显示云存储空间的文件，如图 3 - 84。

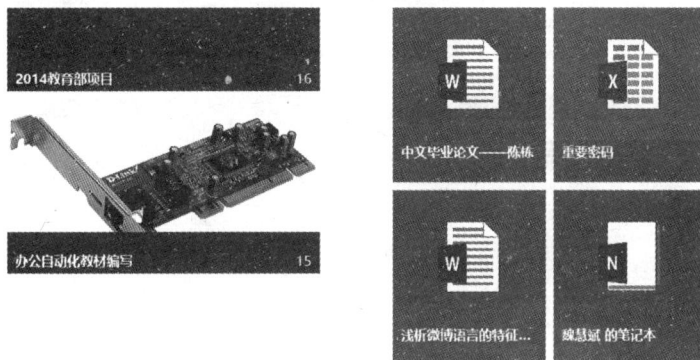

图 3 - 84　OneDrive 云存储空间

OneDrive 云空间管理就像一个远程的资源管理器，在屏幕空白的地方单击鼠标右键，就会弹出操作菜单，如图 3 - 85。点击菜单上的各个按钮，就可以完成查看、选择、新建文件夹等操作。点击"上载"按钮，可以从本地硬盘中选择文件上传到云空间。

图 3 - 85　操作菜单

选定云空间中的文件或文件夹，单击鼠标右键，在屏幕下方弹出文件操作菜单，如图 3 - 86。点击"下载"按钮，可以把文件下载到本地电脑，甚至可以通过 IE 在线打开 Office 文档。在 Modern 桌面的视频、照片、音乐等多项应用中，不用下载就可以直接打开云空间中的文件。

图 3 - 86　文件操作菜单

微软公司也提供了在传统电脑桌面上运行的 OneDrive 客户端。客户端可以指定 OneDrive 文件夹的位置以及同步备份的方式，如图 3 - 87。

图 3 – 87　OneDrive 桌面客户端

OneDrive 客户端配置完成后就开始自动运行。当本地 OneDrive 文件夹中的内容和云空间文件有差异时，客户端会自动完成同步任务，如图 3 – 88。

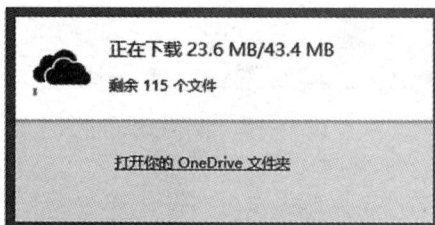

图 3 – 88　OneDrive 客户端自动同步

不安装 OneDrive 客户端或应用，而直接登录微软云服务网站 https：//onedrive. live. com，也可以访问云空间的文件，并进行管理。

3.10　应用商店

Windows 8 是一个开始融合传统计算机和智能移动设备的操作系统。系统运行的软件有两套：在 Modern 桌面上运行，适合于平板电脑、手机等触控操作移动设备的软件称为 Modern 应用；在传统桌面上运行，适合鼠标、键盘操作的软件称为桌面程序。一般来说 Modern 应用只能在 Modern 桌面运行，无法在传统桌面环境下启动，除非借助第三方软件，例如 ModernMix。微软公司已经注意到这个问题，在 Windows 9 系统中也许会推出融合工具。

过去软件厂商发布产品主要是通过光盘介质，传播途径狭窄，影响有限，也导致了盗版的泛滥。互联网飞速发展后，我们主要通过各类网站下载软件。但网站分散，难以搜索，质量又良莠不齐，很多伪劣网站下载的软件还带有病毒、木马。美国苹果公司在 iOS

操作系统中集成了苹果商店，取得了巨大的成功。苹果用户可以访问商店，迅速搜索、下载各种安全、优质的应用。应用开发者也可以通过苹果商店的渠道扩大影响力，获得持续的收入，苹果公司也可以获得可观的佣金提成。谷歌公司也提供了类似的安卓应用商店Google Play。受苹果和谷歌两家公司的启发，微软在 Windows 8 的 Modern 桌面也集成了Windows 应用商店，如图 3 – 89。

图 3 – 89　Windows 应用商店

打开 Windows 应用商店，排列的风格仍然是 Modern 桌面的风格。排在最左侧的是热门应用，包括付费应用和免费应用，点击滚动条，我们依次可以看到游戏、社交、娱乐、照片、音乐和视频、运动、图书和参考、新闻和阅读等十几类不同的推荐应用。我们点击其中一类的某个应用，进入应用简介和安装界面，如图 3 – 90。点击左侧"安装"按钮，应用就开始下载安装，安装完毕会有提示，我们再回到 Modern 桌面就可以找到这个新安装的应用并执行它了。

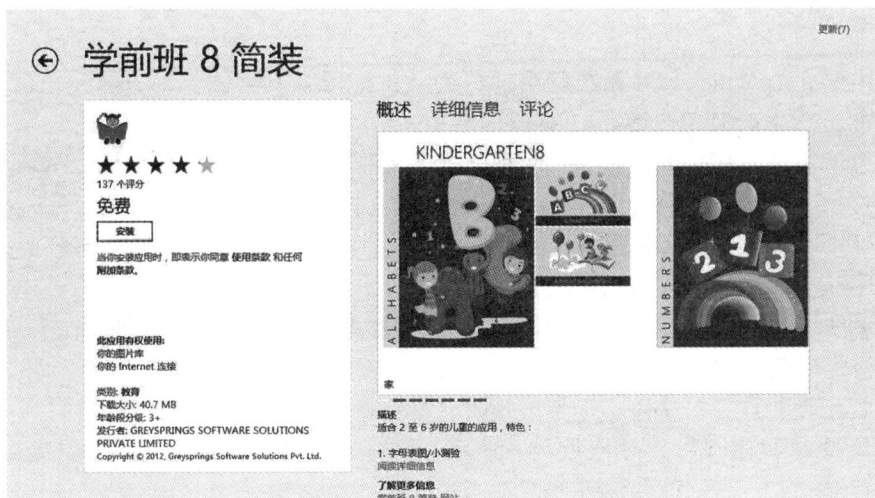

图 3 – 90　应用简介和安装界面

在商店搜索应用必须借助 Charm 菜单。调出 Charm 菜单，点击"搜索"，在搜索框里输入搜索目标，再点击下方的应用商店。联网以后，过一会就显示出在应用商店搜索的结果，我们可以找到需要的应用并下载，如图 3－91。

图 3－91　搜索结果

Windows 应用商店可以帮助我们更快、更准确地找到我们需要的应用。不过同苹果商店、谷歌商店比较起来，Windows 应用商店的应用数量仍然很少，只有十几万款。一些原来常用的桌面程序，微软都在应用商店中提供了 Modern 版，如 Internet Explorer、Outlook 等。但 Office 办公套件至今没有 Modern 应用版，微软只在 Surface 平板电脑中提供了 RT 版，未免有点美中不足。

3.11　网络设置

本节主要介绍 Windows 8 系统网络部分的软件配置，网络硬件部分的介绍请参看第 7 章"网络办公"中的有关内容。

计算机连接互联网有无线和有线两种方式。无线上网包括无线局域网（WLAN，又叫 WiFi）和移动电信讯号上网（2G/3G/4G），有线上网包括有线局域网（LAN）和 Modem 拨号上网（ADSL 宽带、DDN 宽带）。根据目前办公室应用的普遍情况，我们主要讲一讲无线局域网和有线局域网两种软件配置。

使用无线局域网连接互联网，计算机需要安装无线网卡。使用有线局域网连接互联网，计算机需要安装网卡。可以通过"控制面板"—"系统和安全"—"系统"—"设备管理器"来查看计算机中网卡的安装情况，如图 3－92。如果设备管理器中列出网卡的名称，而且没有黄色叹号，就表明网卡工作正常；否则就要卸载，重新安装网卡驱动程序。

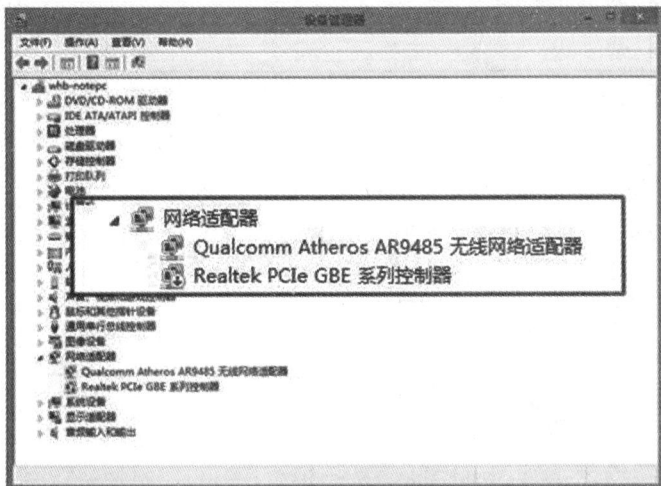

图 3-92 设备管理器

图 3-92 表示该计算机安装了一块无线网卡和一块 RJ45 网卡。下面先介绍无线上网连接，任务栏最右边程序图标栏有个带星号的无线网络连接图标，表示尚未找到无线接入点，如图 3-93。

图 3-93 没有连接无线网络

点击无线网络图标，操作系统显示附近的无线接入热点，如图 3-94。

图 3-94 无线热点

图 3-95 连接网络

我们点击自己配置的无线网络热点"weihuibin"（用无线路由器设置，参看第7章），勾选"自动连接"，然后点"连接"，如图3－95。

第一次连接时，要求输入连接密码。等待一会就连接成功，在任务栏上显示无线网络连接的图标。该图标由5条白色竖线构成，亮着的竖线越多，表示无线信号越强，连接越稳定，如图3－96。

下面说一说RJ45网卡的连接。现在办公室网络路由器一般都设置了DHCP（自动配置IP地址），所以RJ45网卡连接更简单，直接把网线插上就可以了。图标栏会显示有线网络的连接图标，如图3－97。

图3－96　已连接无线网络

图3－97　有线网络连接

打开"控制面板"—"网络和Internet"—"网络和共享中心"—"查看网络状态和任务"，可以查看当前计算机的网络连接状态，如图3－98。

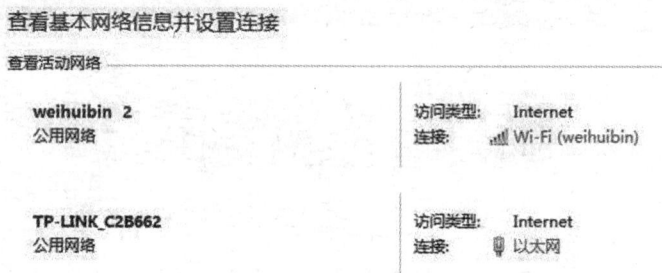

图3－98　查看网络连接状态

上图显示计算机连接了一个无线网络和一个有线网络。

点击无线连接名称，可以查看无线连接的各项参数，如图3－99。

下面我们了解一下无线连接的各项参数。

IPv4连接：Internet。其表明这个连接是接通了互联网的。IPv4是采用传统IP地址的互联网络，是目前互联网的主流IP标识方式。

IPv6连接：无Internet访问权限。IPv6是下一代互联网的IP地址标识方法，目前尚未普及。

SSID：接入的无线热点的名称。

持续时间：连通无线网络的时间。

速度：代表无线网卡的标准速度，不是真实的上传、下载速度。

信号质量：用五条竖线来表示无线信号的强度。

活动部分有实时更新的收发数据大小，正常连接情况下收发数据都不会为零。

点击"详细信息"按钮，显示无线连接的详细信息，如图3－100。

图 3 - 99　WiFi 连接状态

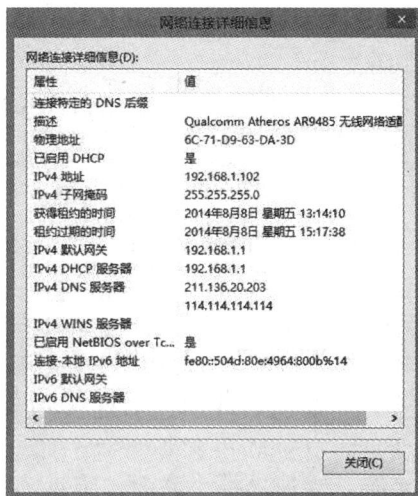

图 3 - 100　无线连接的详细信息

从图 3 - 100 里可以详细查看无线网卡的物理地址、IP 地址、子网掩码、网关、DNS 等信息。

回到图 3 - 98，我们点击以太网连接的网络，查看有线网络连接状态，如图 3 - 101。

有线网络连接状态的各项数据和图 3 - 99 无线连接状态的数据相似，点击"详细信息"，也可以查看有线网卡的物理地址、IP 地址、网关、DNS 等信息，此处不再赘述。当办公室路由器没有设置 DHCP 时，我们需要手动配置有线网卡。点击"属性"，弹出对话窗口，如图 3 - 102。

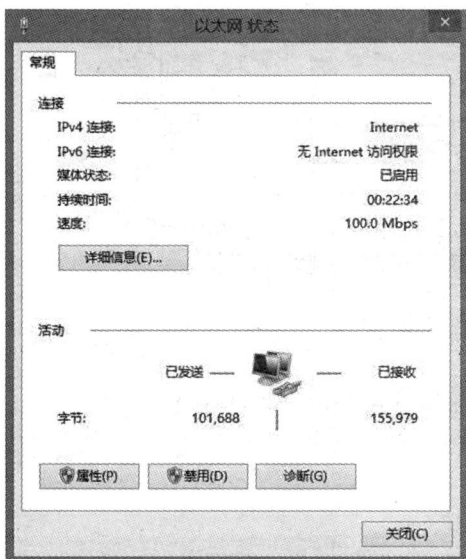

图 3 - 101　以太网连接状态

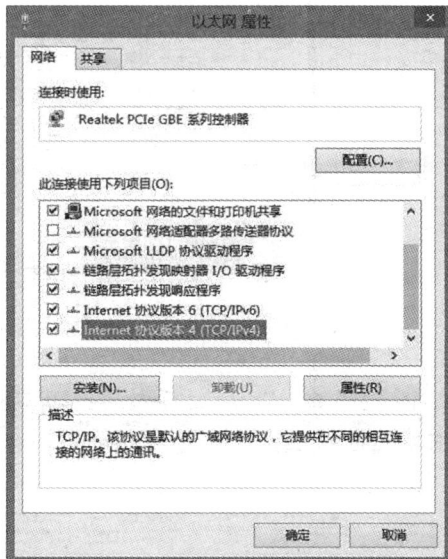

图 3 - 102　以太网属性

鼠标选定 Internet 协议版本 4，再点击它右下方的"属性"按钮，弹出设置窗口，如图 3 – 103。

点击"使用下面的 IP 地址"选项，把网络管理员给我们的各项配置信息输入"IP 地址"等窗口，点击"确定"，就可以手动配置网络连接了。

3.12 Internet Explorer 10

Internet Explorer 10 简称 IE 10，是 Windows 8 集成的最新浏览器版本，它在 IE 9 的基础上增强了 CSS3 的解析功能和硬件加速功能，也支持 HTML5。IE 10 分为桌面版和 Modern 版两种，前者类似于传统的 IE 浏览器，支持插件；后者不支持插件，只能在 Modern 界面中全屏运行。

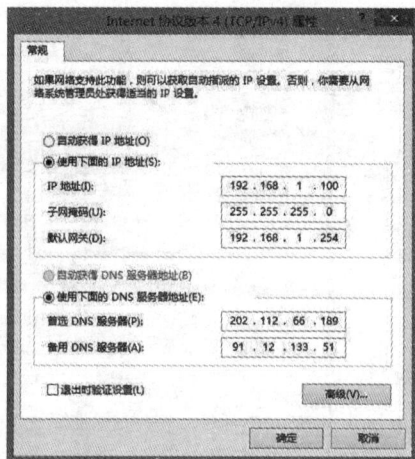

3.12.1 桌面版 IE 10

桌面版的 IE 10，界面非常简洁，如图 3 – 104。

图 3 – 103 手动配置 IP

图 3 – 104 桌面版 IE 10

IE 10 的菜单栏默认为隐藏，按 Alt 快捷键菜单栏才会出现，如图 3 – 105。
IE 10 的地址栏，如图 3 – 106。

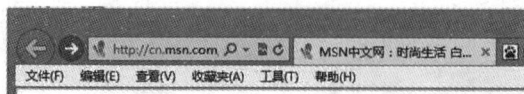

图 3 – 105 菜单栏

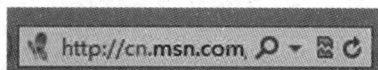

图 3 – 106 地址栏

地址栏显示当前正在访问的网页地址，或可以在地址栏输入待访问的网页地址。地址栏右边有 4 个按钮，从左至右分别是"历史记录搜索"、"显示地址栏自动完成"、"兼容方式"、"刷新"。点击"搜索"按钮，可以在地址栏输入关键词，然后在 IE 10 历史记录中搜索带有关键词的网页，如图 3 - 107。

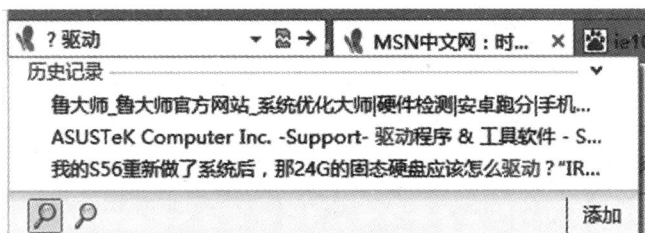

图 3 - 107　历史记录搜索

点击"兼容方式"按钮，IE 10 会刷新，以便兼容为老版本的浏览器开发设计的网页，避免旧网页不能显示。

IE 10 的工具栏从左至右依次有 3 个按钮：房屋（主页）、五角星（查看收藏夹、源和历史记录）、齿轮（设定）。点击房屋按钮，当前网页会刷新为主页。点击五角星按钮，可以查看、管理收藏夹和历史记录，如图 3 - 108。

点击齿轮按钮，弹出下一级菜单，如图 3 - 109。

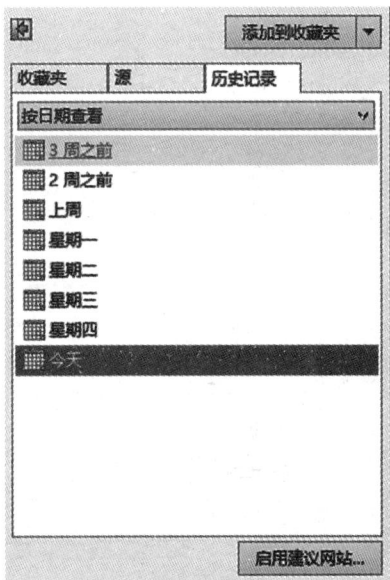

图 3 - 108　历史记录

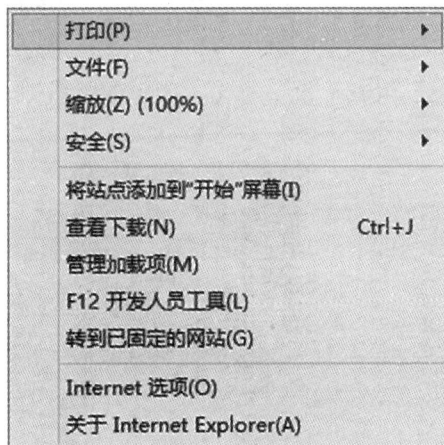

图 3 - 109　设定菜单

点击"Internet 选项"，跟传统的 IE 操作一样，我们可以设定常规、安全、隐私、连接等选项，如图 3 - 110。

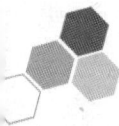

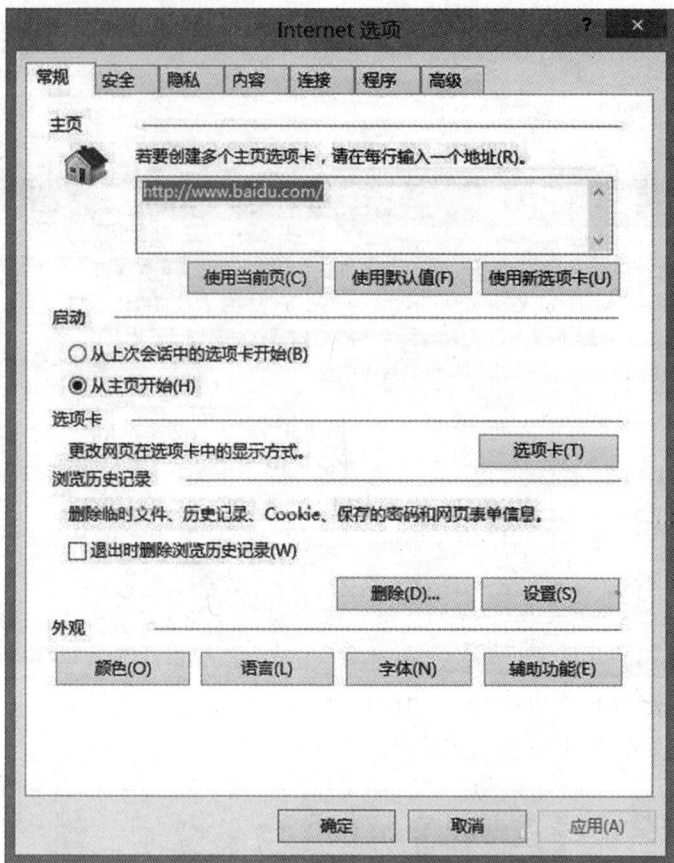

图 3 – 110 Internet 选项

3.12.2 Modern 版 IE 10

切换到 Modern 屏，点击 IE 10 应用图标，打开浏览器。

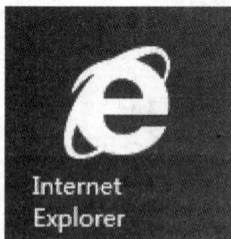

图 3 – 111 Modern 版图标

图 3 – 112 桌面版图标

图 3-113　Modern 版 IE 10 窗口

如图 3-113 所示，Modern IE 10 界面非常简洁高效，打开网页后看不到任何菜单、工具栏和图标。在页面空白处单击鼠标右键，可以弹出屏幕上、下任务栏，如图 3-114（黑色背景部分）。再次点击鼠标右键，上、下任务栏自动隐藏。

图 3-114　屏幕上、下任务栏

上任务栏如图 3-115 所示，左边是已经打开网页的缩略图，点击缩略图上的"×"，可以关闭这些打开的网页；右边有加号和省略号两个圆形按钮，点击加号按钮可以打开新网页，点击省略号按钮，又弹出菜单，如图 3 – 116。点击"新 InPrivate 选项卡"，可以以无痕模式访问新网页。点击"关闭选项卡"可以关闭除当前网页以外的其他所有网页选项卡。

图 3 – 115　上任务栏

图 3 – 116　菜单

图 3 – 117 所示的是下任务栏，从左至右依次是"后退"按钮、地址栏、"刷新"按钮、"固定"按钮、"设定"按钮、"前进"按钮。

点击地址栏，IE 会出现常用地址和收藏夹的提示，如图 3 – 118，可以点击常用网页地址或收藏地址访问网站，也可以直接在栏里输入网页地址。

图 3 – 117　下任务栏

图 3 – 118　地址栏提示

点击"固定"按钮，可以将当前网页固定到"开始"屏幕，如图 3 – 119，或添加到收藏夹。

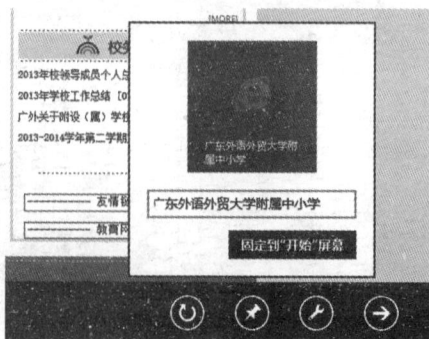

图 3 – 119　固定到"开始"屏幕

点击"页面"工具，可以用桌面 IE 打开当前网页，或在页面内查找，如图 3 – 120。

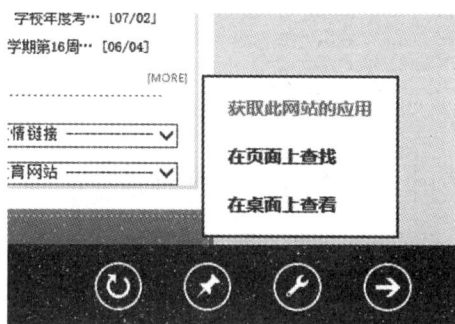

图 3 – 120　"页面"工具菜单

鼠标移到 Modern IE 10 窗口左右两侧悬停时，出现左右两个"＜"、"＞"按钮，方便用户前进或者后退。

3.13　思考和操作

（1）32 位和 64 位的硬件、操作系统、应用软件之间的相互兼容关系是怎样的？

（2）使用 BitLocker 工具加密和解密一个 U 盘。

（3）注册一个微软账户，并且从应用商店中下载安装一款免费应用。

第 4 章

Word 2013

学习重点：通过编辑学位论文，熟练掌握 Word 2013 的常用操作。

4.1　Office 2013

4.1.1　概述

Office 2013 是微软公司于 2013 年 1 月正式推出的新版办公软件套件，内部版本号是 Office 15。Office 2013 的版本有以下分类，如表 4 - 1。

表 4 - 1　Office 2013 版本类别

分类	版本	备注
按硬件平台	RT 版	用于平板电脑 Surface
	Windows 桌面版	用于桌面电脑、笔记本电脑
	Windows Modern 版	即将推出
按位数	32 位版	适用于 32 位操作系统，如 Windows XP
	64 位版	适用于 64 位操作系统，如 Windows 8
按内容和价格	365 家庭高级版	
	家庭和学生版	
	中小企业版	
	专业版	

办公室一般选用 64 位专业版。Office 2013 专业版主要组件有十项，其中前三项是最常用的，如表 4 - 2。

表 4 - 2　Office 2013 专业版组件

组件	备注
Word 2013	文字处理软件
Excel 2013	表格数据软件
PowerPoint 2013	演示文稿软件
Access 2013	桌面小型数据库
Outlook 2013	邮件处理软件
OneNote 2013	在线笔记软件
OneDrive 2013	云存储空间管理
Publisher 2013	小型桌面出版软件
InfoPath Designer/Filler 2013	在线网页表单设计/提交软件
Lync 2013	即时通信软件

Office 2013 安装对系统的要求是：具有 1G 主频以上的 x86 或者 64 位 CPU，1G（32位）或 2G（64 位）以上的内存，至少 3G 以上的硬盘可用空间，Windows 7 以上的 32 位或 64 位操作系统。特别要注意的是，Office 2013 不能安装在 Windows XP 或 Windows Vista 操作系统中。Office 的安装过程跟一般软件类似，此处略。

4.1.2　新特性

自 Office 2000 推出以来，微软的 Office 办公套件横扫全球，占据了文字处理软件和表格软件的主要市场，特别是中国的学生和办公室人员，非常熟悉以前版本的 Office 操作。因此本章着重介绍和以往不同的新功能操作，对于基础知识则略过或从简。

4.1.2.1　融合 Ribbon 风格和 Modern 元素的用户界面

Office 2013 的用户界面延续了 Office 2010 的 Ribbon 风格，并且融入了新的 Modern 元素，如图 4 - 6。整体界面趋于平面化，风格简洁清新，给用户带来全新的视觉体验。

4.1.2.2　改进的文件菜单

Office 2013 的文件菜单作出了重大改进，Word、Excel、PowerPoint、Access 等组件使用了统一风格的文件菜单，如图 4 - 1。

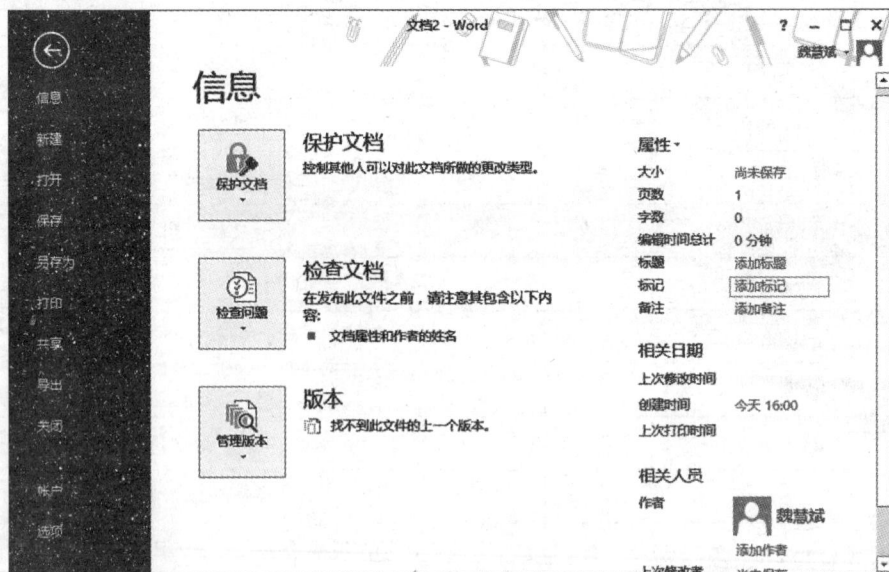

图 4 - 1　统一风格的文件菜单

这个文件菜单有 11 项子菜单，子菜单不再级联，更加扁平化，用户更容易找到直接操作的标签。

"信息"：查看当前文档的信息，包括文件大小、页数、创建和修改日期、创建者和修改者等，如图 4 - 1。

"新建"：既能直接创建新文档，又能利用联机文档模板直观创建，如图 4 - 2。

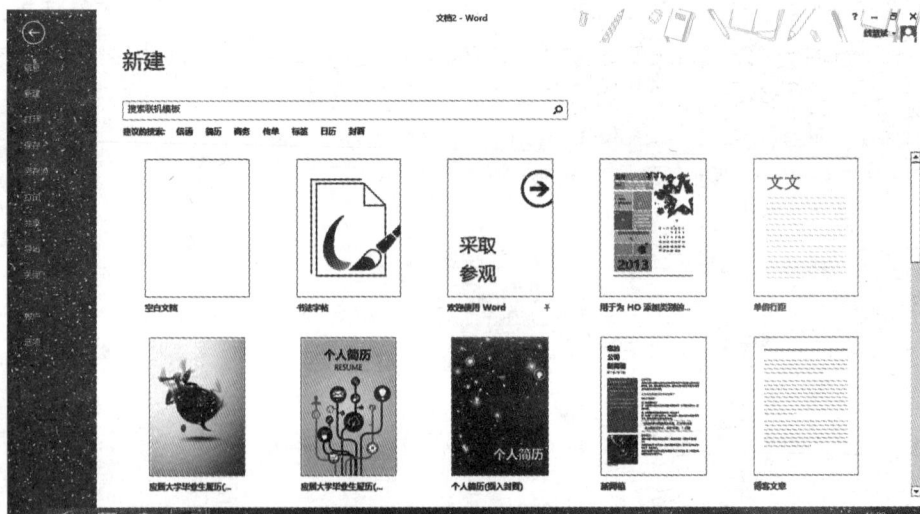

图 4 - 2　新建文档

"打开"：既可以选择历史记录文件，也可以从计算机其他位置、OneDrive 云空间和其他网络位置直接打开文件，如图 4 - 3。

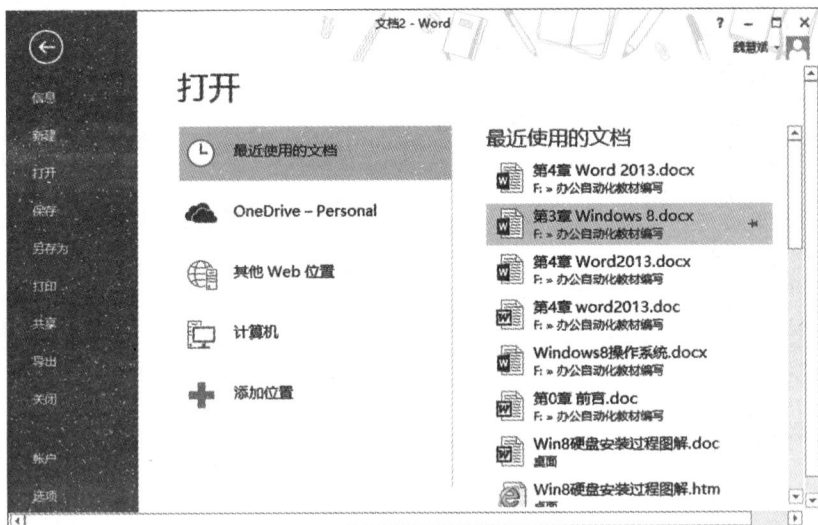

图 4 - 3　打开

"保存"和"另存为":既可以把文档保存在本地,又可以直接把文档保存在 OneDrive 等网络空间。

"共享":可以把文档分享给其他联系人,用电子邮件发送给朋友或者发布到博客,如图 4 - 4。

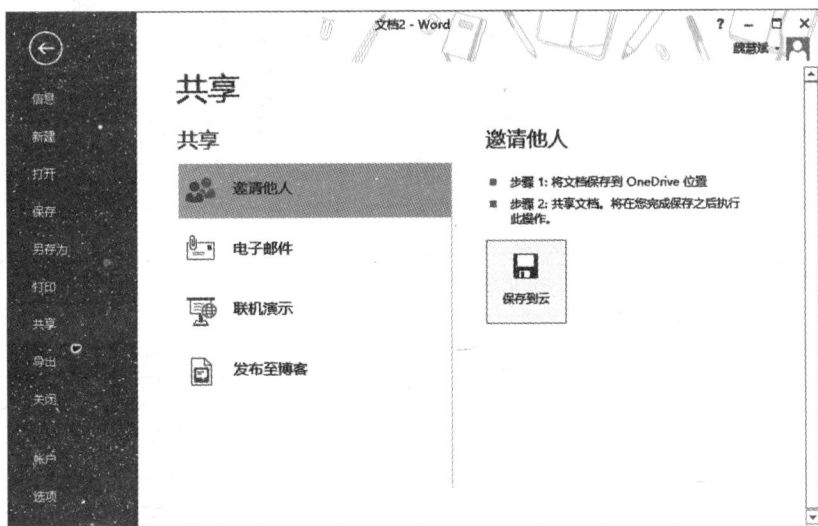

图 4 - 4　共享

"账户":Office 产品可以用微软账户登录,自主设定背景、主题等信息。用户即使换一台电脑登录,也能保留原来的外观设置,甚至可以回到上次关闭的页面,如图 4 - 5。

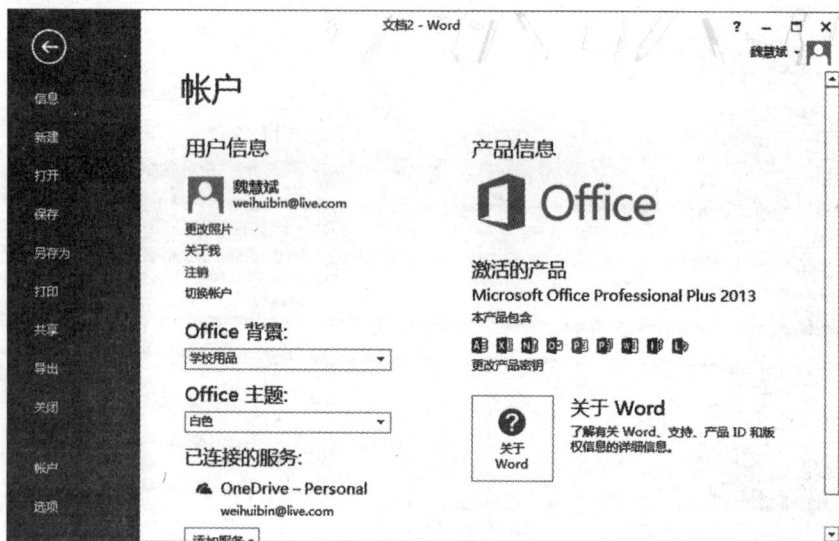

图 4-5 账户

4.1.2.3 无缝连接云存储

云计算和云服务是当今现代信息技术的潮流，各家软硬件厂商、门户网站、社交网络都推出了自己的云服务平台，如苹果 iCloud、谷歌 Drive、百度云、QQ 云、网易云、新浪云等。微软也推出了自己的云服务平台 OneDrive（原名 SkyDrive）。目前微软的各种软件都和 OneDrive 无缝连接，如 Windows 8 和 Office。通过一个微软账户，微软用户就可以把自己的文件和设置保存在云空间中。即使时空转变，用户使用不同的硬件平台工作，也可以轻易地获得和分享自己的文件。云时代的办公，不需要再拿个 U 盘或移动硬盘拷贝文件了。

Office 2013 可以直接把文档发布到云空间和其他网络位置，发布到社交网络，或者联机给别人演示，更容易共享文件。Office 2013 甚至允许几个不同的用户联机协作，共同编辑一个文档。Office 2013 的批注新增了回复功能，可以在批注旁边讨论并轻松地跟踪批注。

4.1.2.4 直接编辑 PDF 文档

Word 2013 可以直接打开和编辑 PDF 文档，可以将文档导出为 pdf 或 xps 格式，以利于文件的跨平台分享。

4.1.3 兼容性

Office 2013 向下兼容，能够读取和编辑 Office 2010、Office 2007、Office 2003、Office 2000 等多个版本的 Office 文档。从 2007 版开始，Office 的默认保存文档类型变为 docx、xlsx、pptx，2007 版以前的 Office 不能直接打开 docx、xlsx、pptx 等格式的文件，必须安装微软的兼容补丁才能打开。Office 2013 也可以把文档保存为旧版的 doc、xls、ppt 类型，但会丧失一些功能，比如 SmartArt 图形保存为 doc 类型后就不能再编辑了。表 4-3 是文件类型的比较。

表 4-3　新旧版 Office 主要文件类型比较

组件	2013 版	2003 版	备注
Word	docx	doc	普通文档
	docm		启用宏的文档
	dotx	dot	普通模板
	dotm		启用宏的模板
Excel	xlsx	xls	普通表
	xlsm		启用宏的表
	xltx	xlt	普通模板
	xltm		启用宏的模板
PowerPoint	pptx	ppt	普通演示文稿
	pptm		启用宏的演示文稿
	potx	pot	普通模板
	potm		启用宏的模板
	ppsx	pps	普通放映

4.2　用户界面

Word 2013 桌面版的默认工作界面，如图 4-6 所示。

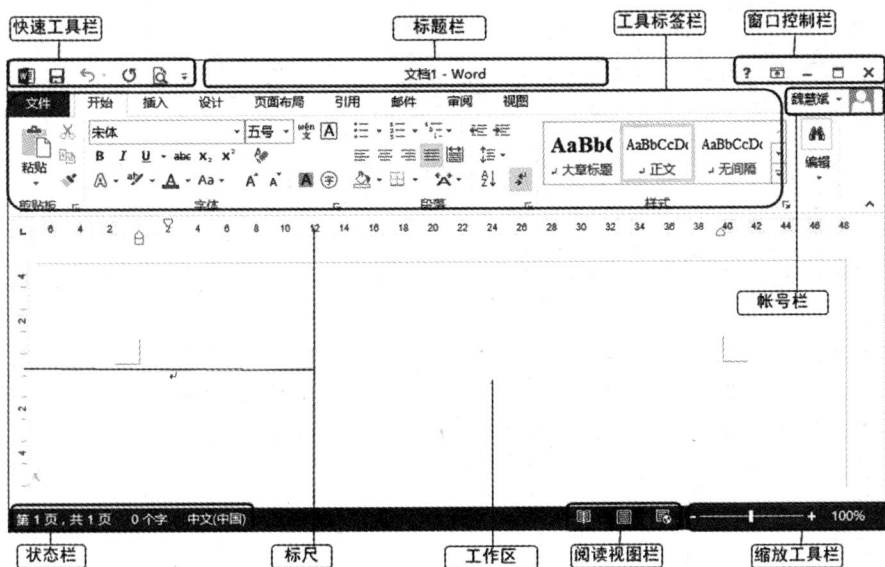

图 4-6　默认工作界面

"快速工具栏"是 Ribbon 风格界面一致的工具栏，可以参看上一章中 3.6.1 节的介绍。在快速工具栏中可以切换鼠标和触屏两种模式，触屏模式和标准界面一样，只是图标之间的距离更宽，适合手指点击。

"标题栏"：显示文档名称。

"窗口控制栏"：从左至右分别是帮助、功能区控制、最小化、最大化、关闭。功能区控制按钮可以隐藏或显示选项卡和命令组。

"工具标签栏"：一般情况下有 8 个选项卡。每个选项卡中有若干组标签，每组标签中有若干个命令或输入框。鼠标指针悬停在命令图标上，会有提示。右斜箭头标记的，表示点击后会打开新的设置窗口。向下三角形标记的，点击后会弹出级联窗口。

选定表格或图像等特殊元素时，工具栏上还会出现额外的"格式"等相关标签。

"账号栏"：显示已登录的微软账户。

"标尺"：显示页眉、页脚、页面的相对宽度和高度。

"状态栏"：显示当前打开文档的信息，包括页数、字数、输入法状态等。

"阅读视图栏"：从左至右分别是阅读视图、页面视图、Web 版式视图。

"缩放工具栏"：移动滑块，可以直接调节页面缩放的比例，或者直接点击百分比数字输入缩放比例。

4.3 视图

Word 软件里所谓的"视图"，就是查看文档的方式。一篇文档可以用各种方式来显示它，但内容是没有改变的。点击菜单栏上的"视图"命令，调出视图工具栏，如图 4-7。

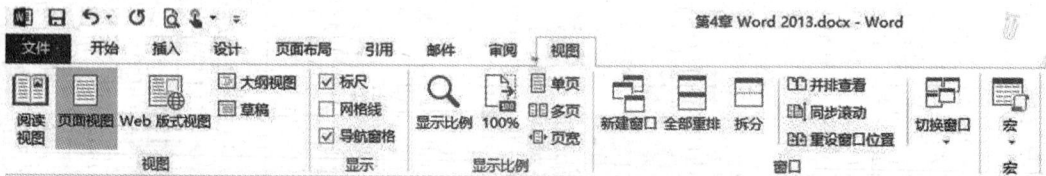

图 4-7 视图工具栏

文档有 5 种视图查看方式：阅读视图、页面视图、Web 版式视图、大纲视图和草稿视图。

页面视图是我们编辑文档时最常见的视图，这里不再多说。阅读视图，顾名思义就是文档供别人阅读，不能修改。它只显示文档内容，不显示格式标记，工具栏也自动隐藏。阅读视图有横排页面和竖排页面两种方式，如图 4-8、图 4-9。

第 3 章 Windows 8 操作系统

3.1 概述

微软公司的系列桌面操作系统软件（从 WINDOWS 98、WINDOWS ME、WINDOWS 2000 到 WINDOWS XP、WINDOWS VISTA、WINDOWS 7）都是基于 X86 架构，围绕大屏幕和鼠标键盘输入装置设计的。当今是移动互联网时代，智能移动设备（智能手机、平板电脑等）迅速普及，人们使用智能移动设备的频率已经超过传统的桌面电脑。智能移动设备普遍小型化便携化，屏幕小，耗电量低，触控屏幕代替键盘鼠标成了最主要的输入装置。微软公司的这些系统软件在移动互联网迅速发展的背景下显得水土不服，在与苹果系统、安卓系统的竞争中处于不利境地。

在人们以前的印象中，台式电脑和笔记本电脑（一般安装微软的操作系统）主要是用来工作的，智能手机和平板电脑（一般安装苹果系统或安卓系统）主要是用来通信和娱乐的，两者之间有明显的功能区别。但是目前工作和娱乐的界限似乎被打破了：在办公室工作时也需要偶尔来点娱乐，下班以后娱乐时也偶尔需要加班工作。最好有一台智能设备，能够兼顾工作、生活和娱乐的需要。目前的设备和软件好像难以满足这样的要求：运行微软系统的台式机或笔记本电脑，可以安装

图 4 - 8　横排阅读视图

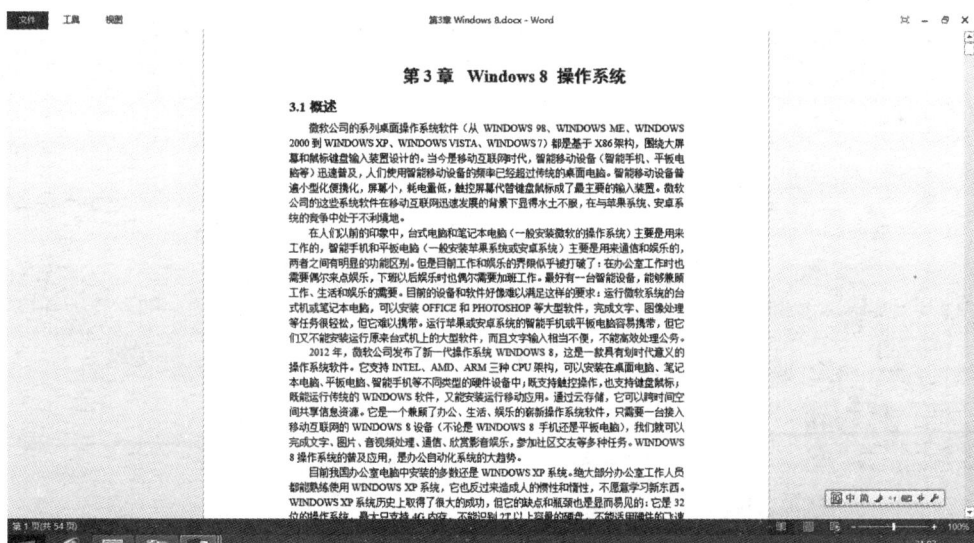

图 4 - 9　竖排阅读视图

横排阅读视图左右两边有两个三角形按钮，点击可以上下翻页，适合触摸操作。竖排阅读视图右边出现滚动条，适合鼠标操作。点击"菜单视图"—"布局"—"列布局/页面布局"，可以在两种模式间切换。

Web 版式视图是显示文档在浏览器中的外观，文档将是一个不带分页符的长页，没有页边距，文本和表格将自动换行以适应窗口大小，如图 4 - 10。

第 4 章　Word 2013

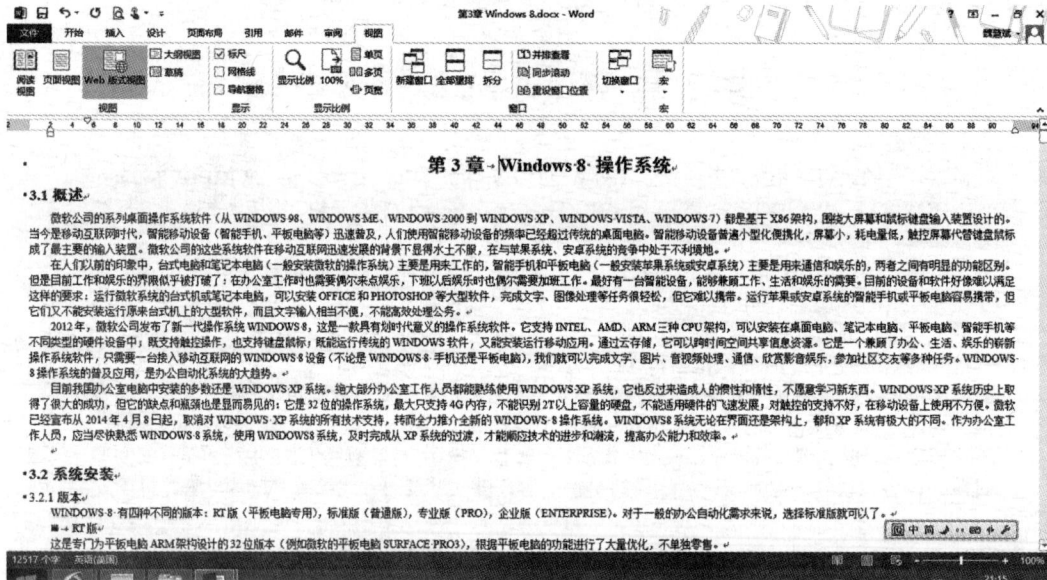

图 4 - 10　Web 版式视图

　　大纲视图特别适用于查看具有多级标题样式的长文档，它能以树形节点表现文档的结构。节点可以双击打开或者收缩，能帮助用户快速了解或定位长文档的结构和位置，如图 4 - 11。

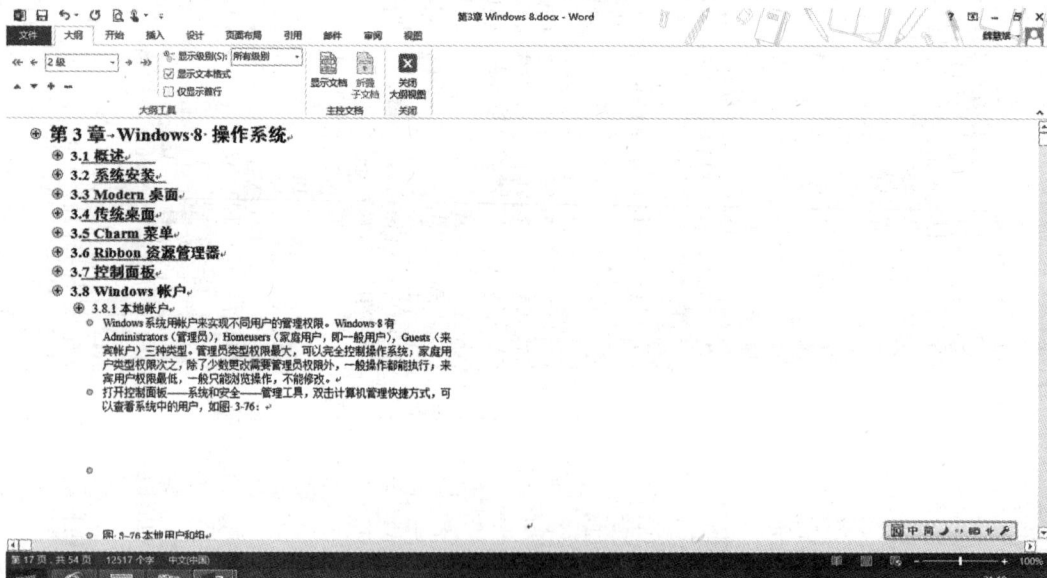

图 4 - 11　大纲视图

　　草稿视图取消了文档的页边距、页眉、页脚、分栏等显示，也不显示图片，是最节省硬件资源的文档查看方式，如图 4 - 12。

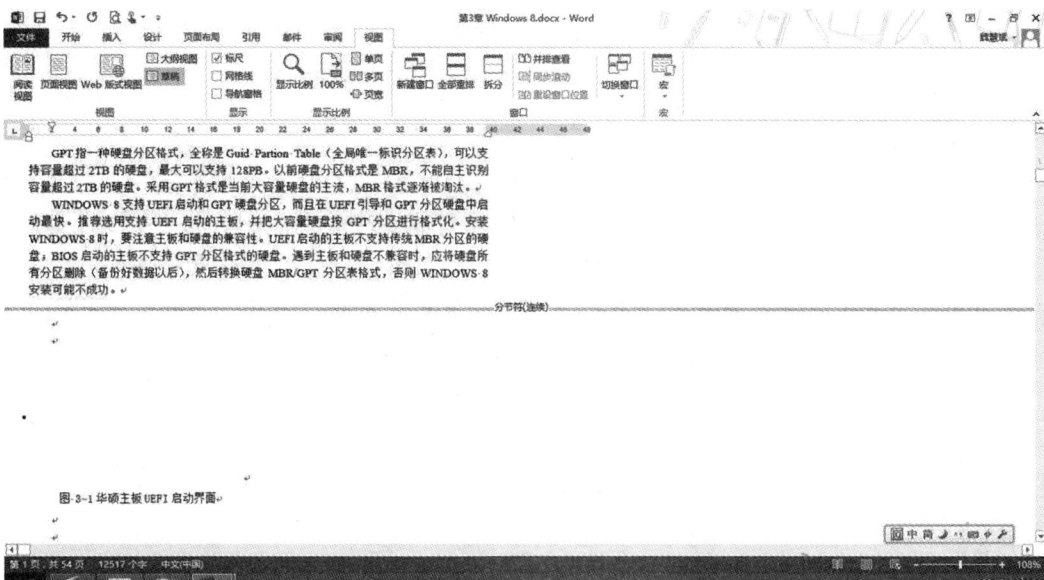

图 4 – 12　草稿视图

在页面视图下，勾选视图工具栏"导航窗格显示"，工作区左边就会出现一个树形节点的导航窗口，特别适合定义了多级标题样式的长文档，如图 4 – 13。打开导航窗口用页面视图编辑文档，比大纲视图更方便、实用。

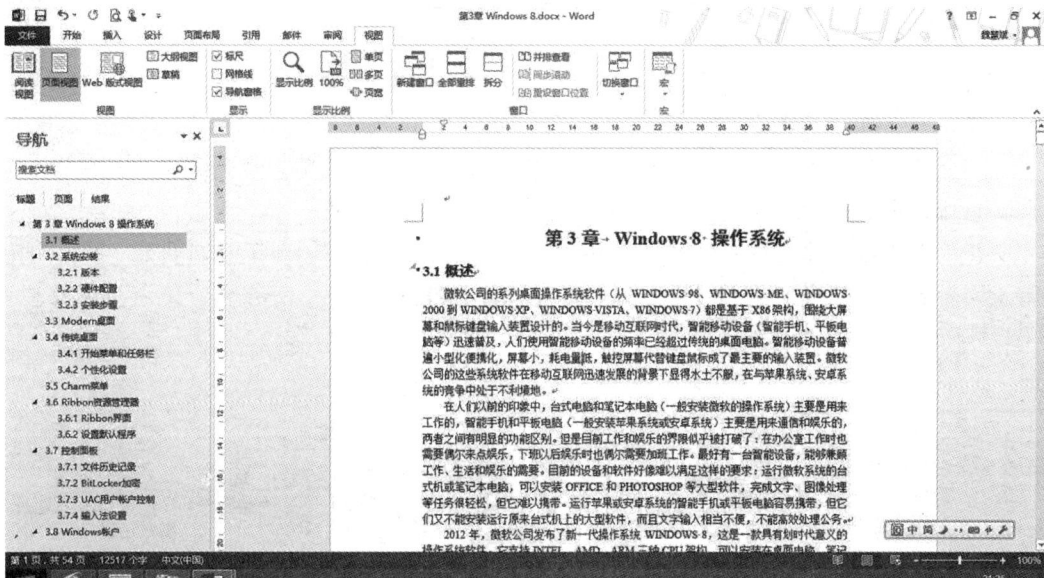

图 4 – 13　导航窗口和页面视图

4.4 图形

4.4.1 图片

在 Word 文档中使用图片，可以采用插入本地图片和联机图片、直接粘贴图片、屏幕截图等方式。屏幕截图是 Word 2010 版本新增的一个功能，可以让用户在编辑文档的同时直接对屏幕或窗口截图，避免切换到其他截图软件所带来的不便。点击"插入"菜单，工具栏上出现"插图"标签组，如图 4 – 14，最右边的就是"屏幕截图"命令按钮。

点击屏幕截图按钮，弹出菜单，如图 4 – 15。

图 4 – 14 插图标签组

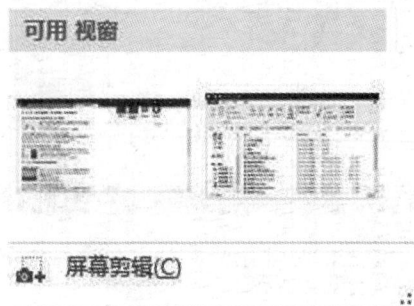

图 4 – 15 截图菜单

菜单有两个选项。可用视窗是除了 Word 窗口之外的桌面运行程序的窗口，选择其中一个窗口进行截图。屏幕剪辑是对 Word 窗口之前的任意屏幕范围进行截图，点击后 Word 窗口自动隐藏，桌面颜色变淡，用鼠标画一个方框完成截图。

完成后的截图会自动粘贴到 Word 文档的当前光标插入点，超出页面宽度的还会自动缩小纵横尺寸，使用起来非常方便。

选定文档中的图片，工具栏会出现"图片工具—格式"菜单，点击菜单出现调整、图片样式、排列和大小 4 个标签组，如图 4 – 16、图4 – 20、图 4 – 24：

图 4 – 16 中第一个命令按钮是"删除背景"，这是 Word 2013 新增的功能，可以把图片背景简单删除，避免切换到 Photoshop 等大型软件中去操作。点击这个命令，工具栏左边出现删除"背景"标签组，如图 4 – 17。

图 4 – 16 调整

图 4 – 17 删除背景标签组

点击"标记要删除的区域"按钮，在图片需要删除的背景上点上若干个标记，如

图 4 – 18。

点击图 4 – 17 中"保留更改"标签，删除背景，效果如图 4 – 19。

图 4 – 18　删除背景前

图 4 – 19　删除背景后

图 4 – 16 中的"更正"、"颜色"、"艺术效果"3 个命令，主要是对图片的色调做一些简单的处理。

图 4 – 20　图片样式

图 4 – 20 样式标签组主要是对图片的边框进行艺术处理。点击右上角的"图片边框"，可以为图片加上不同颜色、不同粗细的边框。点击左边一排效果缩略图，可以设置图片的阴影、角度等效果，如图 4 – 21。右下角的"图片版式"命令，可以使图片成为 SmartArt 图形中的背景配图，如图 4 – 22。

图 4 – 21　艺术边框和阴影

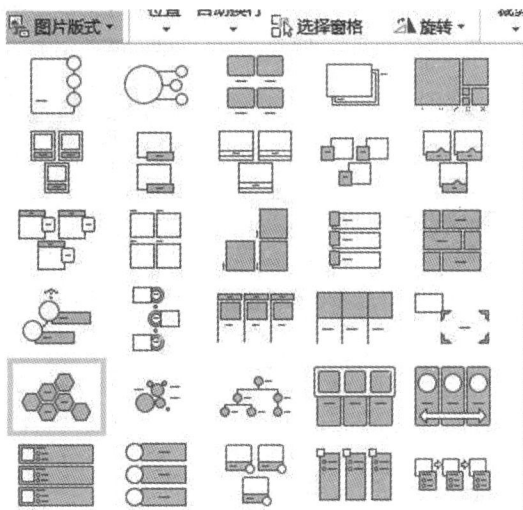

图 4 – 22　选择 SmartArt 图形

图 4-23　SmartArt 配图　　　　　　　　图 4-24　排列和大小

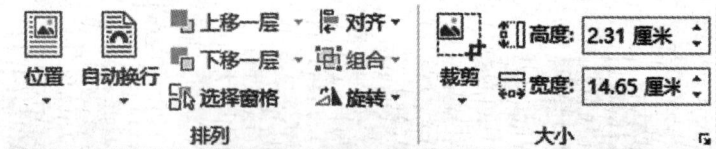

图 4-24 是图片排列和调整大小的标签组。图文混排是 Word 文档编辑中最常见的一项工作，选定图片，点击左边"位置"按钮，可以设置图文混排的方式。

图片插入文档后默认的位置是嵌入文本行中，除此以外还有文字环绕的排列方式。文字环绕的效果有 9 种，就像图 4-25 菜单中的缩略图那样，图片可以处于文档的左上、中上、右上、左中、中中、右中、左下、中下、右下等 9 种方位。在其他布局选项里，还可以让图片衬于文字底部或者浮于文字上方。

图 4-24 右上角显示图片的高度和宽度信息，如果图片大小不适合，可以直接点击小三角按钮调整。如果只需要图片的一部分，可以使用"裁剪"，如图 4-26。在图片的四周会出现 8 个黑色线条提示，用鼠标拖动黑色线条至保留部分，然后鼠标在图片外区域点击，黑色部分就被裁剪掉了。这个功能非常实用和方便，裁剪完图片后，记得点击图 4-16 菜单中右上角的"压缩图片"按钮，以真正减小图片的容量。

图 4-25　图片布局选项　　　　　　　　图 4-26　裁剪图片

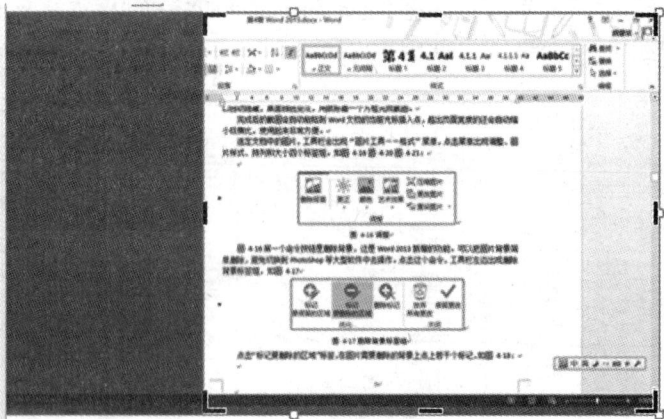

4.4.2　形状

形状是 Word 程序绘制的图形符号，用于表达图示，包括线条、矩形、圆形、箭头、星星和旗帜等类别。点击图 4-14 中的"形状"标签，鼠标在文档中拖动，可以在光标输入点插入各种形状，默认位置是浮于文字上方。

选定某个形状，工具栏会出现绘图工具菜单，如图 4 – 27。与 4.4.1 节的图片工具菜单非常相似。

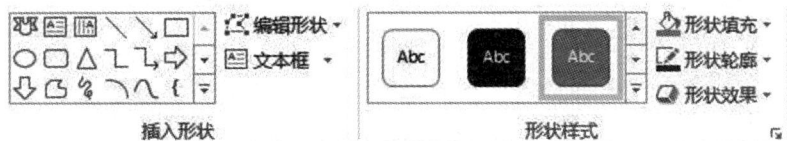

图 4 – 27　形状工具栏

点击"插入形状"标签组右上方的"编辑形状"命令按钮，可以编辑形状的顶点。不同形状的顶点个数不同，图 4 – 28 所示圆角矩形有 8 个顶点。拖动形状上的黑色顶点，形状线条也会随之变化，也可以在线条上点击，增加或删除顶点。通过顶点的操作，可以改变形状的外形，图 4 – 29 就是通过增加、拖动图 4 – 28 的形状顶点变形而来的。

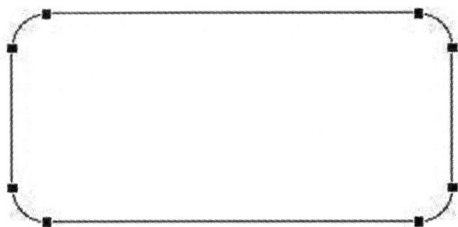

图 4 – 28　圆角矩形的顶点

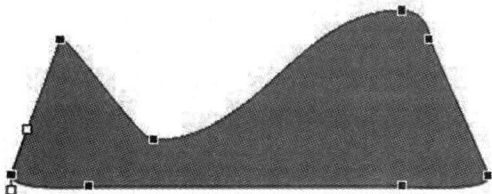

图 4 – 29　山峰形状

文本框是带有文字的矩形形状。点击图 4 – 27 中的"文本框"命令，可以在文档中绘制文本框，或者在形状上单击鼠标右键，选择菜单中的"添加文字"，也可以把形状转化为文本框。

图 4 – 27 右边是形状样式标签组，里面有一组命令按钮，用来设置形状的各种样式。左边缩略图是已经预设好的填充主题样式，可以单击向下三角形查看全部，如图 4 – 30。如果对预设主题不满意，可以点击右边的"形状填充"、"形状轮廓"、"形状效果" 3 个命令进行手工设定。

SmartArt 是 Word 中预先绘制和设置好的几组形状，如图 4 – 31。SmartArt 形状具有专业水准，可以直观形象地表达组织、流程、循环等概念。

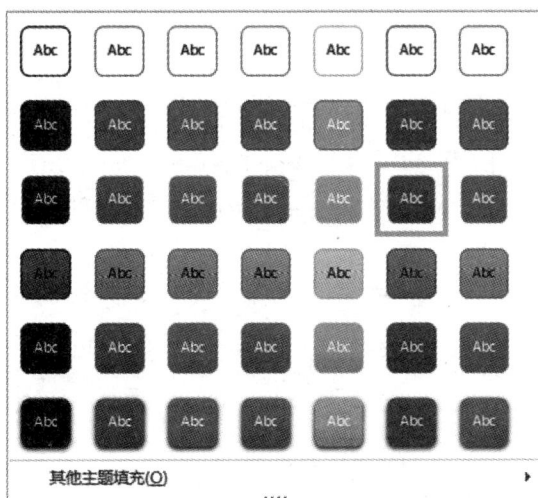

图 4 – 30　预设形状填充主题

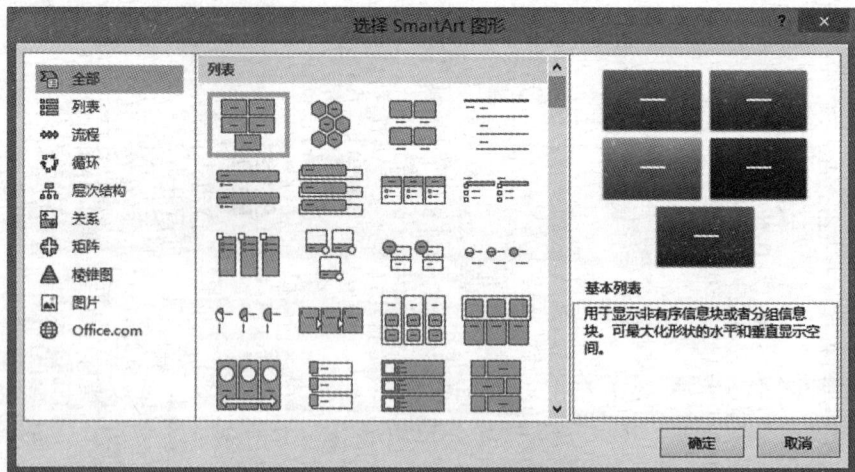

图 4 - 31　SmartArt 形状类别

4.4.3　图表

　　图表是 Word 中用来直观展示数据的一类特殊图形。Word 2013 中一共有柱形图等 10 种图表类型，如图 4 - 32。

图 4 - 32　图表类型

　　点击"插入"—"图表"，选择图表类型，在文档中插入图表。在文档中出现图表的同时，Word 会调用 Excel 程序打开一个预设数据的数据表，如图 4 - 33、图 4 - 34。修改 Excel 数据，Word 文档中的图表形状也随之变化。

图 4 - 33　Excel 数据表

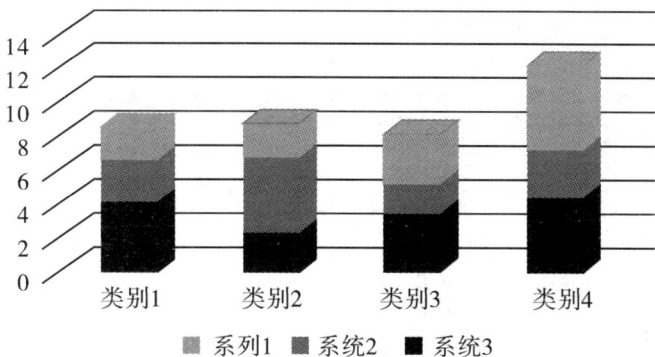

图4-34　柱形图

选定图表，工具栏上将出现图表工具栏，如图4-35，可以对图表进行布局和样式的调整。

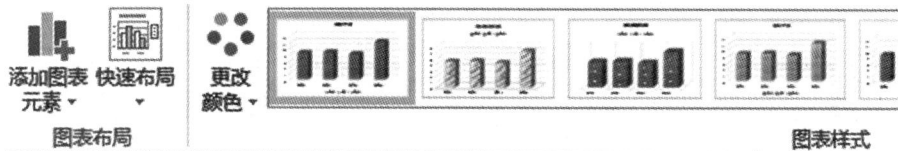

图4-35　图表工具栏

4.5　表格

表格是Word组织展示数据的一种元素。点击"插入"标签，可以快速插入10行8列以内的表格或者通过插入表格对话框插入任意行数和列数的表格。选定整个表格，可以激活表格设计功能区和表格布局功能区，如图4-36、图4-37。

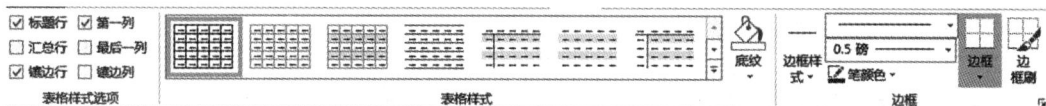

图4-36　表格设计功能区

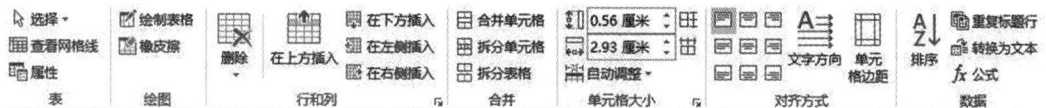

图4-37　表格布局功能区

设计功能区包括3个功能组：表格样式选项、表格样式和边框。表格样式组以缩略图的方式展示了预设表格样式的效果，点击其中一个样式就可以直接套用到选定的表格中。

点击向下三角形可以打开所有的预设样式，如图 4-38。

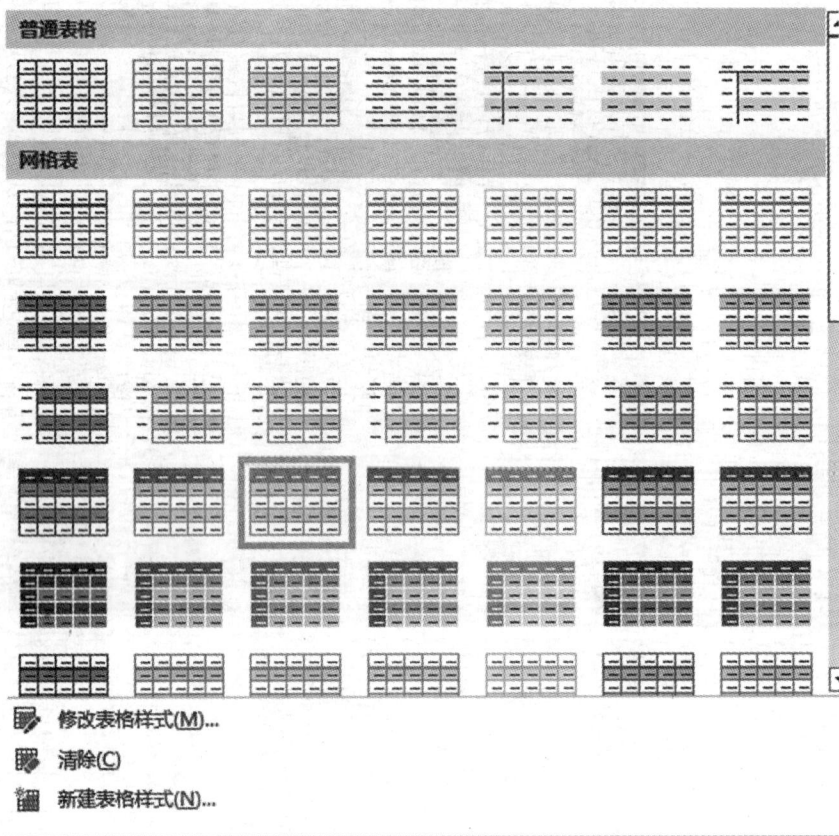

图 4-38　预设表格样式

表格样式选项功能组中的 6 个可选项，可以打开或关闭特殊行的表格样式。

边框功能组的各个命令按钮可以设置整个表格、行、列、单元格的边框样式，包括有无、线形、颜色、粗细等。

接下来我们看看布局功能区的作用，它包括表、绘图、行和列、合并、单元格大小、对齐方式、数据等 7 个功能组。

绘图功能组的橡皮擦工具，可以合并单元格。行和列功能区可以删除光标所在行或列，或者插入新的行或列。合并功能区可以合并、拆分单元格。单元格大小功能区显示光标所在单元格的大小，可以手动调整。点击"自动调整"命令，弹出子菜单，如图 4-39。

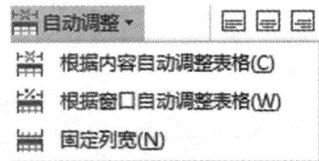

图 4-39　自动调整菜单

自动调整菜单有 3 个选项：第一个选项可以根据内容自动缩小表格的宽度和高度，可以节省版面；第二个选项则根据页面宽度自动放大表格到满页；第三个选项可以指定列的宽度。

对齐方式功能区以缩略图按钮指定单元格内容的对齐方式，或者改变文字排列方向，调整单元格内容与边框的距离。

数据功能区各个命令可以对表格数据进行简单的计算和排序。将光标插入需要计算的单元格，点击"公式"命令，弹出窗口，如图 4－40。

窗口"粘贴函数"列表列出了主要的函数，包括 SUM（求和）、AVERAGE（求平均值）、ROUND（四舍五入）、COUNT（计数）、MAX（求最大值）、MIN（求最小值）等。这些函数的主要参数有：

ABOVE：操作数据为光标所在单元格以上的列数据。

BELOW：操作数据为光标所在单元格以下的列数据。

LEFT：操作数据为光标所在单元格以左的行数据。

RIGHT：操作数据为光标所在单元格以右的行数据。

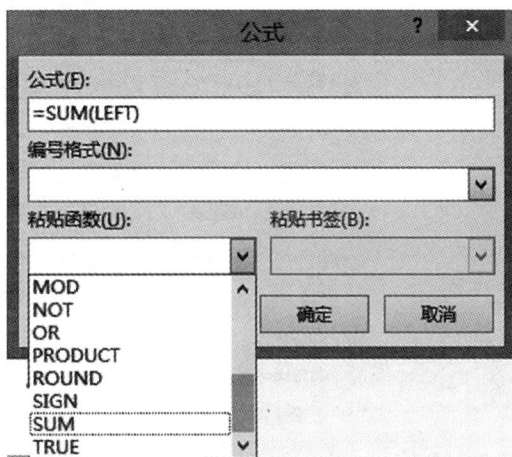

图 4－40 公式窗口

图 4－40 所示的函数 SUM（LEFT）就是计算当前光标所在单元格以左所在行数据的和。

Word 单元格的引用方法跟 Excel 类似：从上到下，行用 1、2、3 等阿拉伯数字表示；从左至右，列用 A、B、C、D 等英文字母表示，比如第一列第一行的单元格就表示为 A1。所以我们用函数计算时，也可以指定单元格。比如统计第三列第二行单元格数字和第五列第一行单元格数字的和，用公式就表示为：SUM（C2,E1）。

公式也是域的一部分，当单元格的数字改变时，公式计算的单元格也会随之变化，既准确又快捷。

4.6 样式表

所谓样式，就是 Word 文档中文字、表格等元素的各种格式，包括文字（字体、字形、字号、颜色等）、段落（行距、段前距离、段后距离、缩进、对齐）、边框、编号和项目符号等。类似学位论文这样的长文档，对格式有严格的规范。使用样式表可以避免重复做格式化工作，为了极大地提高写作和编辑效率，最好在写作前就设定好论文各部分的样式。

点击"开始"菜单，工具栏右边出现样式标签组，如图 4－41。

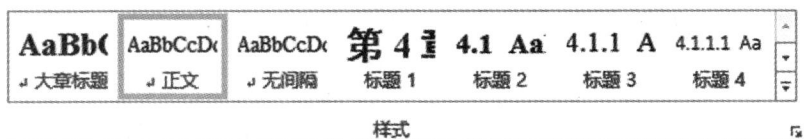

图 4－41 样式标签组

我们首先来设定正文的样式。如果在样式标签组看不到"正文"等要找的按钮，则点击标签组右边带横线的向下三角形，扩大标签组的显示范围，就能看到标签组的全部命令按钮，如图4－42。

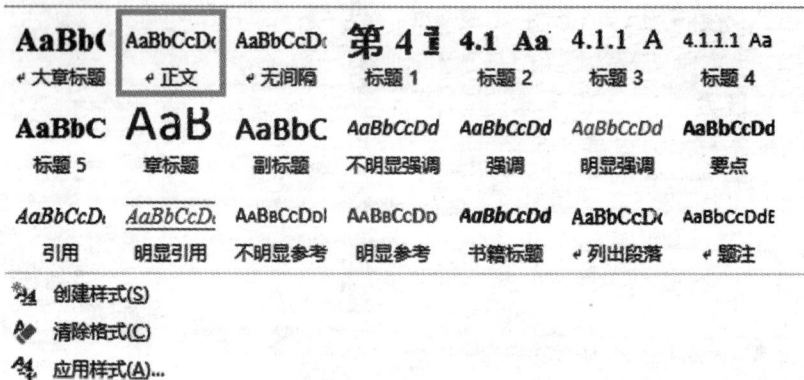

图4－42 全部样式命令

鼠标右键点击图4－41或图4－42标签组上的"正文"按钮，弹出右键菜单，如图4－43。

点击菜单中的"修改"选项，弹出"修改样式"窗口，如图4－44。如果样式需要扩展到其他文档，则点选左下角的"基于该模板的新文档"。

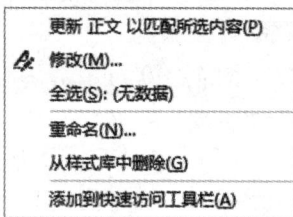

图4－43 "修改样式"菜单

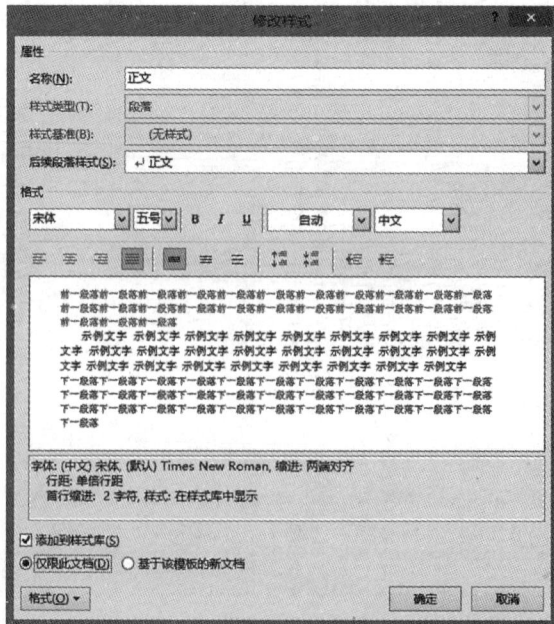

图4－44 修改样式

根据学位论文规范要求，把字体设为宋体，小四号，靠左对齐，如图 4 – 45。

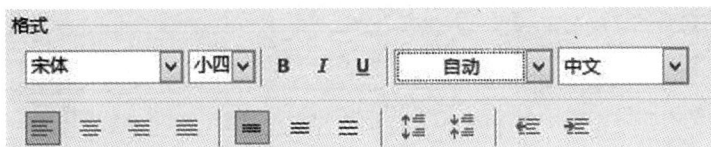

图 4 – 45　中文字体设置

再把西文字体设为 Times New Roman，小四号，两端对齐，如图 4 – 46。

图 4 – 46　西文字体设置

点击图 4 – 44 左下角"格式"按钮，弹出格式菜单，如图 4 – 47。

点击"段落"，弹出段落格式修改对话窗。设置段落缩进左侧和右侧都是 0 字符，特殊格式中设置首行缩进 2 字符。设置间距段前段后都为 0 行，设置行距为固定值 20 磅。如图 4 – 48 所示。

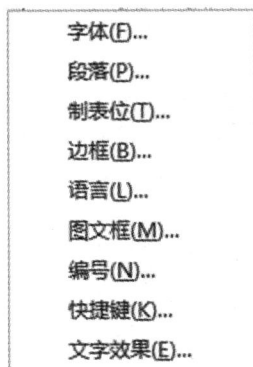

图 4 – 47　格式菜单　　　　　　　　**图 4 – 48　段落格式**

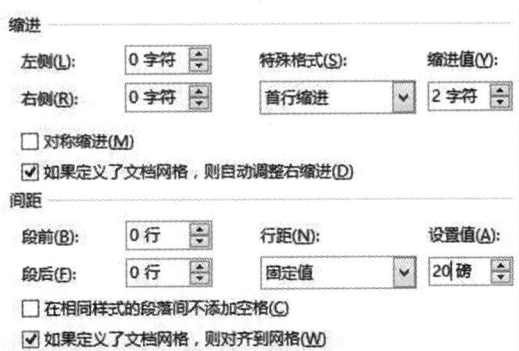

正文的样式基本上就修改好了。参照表 4 – 4 的规格，再按照同样的办法修改标题 1 至标题 4 的样式。

表 4 – 4　各级标题样式

电脑样式	论文元素	格式要求
标题 1	论文各章标题	黑体，小二，缩进 0，段前段后 0，行距 20 磅

（续上表）

标题2	各章第一级节标题	黑体，小三，缩进0，段前段后0，行距20磅
标题3	各章第二级节标题	黑体，四号，缩进0，段前段后0，行距20磅
标题4	各章第三级节标题	黑体，小四，缩进0，段前段后0，行距20磅

4.7 多级列表

学位论文章节序号有多种格式，其中常用的是阿拉伯数字加半角小圆点，例如1—1.1—1.1.1。Word 2013 把这种序号叫作多级列表，可以自动完成并和各级标题样式绑定，既方便输入，也是自动题注和交叉引用必须设置的。

点击"开始"菜单，工具栏中部显示"段落"标签组，如图4-49。

图4-49 "段落"标签组

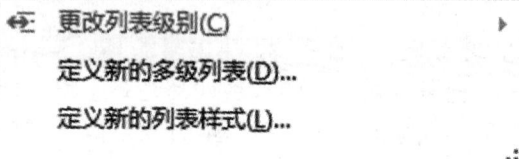

图4-50 多级列表菜单

"段落"标签组第一行的第三个按钮就是多级列表按钮，点击该按钮，弹出菜单，如图4-50。

点击"定义新的多级列表"，弹出自定义窗口，按图4-51所示定义好1级列表。其中比较关键的操作是右上方第二个选项，将级别链接到样式里的标题1。

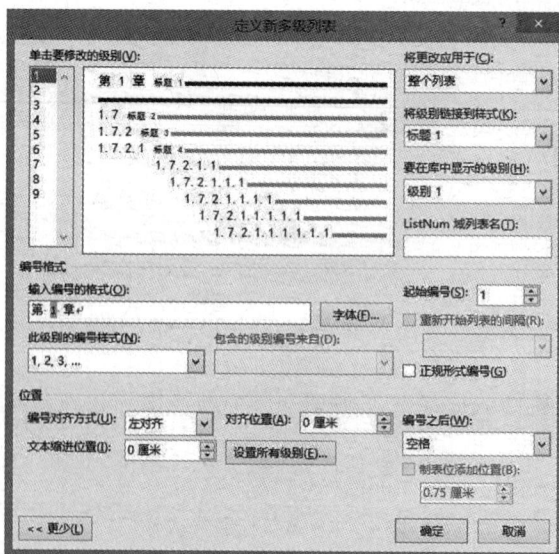

图4-51 定义1级列表

继续定义 2 级、3 级、4 级列表，并分别链接到标题 2、标题 3、标题 4，如图 4-52。

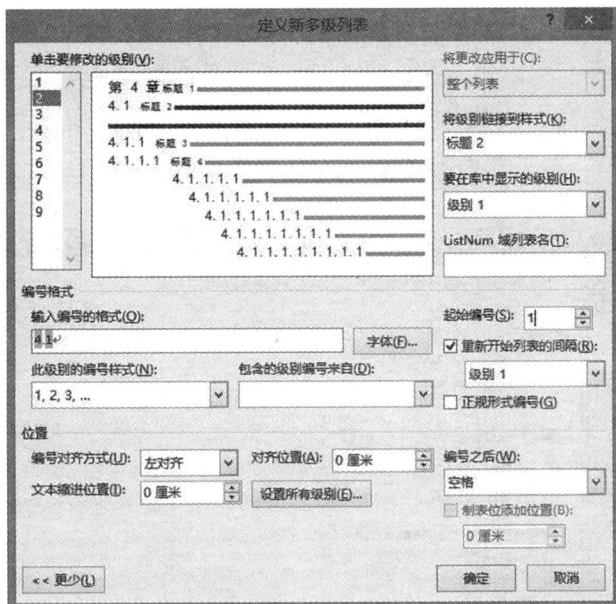

图 4-52　定义 2 级列表

设置好样式和多级列表后，选定论文中的各级标题，点击"样式"标签组中的对应样式，就自动完成了格式化的工作。图 4-53 就是用大纲视图查看样式和多级列表格式化的文档。

图 4-53　各级标题样式化

4.8　分隔符

所谓分隔符，就是分隔文档中各种元素的符号，包括分页符和分节符。分隔以后，彼此部分的格式操作不会互相影响。默认状态下，分隔符在页面中是隐藏不可见的，必须通过设置显示选项才能看得到。点击"文件"—"选项"—"显示"，弹出设置窗口，如图4-54，勾选"显示所有格式标记"。

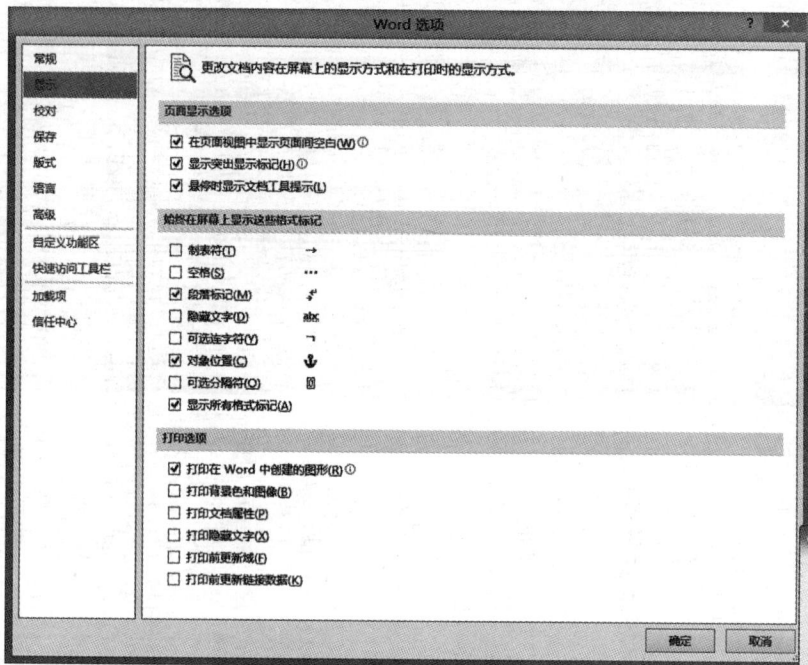

图4-54　Word 选项

这时候页面上的所有格式标记，如可选分隔符、制表符、空格都会显示出来，如图4-55。

图4-55　分页符标记

点击 Word "页面布局"菜单，弹出"页面设置"标签组，如图4-56。

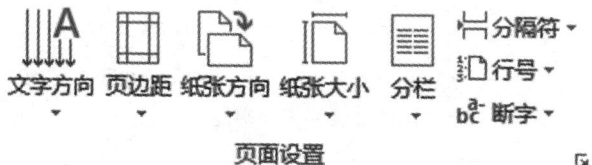

图4-56　页面设置

在标签组的右上角就是"分隔符"命令按钮，点击它右边的小三角形，弹出级联菜单，如图 4 – 57。

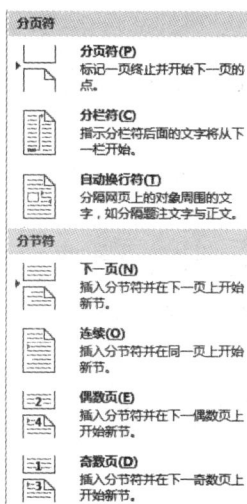

图 4 – 57　分隔符菜单

从上图菜单可见，分隔符包括分页符和分节符两大类，共七种，每一种的作用在上图已经描述得很清楚了。

4.8.1　分页符

学位论文的某一章结束，要在新的一页开始下一章的写作，这时就可以在上一章的结尾强制插入分页符。要避免输入多个回车键来代替，因为文档后期经常修改调整，不能保证正确分页。

4.8.2　分栏符

为了节省版面和保持美观，有时候文档的某个部分需要分成两栏或三栏。

图 4 – 58 文档中插入了一张图片。图片右边空了一大块，既浪费版面，又不美观。我们可以把图片和它后面的一段文字分两栏显示。

选定需要分栏的文档内容，点击"页面布局"—"分栏"，弹出分栏菜单，如图 4 – 59。

有三至五节的汉语课，平均下来大概每周有 150 分钟的汉语课；其他学校每周大概一节或两节汉语课，一节课的时间大约是 35 分钟或 40 分钟。

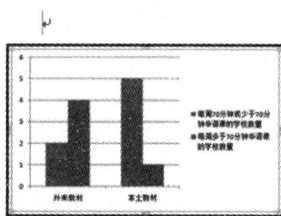

图 0-1 外来教材和本土教材

根据收集的资料显示，每周只有一节或两节汉语课（即一周大概只有 70 分钟或少于 70 分钟）的学校选择本地教材的数量比选择外来教材的多。用《汉语》和《育苗华语》来做对比，虽然数量上没有明显的差别，但还是呈现出了使用《育苗华语》比使用《汉语》多的趋势。汉语课时较少的学校为什么倾向于选择本地教材，这可能与外来教材的目标课时设定有关。

图 4 – 58　未分栏

选择"两栏"命令，选定的内容被分为两栏，如图 4 - 60。

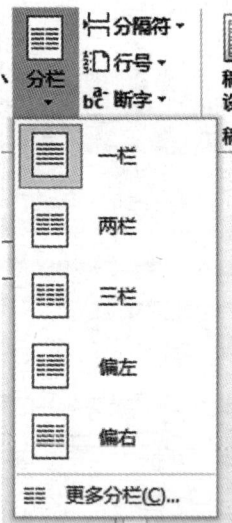

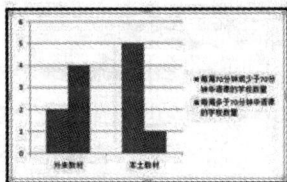

图 4 - 59　分栏菜单　　　　　　　　　　　图 4 - 60　分两栏

　　Word 自动在分栏版面的前后加上了分节符（连续）。我们发现，图片后文字段落有一些文字"根据收集的资料显示，每周只有"跟随图片放在了左栏。我们需要把这十几个文字强制移动到右栏去，这时就需要使用分栏符了。在这些文字的前面插入"分隔符"——"分栏符"，它就移动到右栏去了，如图 4 - 61。

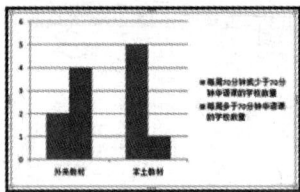

图 4 - 61　插入分栏符

4.8.3　换行符

　　一般情况下，文本到达页面右边距时，Word 将自动换行。有时候文本还没有到达边界，但我们需要另起一段，就应敲回车键手动换行。分隔符里的换行符和手动换行产生的回车符不同：换行符是一个灰色的向下箭头，换行符以后从外观上看是另起一段，但在 Word 内部结构中仍然还是同一段落；回车符是向左转弯的箭头，回车符以后另起一段。两者外观区别如图 4－62 所示。

下面我们谈谈分节符。节是文档的一部分。未分节前，Word 把整个文档默认为一节，页码、页面设置等属性从头到尾一致。但有时我们需要把文档的不同部位分开设置属性，前后两部分独立且互不影响。例如学位论文要求首页和扉页

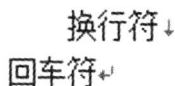

换行符↓
回车符↵

图 4－62　换行符与回车符

不设页码，摘要、英文摘要、目录单独用罗马数字编页码，正文部分从阿拉伯数字重新开始编页码（参看 4.9 节）。这时我们就需要插入分节符，分节符有 4 种类型。

"下一页"：光标当前位置新建节，后面的全部内容移动到下一页。

"连续"：光标当前位置新建节，后面的全部内容仍然在同一页。

"偶数页"：光标当前位置新建节，后面的全部内容移动到下一个偶数页。如果光标当前页是偶数页，则 Word 会自动产生一个奇数空白页。

"奇数页"：光标当前位置新建节，后面的全部内容移动到下一个奇数页。如果光标当前页是奇数页，则 Word 会自动产生一个偶数空白页。

下面我们举个例子来说明分节符的作用。文档一般的纸张方向都是纵向的，但有些文档里有大型的表格，纵向纸张宽度太窄，表格里的文字排列太密，不整齐，不美观，如图 4－63。

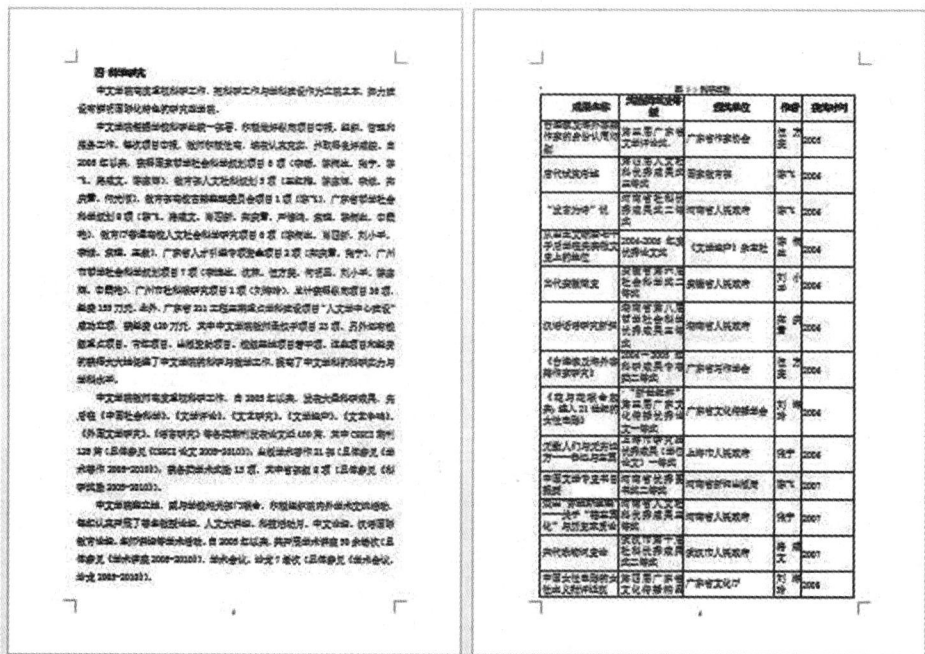

图 4－63　纵向表格

在表格的前面和后面插入分节符（下一页），光标定位到表格这一页。点击图 4 – 56 页面设置标签组右下角的三角箭头，打开页面设置对话框。把纸张方向设为横向，将最下面"应用于"栏设置为本节，如图 4 – 64。表格所在的页面就被设置为纸张横向，而前后文字页面都还是纵向。调整表格的宽度，页面就美观多了，如图 4 – 65。

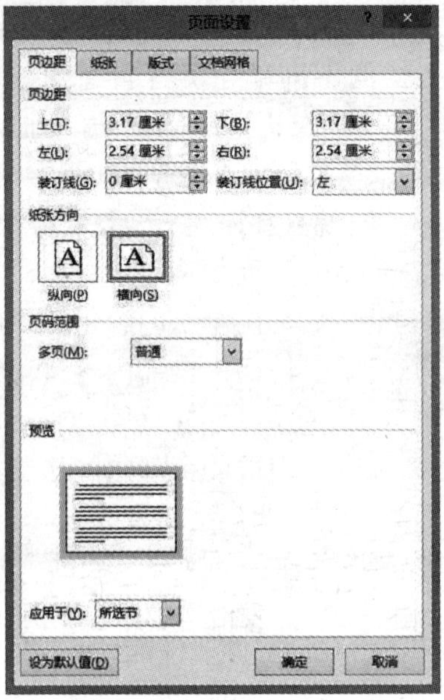

图 4 – 64　页面设置对话框

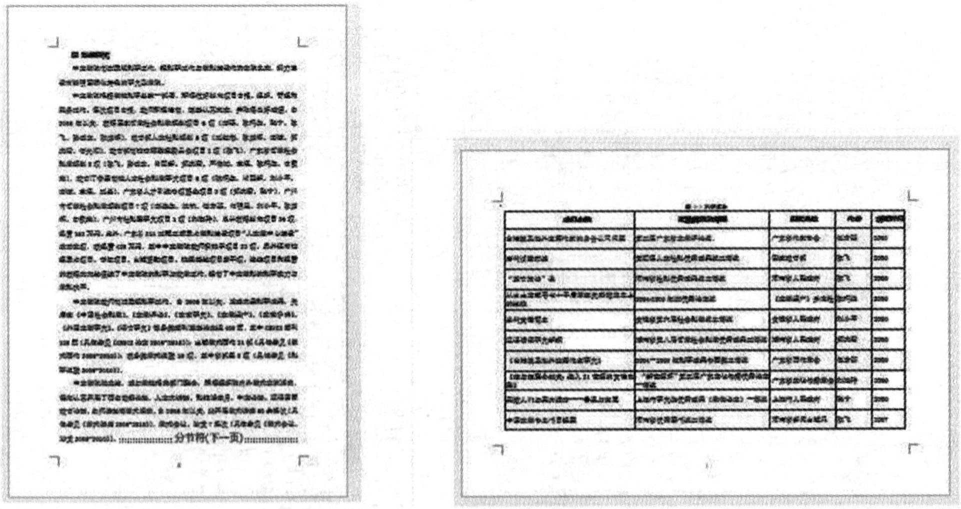

图 4 – 65　横向表格

4.9 页码

页码是 Word 中页眉和页脚的组成元素。点击"插入"菜单，弹出页眉和页脚标签组，如图 4-66。继续点击"页码"，弹出页码菜单，如图 4-67。

图 4-66 页眉和页脚

图 4-67 页码菜单

在页码菜单中，可以选择把页码插入页面顶端或底端的左、中、右三个位置。

下面我们结合分节符来说一说学位论文的页码设置，表 4-5 是学位论文的页码设置要求。

表 4-5 学位论文页码设置要求

论文各部分	是否编页码	页码格式
封面、封二、扉页	否	无
中文摘要、英文摘要、目录	是	大写罗马数字
正文	是	阿拉伯数字，重新开始计数
封底	否	无

从页码设置的角度看，学位论文文档分为 4 个部分，头尾两个部分不需要编页码，中间两部分分别编页码。因此我们需要在扉页之后、目录之后、正文之后插入 3 个分节符（下一页），如图 4-68、图 4-69、图 4-70。

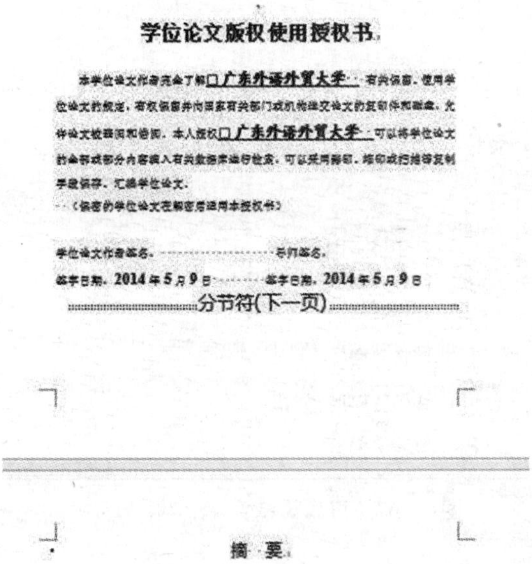

学位论文版权使用授权书

本学位论文作者完全了解□广东外语外贸大学□有关保留、使用学位论文的规定，有权保留并向国家有关部门或机构送交论文的复印件和磁盘，允许论文被查阅和借阅。本人授权□广东外语外贸大学□可以将学位论文的全部或部分内容编入有关数据库进行检索，可以采用影印、缩印或扫描等复制手段保存、汇编学位论文。

（保密的学位论文在解密后适用本授权书）

学位论文作者签名：   导师签名：

签字日期：2014 年 5 月 9 日   签字日期：2014 年 5 月 9 日

分节符(下一页)

摘　要

图 4 - 68　扉页之后

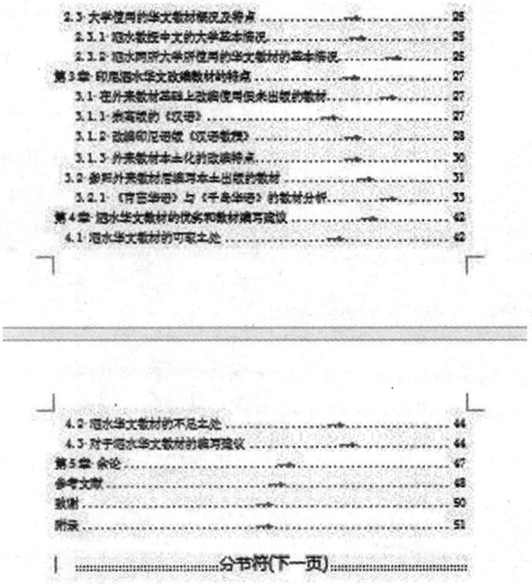

图 4 - 69　目录之后

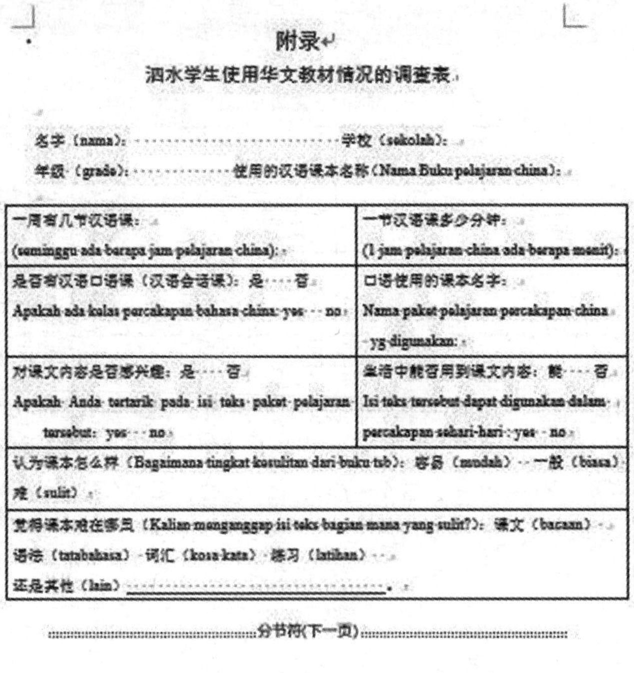

附录
泗水学生使用华文教材情况的调查表

名字（nama）：　　　　　　　　学校（sekolah）：
年级（grade）：　　　　　　　　使用的汉语课本名称（Nama Buku pelajaran china）：

一周有几节汉语课：(seminggu ada berapa jam pelajaran china)：	一节汉语课多少分钟：(1 jam pelajaran china ada berapa menit)：
是否有汉语口语课（汉语会话课）：是……否 Apakah ada kelas percakapan bahasa china: yes … no：	口语使用的课本名字：Nama paket pelajaran percakapan china yg digunakan：
对课文内容是否感兴趣：是……否 Apakah Anda tertarik pada isi teks paket pelajaran tersebut: yes … no：	生活中能否用到课文内容：能……否 Isi teks tersebut dapat digunakan dalam percakapan sehari-hari: yes … no：
认为课本怎么样（Bagaimana tingkat kesulitan dari buku tsb）：容易（mudah）……一般（biasa）难（sulit）：	
觉得课本难在哪儿（Kalian menganggap isi teks bagian mana yang sulit?）：课文（bacaan）语法（tatabahasa）·词汇（kosa kata）·练习（latihan）还是其他（lain）	

分节符(下一页)

图 4 - 70　正文之后

把光标定位到扉页之后，摘要所在的页面，在页面底端中部插入页码。双击页脚的页码，激活页眉和页脚工具，如图 4 - 71。点击右下角"链接到前一条页眉"，取消选定状态，这样前后节页码的设置就不会互相干扰。

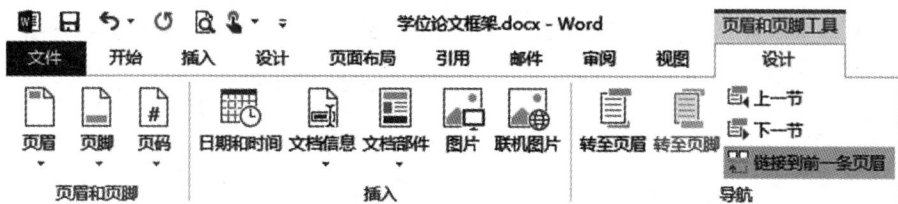

图 4 - 71　页眉和页脚工具

点击图 4 - 71 左边第三个标签"页码",选择"设置页码格式"。设置编号格式为大写罗马数字,页码编号为从 I 起始,如图 4 - 72。

光标定位到封面所在的页面,双击页脚,删除封面和扉页页码。这样前两部分的页码就设置好了。

光标定位到正文第 1 页页面,插入页码。重复图 4 - 71 所示操作,取消"链接到前一条页眉"的选定状态,再设置页码格式,如图 4 - 73。

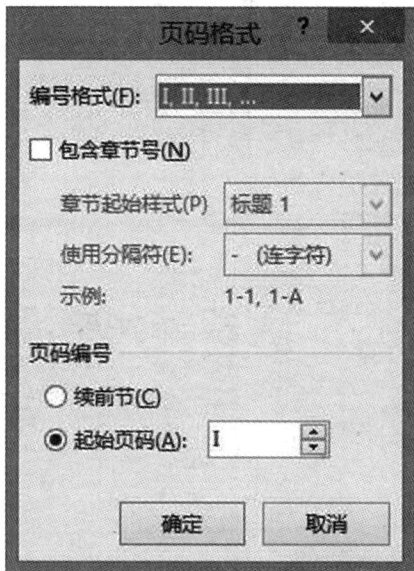

图 4 - 72　摘要、目录页码格式

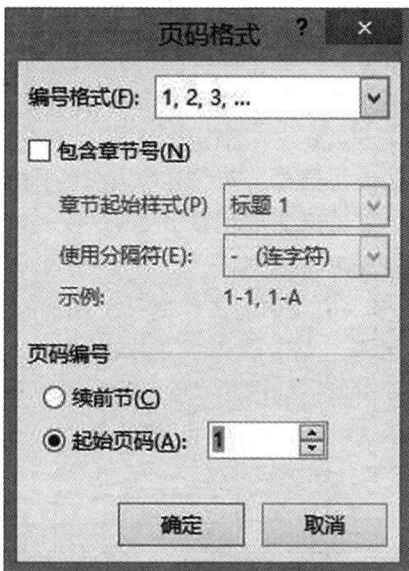

图 4 - 73　正文页码格式

光标定位到封底页面,重复图 4 - 71 所示的操作,取消"链接到前一条页眉"的选定状态,双击页脚,直接删除封底页码。至此,整篇论文的页码设置工作就完成了。

4.10　脚注和尾注

脚注和尾注是对文本的补充说明。脚注的注释文字在被注页的下部,尾注的注释文字在文档末尾或者节的末尾。学位论文一般用脚注而不用尾注。

光标定位在被注文字的后面,点击"引用"菜单,弹出引用标签组,如图 4 - 74。

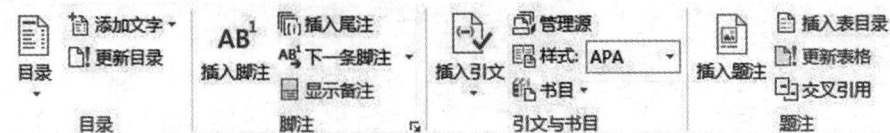

图 4 – 74　引用标签组

点击脚注标签右下角的斜箭头，打开脚注和尾注设置窗口，如图 4 – 75。

选择编号格式为加圈阿拉伯数字，起始编号为①，然后点击"应用"按钮。以后插入脚注，直接点击图 4 – 74 的"插入脚注"按钮就可以了。

4.11　自动题注和交叉引用

题注就是文档中表格、图片、公式等元素的标题。按照学术规范，论文中表格、图片和公式必须要有类似"表 1 – 1"、"图 2 – 2"、"公式 3 – 1"这样的标题。题注虽然可以手动输入，但论文修改过程中经常会增删图、表，或者调整顺序。只要有一个图、表发生变化，我们就必须从头到尾重新检查编号，而且论文中引用图表的地方也必须跟随修改。如果论文文档长，图表多，这项修改就费时费力，而且容易出差错。

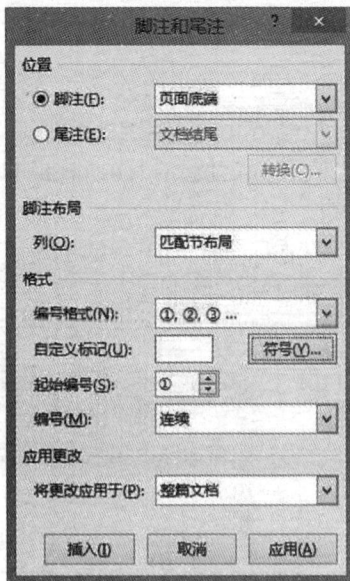

图 4 – 75　脚注和尾注设置

Word 提供了自动题注和交叉引用的功能，可以很好地解决这个问题。点击图 4 – 74 中的"插入题注"命令，弹出题注设置窗口，如图 4 – 76。

点击图 4 – 76 中的"新建标签"，分别新建"图"和"表"的标签，如图 4 – 77。

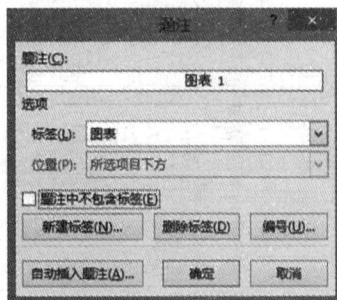

图 4 – 76　题注设置

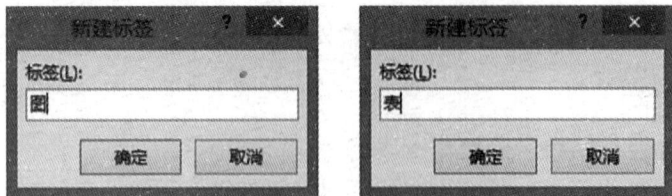

图 4 – 77　新建题注标签

点击图 4 – 76 中的"编号"按钮，弹出题注编号窗口，如图 4 – 78，勾选"包含章节号"选项（之前要参照 4.6 节和 4.7 节设置好样式表和多级列表）。

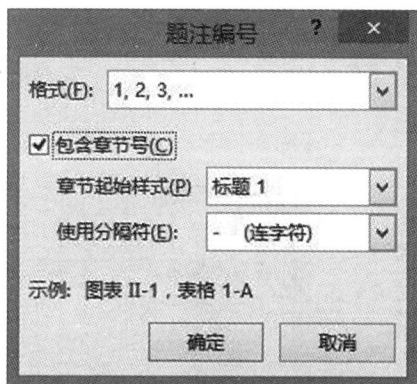

图 4 - 78 题注编号

再点击图 4 - 76 中的"自动插入题注"按钮，勾选"Bitmap Image"选项，使用标签为"图"，位置为"项目下方"；勾选"Microsoft Word 表格"选项，使用标签为"表"，位置为"项目上方"，如图 4 - 79、图 4 - 80。

图 4 - 79　位图

图 4 - 80　表格

至此，我们的自动题注就设置好了。每当我们在文档中插入表格或者位图时，Word 会自动在上方或下方插入带编号的题注，我们只要输入题注的文字就可以了。但是，Word 的 OLE 功能还不完善，图片的自动题注只对位图（后缀是 bmp）有效。当我们往文档中插入其他类型的图片，比如 jpg、png 时，就要用手动插入题注的办法。在插入的图片上单击鼠标右键，选择"插入题注"，如图 4 - 81。然后弹出插入题注对话框，按要求插入就可以了。

本书中的所有表格和图片都使用了自动插入题注的办法。在文档中要引用题注的时候，比如"请参看第 * 页 * 节"、"如图 *"，应使用交叉引用，避免手工输入引用内容。

手工输入的引用内容不会跟随实际的编辑变化，而交叉引用会自动更新。

光标定位在引用处，点击图4-74中的"交叉引用"命令，弹出交叉引用窗口，如图4-82。

图4-81　右键菜单　　　　　　　　　图4-82　交叉引用

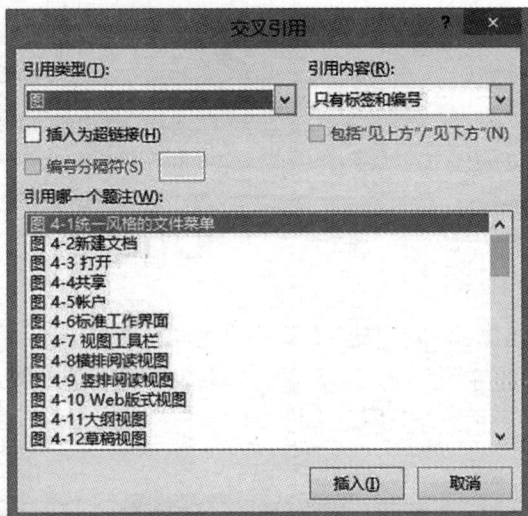

引用的类型除了图4-77所示的新建标签外，还包括编号项、标题、脚注、尾注等，如图4-83。

引用内容有5项，如图4-84。

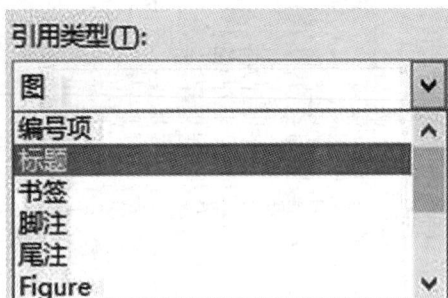

图4-83　引用类型　　　　　　　　　图4-84　引用内容

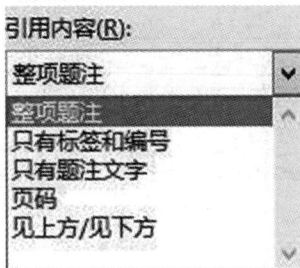

"整项题注"：包括标签、编号和文字，如"图4-57　分隔符菜单"。

"只有标签和编号"：如"图4-57"。

"只有题注文字"：如"分隔符菜单"。

"页码"：只有引用内容所在的页码，如"90页"。

"见上方/见下方"：自动比较光标插入点和引用内容的位置。

设定好引用类型和引用内容之后，在图4-82所示的"引用哪一个题注"下的列表框中选择一项要引用的题注，然后点击"插入"，就完成了交叉引用工作。

4.12 目录

学位论文正文之前必须编制目录。目录包括标题目录和图表、公式目录，文科论文一般只需要标题目录，理工科论文还需要图表和公式目录。

手工编制目录费时费力，必须人为地去查找各级标题所在的页码。而且一旦文档有编辑调整，页码就发生了变化，又得重新核对。Word 提供了自动编制目录的功能，前提是文档必须使用样式表规定的各级标题样式。

光标定位于目录页，点击图 4 – 74 中引用标签组的第一个命令按钮"目录"，弹出目录菜单，如图 4 – 85。选择菜单中的"自定义目录"，进入目录设置窗口，如图 4 – 86。

去掉"使用超链接而不使用页码"的勾选状态，显示级别设为 3 级，点击"确定"，就可以插入整齐美观的目录了，如图 4 – 87。

除了标题目录以外，我们也可以用类似的操作插入图表目录。

Word 把目录、题注、页码和交叉引用叫作域。文档编辑修改完毕后，最终交稿或打印之前，必须对域进行更新，才能保证域的正确。按 Ctrl + A 快捷键，全选整个文档，按 F9 键就可以对文档的全部域进行更新。

图 4 – 85　目录菜单　　　　　　　　　图 4 – 86　目录设置

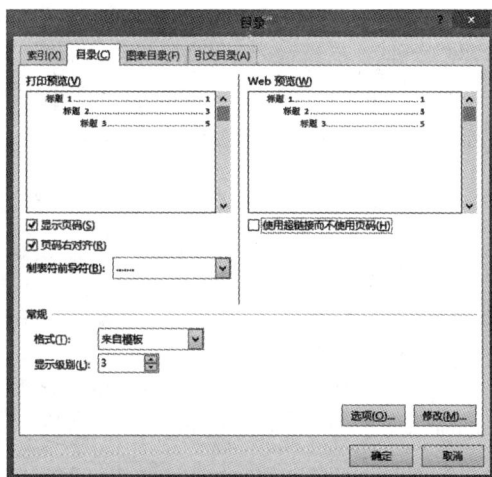

（第 4 章 Word 2013）

图 4 - 87　自动生成的目录

4.13　邮件合并

办公室有时要批量打印这样的文档：大部分内容重复不变，只是其中固定几个地方的文字会发生变化，比如邀请函、录取通知书、奖状等。这时我们可以通过 Excel 和 Word 协作，利用 Word 中的邮件合并功能来省时省力地完成。下面我们以制作录取通知书为例，讲一讲邮件合并的操作。

首先，我们要新建一个 Excel 表，输入录取学生的基本数据，如图 4 - 88 （数据纯属虚构），保存为"录取学生信息 . xlsx"。

	A	B	C	D	E	F
1	序号	姓名	性别	录取学院	录取专业	通知书编号
2	1	赵一芳	女	中国语言文化学院	汉语国际教育	2014107001
3	2	钱俊	男	国际经济贸易学院	国际经济贸易	2014107002
4	3	孙刚强	男	中国语言文化学院	汉语言文学	2014107003
5	4	李平	女	东方语言文化学院	日语	2014107004
6	5	周红娇	女	英语语言文化学院	英语	2014107005
7	6	吴冰冰	女	英语语言文化学院	英语	2014107006
8	7	郑娜	女	高级翻译学院	翻译	2014107007
9	8	王一尘	男	艺术学院	视觉设计	2014107008
10	9	丁秀帆	女	新闻与传播学院	广告	2014107009

图 4 - 88　录取学生信息

在 Word 中新建一个文档，输入录取通知书中重复不变的文字，设置好格式，如图 4 - 89。

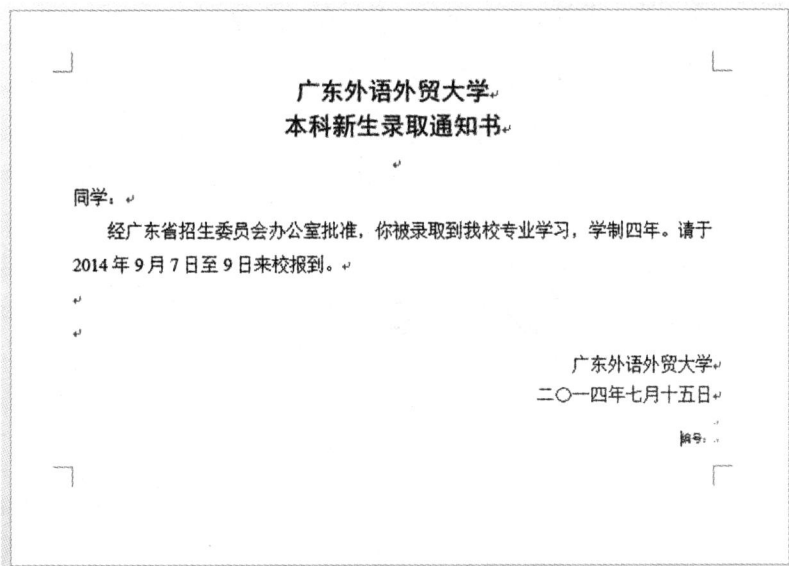

图 4 – 89　空白录取通知书

点击功能区"邮件"标签,显示"邮件"功能区,如图 4 – 90。

图 4 – 90　"邮件"功能区

点击"选择收件人"命令按钮,在弹出菜单中选择"使用现有列表",如图 4 – 91。

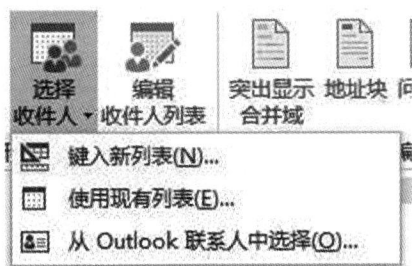

图 4 – 91　使用现有列表

在打开的对话框中选择我们刚才建立的"录取学生信息.xlsx"作为数据源,如图 4 – 92。

第 4 章　Word 2013

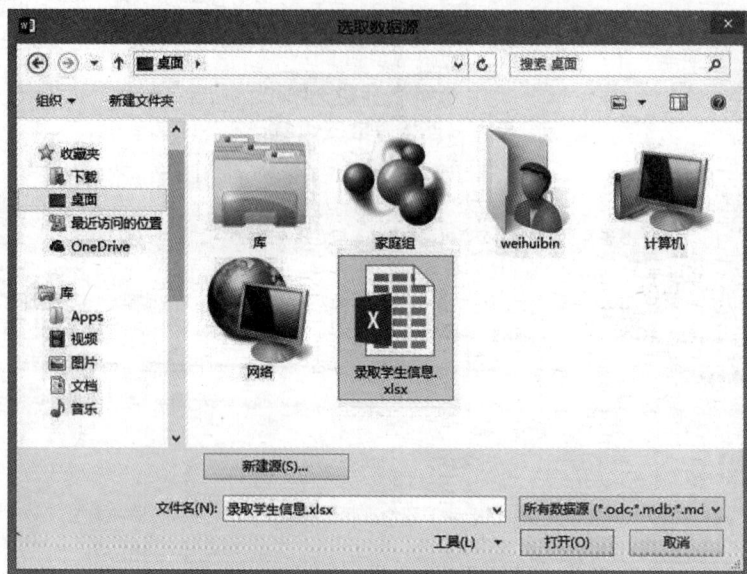

图 4 - 92 选择数据源

　　光标插入录取通知书文档"同学"两个字之前，点击"邮件"功能区"插入合并域"命令按钮，在弹出菜单中选择字段名"姓名"，如图 4 - 93。

　　这时包含姓名数据的域就被插入文档之中。按照这样的方法再把录取学院、录取专业、通知书编号等字段插入文档中相应的位置，如图 4 - 94。

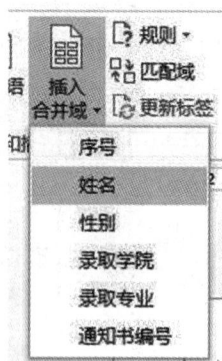

图 4 - 93 选择字段名　　　　　　图 4 - 94 插入合并域

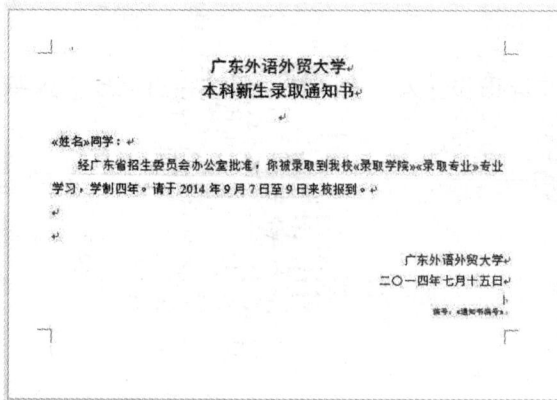

　　点击"邮件"功能区的"预览结果"命令按钮，可以查看合并域以后的文档的真实效果，如图 4 - 95。

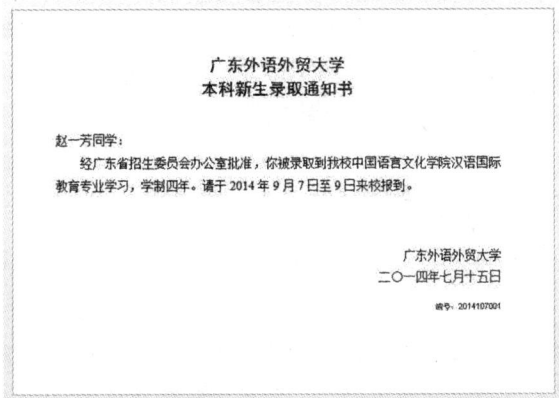

广东外语外贸大学
本科新生录取通知书

赵一芳同学:

经广东省招生委员会办公室批准,你被录取到我校中国语言文化学院汉语国际教育专业学习,学制四年。请于 2014 年 9 月 7 日至 9 日来校报到。

广东外语外贸大学
二〇一四年七月十五日

编号: 2014107091

图 4 - 95 预览效果

点击图 4 - 96 "预览结果" 命令旁边的三角形按钮,可以上下查看其他学生的录取通知书预览效果。

确认无误后,点击 "完成并合并" 按钮,弹出菜单,如图 4 - 97。

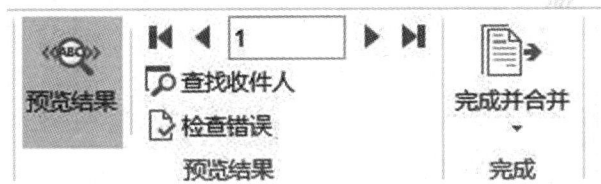

图 4 - 96 预览和完成功能组

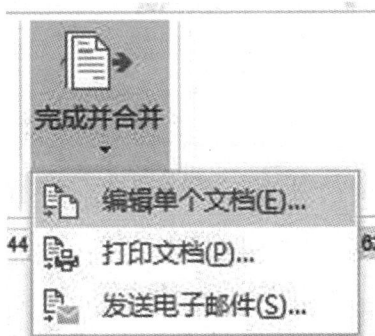

图 4 - 97 完成菜单

选择 "编辑单个文档",Word 会把所有通知书合并到一个文档中。选择 "打印文档",Word 则会调用打印机把通知书一张张地打印出来。选择 "发送电子邮件",则 Word 会调用 Outlook 把每个人的录取通知书发到对应的电子邮箱。至此,录取通知书文档就制作完成了。

4.14 宏和 VBA

宏是 Office 中执行自动操作的一组命令。比如,文档中经常要对段落进行格式化操作:设置段落文字字体为黑体,字号为四号,字形为粗体,行距为 25 磅,手工操作要多次点击鼠标,我们可以录制宏来执行自动操作以减少工作量。

点击功能区标签 "视图",在功能区最右边可以找到 "宏" 功能组,如图 4 - 98。

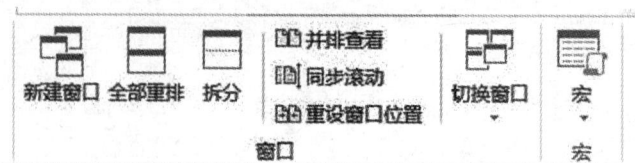

图 4 - 98　"宏"功能组

先选定一个段落，点击宏命令，在弹出菜单中选择"录制宏"，弹出窗口，如图4 - 99。

宏名输入"段落格式化"，点击"确定"开始录制宏。录制就是进行上文所说的段落格式化各种操作，完成后再次点击宏命令，选择"停止录制"。

再次点击宏命令，选择"查看宏"，在弹出的窗口中就可以看到我们刚才录制的宏"段落格式化"，如图 4 - 100。选定一个未格式化的段落，点击查看宏窗口右上角的"运行"按钮，宏就开始执行刚才我们录制的格式化操作。

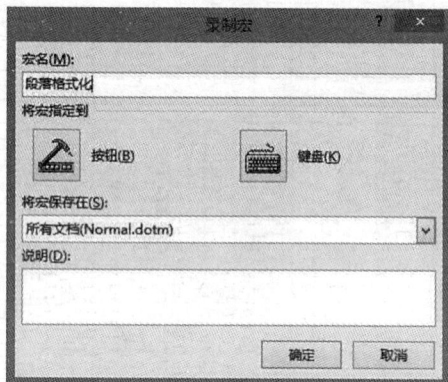

图 4 - 99　录制宏窗口　　　　　　　　　　图 4 - 100　查看宏窗口

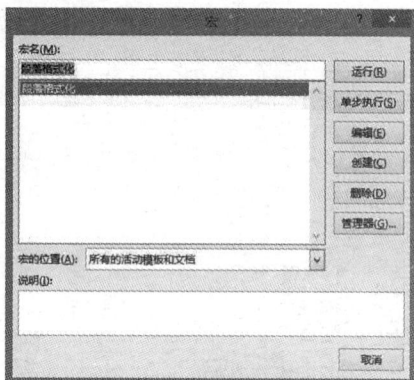

为了使操作更加快捷，我们可以把宏指定到键盘快捷键或功能区的"新建"按钮。在功能区空白地方单击鼠标右键，在弹出菜单中选择"自定义功能区"，打开设置窗口。

如图 4 - 101 所示，在中部"从下列位置选择命令"的列表框中选择"宏"，下面的文本框中就会出现我们录制的宏"Normal. NewMacros. 段落格式化"。在右边打开"开始"主选项卡，点击右下"新建组"按钮，重命名为"宏"。然后点击中间的"添加"按钮，把宏"Normal. NewMacros. 段落格式化"添加到开始选项卡的"宏"组下，并重命名为"格式化"。点击"确定"按钮，在开始选项卡中就看到了宏功能区和"格式化"按钮，如图 4 - 102。

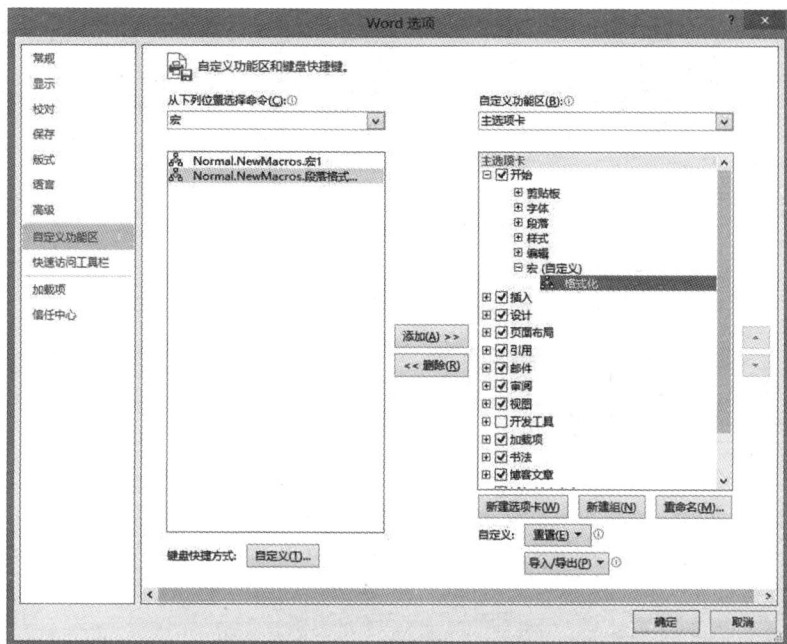

图 4 - 101　自定义功能区

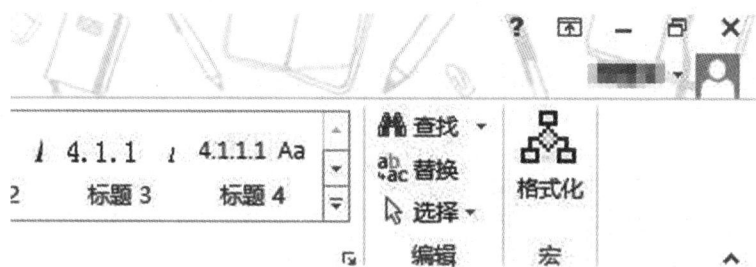

图 4 - 102　"格式化"宏出现在功能区中

　　也可以为宏指定一个键盘快捷方式。在图 4 - 101 中，点击中下部的键盘快捷方式"自定义"按钮，打开对话窗，如图 4 - 103。在类别窗口中选择"宏"，在右边宏窗口中选择"段落格式化"，在"请按新快捷键"下面的对话框中插入光标，按一下自己想要定义的快捷键，比如 Alt + 1（注意不要和 Word 的主要快捷键冲突）。最后点击左下角的"指定"按钮，在"当前快捷键"中就会出现我们刚才指定的键盘快捷方式。之后我们要运行这个宏，只要按 Alt + 1 就可以了。

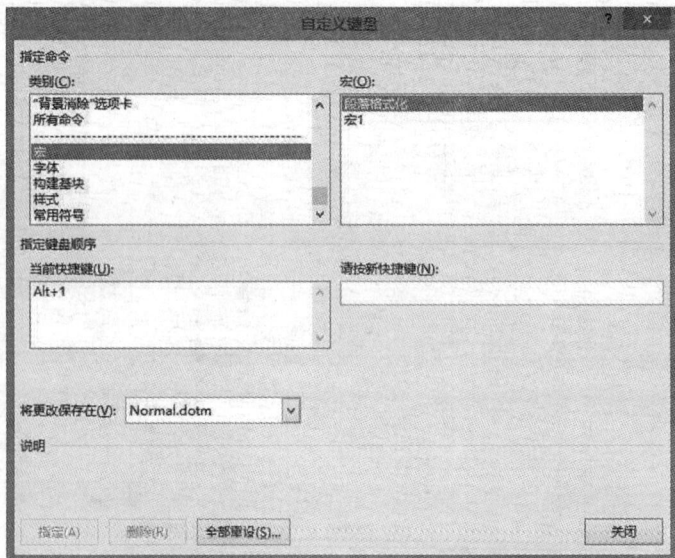

图 4 – 103　指定快捷方式

宏的本质是 VBA（Visual Basic for Applications）语言编写的代码。点击图 4 – 100 中的"编辑"按钮，Word 会打开宏编程的界面，如图 4 – 104，我们可以看到刚才录制的宏"段落格式化"代码。可见 Word 录制宏其实就是 Word 自动编写宏代码。

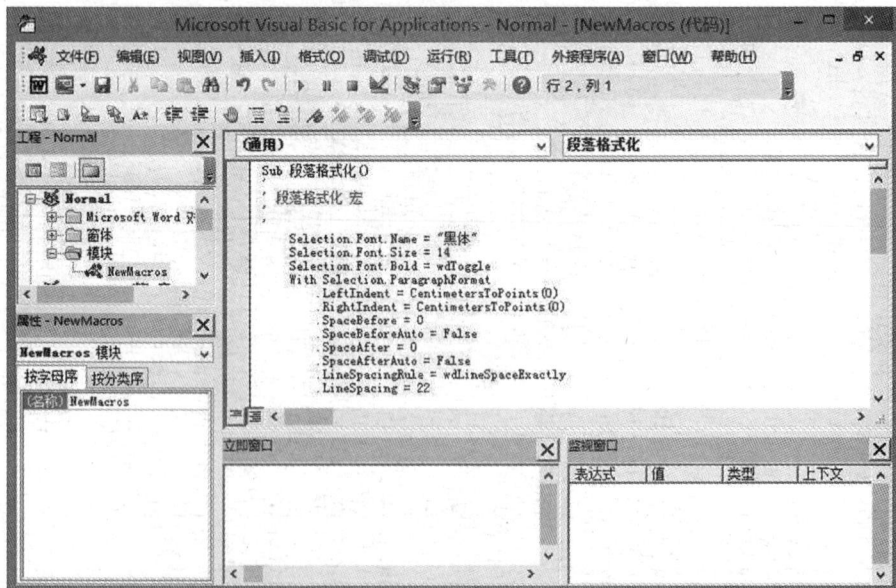

图 4 – 104　宏代码

VBA 是 Office 各组件编写宏的通用程序语言，它是一种面向对象的编译程序语言 VB 的子集。VBA 的程序语言很容易理解，也很容易掌握，我们深入学习后，可以自己编写代码来操作 Word 中的各种对象，完成复杂的操作。比如，选择文档中的所有图片，并把图片设置为统一大小，就可以编写如图 4-105 所示的一段宏代码。

```
Sub 统一图片大小()

Dim n 'n为图片个数
On Error Resume Next
For n = 1 To ActiveDocument.InlineShapes.Count '遍历所有图片
    ActiveDocument.InlineShapes(n).Height = 400 '设置图片高为400像素
    ActiveDocument.InlineShapes(n).Width = 600 '设置图片宽为600像素
Next
For n = 1 To ActiveDocument.Shapes.Count '遍历所有图片
    ActiveDocument.Shapes(n).Height = 400 '设置图片高为400像素
    ActiveDocument.Shapes(n).Width = 600 '设置图片宽为600像素
Next

End Sub
```

图 4-105　统一图片大小宏代码

运行用 VBA 编写的宏代码具有一定的风险，宏病毒就是指具有恶意目的的宏代码。双击打开不明来源的文档时，为了防止宏病毒的运行，Word 默认是禁止执行所有宏的。打开"文件"—"选项"—"信任中心"—"信任中心"设置，弹出窗口，如图 4-106。我们发现宏设置为"禁用所有宏，并发出通知"。当我们需要调试运行自己编写的宏时，应当设置为"启用所有宏"，并且勾选"信任对 VBA 工程对象模型的访问"。

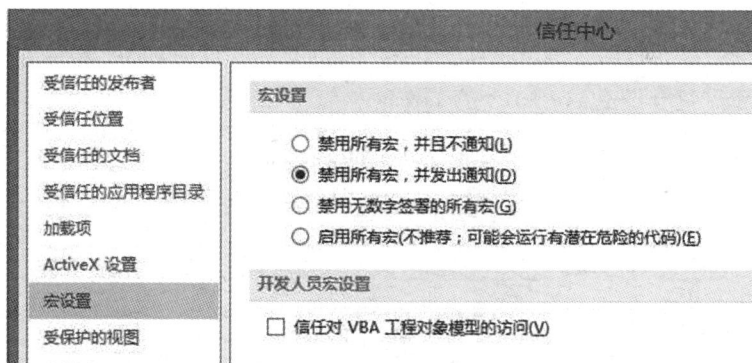

图 4-106　信任中心设置

4.15　思考和操作

（1）使用 Word 2013 编辑自己的毕业论文文档。
（2）如何设置不带编号的标题 1 级别的标题？
（3）使用邮件合并功能批量打印奖状。

第 5 章

Excel 2013

学习重点：熟悉 Excel 2013 的常用功能和操作。

5.1 概述

Excel 是微软公司 Office 办公套件中专门处理数据的表格软件。Excel 具有强大的数据计算和管理功能，能够使用图表直观显示数据，进行数据分析，非常适合办公室业务，特别是财务处理。

上一章我们已经详细介绍了 Word 2013 的 Ribbon 功能区，Excel 2013 的功能区与它非常类似。因此我们只介绍 Excel 2013 的工作区界面，如图 5－1。

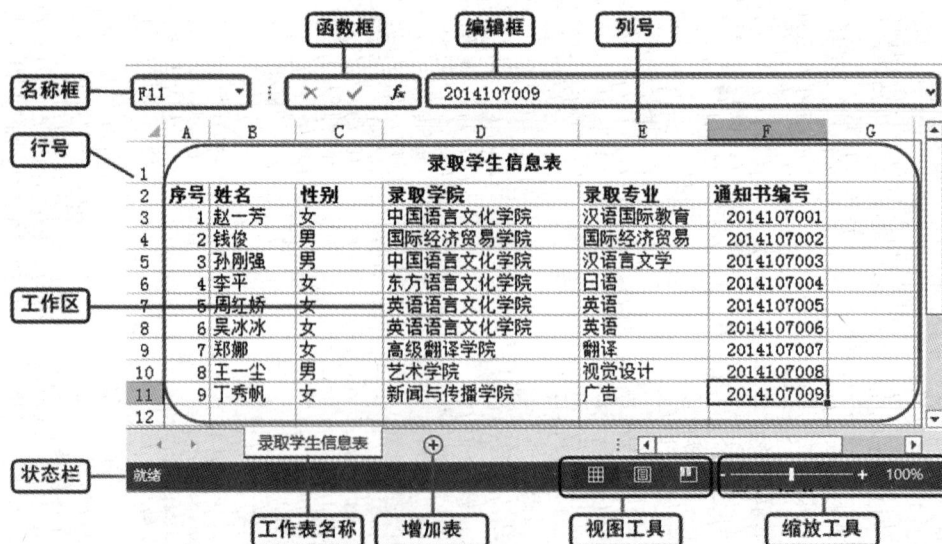

图 5－1　工作区界面

Excel 工作区主要有以下组成元素：

列号、行号和名称框：Excel 2013 用拉丁字母 A ~ Z 及字母组合表示列号，最多允许 16 384 列；用阿拉伯数字表示行号，最多允许 1 048 576 行。

单元格的名称是由列号和行号组成的，比如第 6 列第 11 行单元格就表示为 F11。选定工作表中的区域，名称框显示当前选定区域的名称。在名称框输入自定义名称，按回车键，Excel 用自定义名称重命名选定的区域。

编辑框和函数框：编辑框可以显示当前光标所在单元格的数据。输入单元格数据时，既可以双击单元格，插入光标输入，也可以在编辑框内输入。编辑框输入完毕后，按回车键或者点击函数框上的“✓”按钮确认输入；输入有误时，点击函数框上的“×”按钮，可以删除输入。点击函数框上的“*fx*”按钮，可以启用向导输入计算公式。

工作表名称和“增加表”按钮：点击“增加表”按钮，Excel 会在当前表的右边插入新的工作表。在工作表名称上单击鼠标右键，可以重命名工作表。

状态栏、视图工具和缩放工具：状态栏可以显示当前工作表选定区域的一些信息。视图工具有 3 个：普通视图、页面布局、分页预览。Excel 打开时，默认普通视图，打印时可以切换到分页预览视图，也可以切换到页面视图。页面视图可以像操作 Word 文档一样进行页眉和页脚操作，如图 5 – 2。

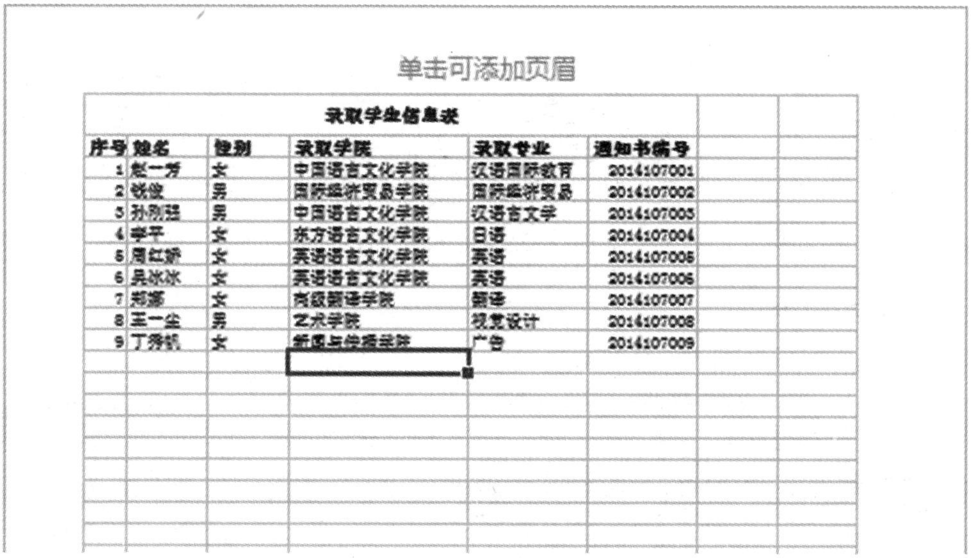

序号	姓名	性别	录取学院	录取专业	通知书编号
1	赵一芳	女	中国语言文化学院	汉语国际教育	2014107001
2	钱俊	男	国际经济贸易学院	国际经济贸易	2014107002
3	孙刚廷	男	中国语言文化学院	汉语言文学	2014107003
4	李平	女	东方语言文化学院	日语	2014107004
5	周红娇	女	英语语言文化学院	英语	2014107005
6	吴冰冰	女	英语语言文化学院	英语	2014107006
7	郑娜	女	高级翻译学院	翻译	2014107007
8	王一尘	男	艺术学院	视觉设计	2014107008
9	丁秀帆	女	新闻与传播学院	广告	2014107009

图 5 – 2　页面视图

5.2　工作簿和工作表

Excel 2013 的默认文件类型是 xlsx，称为“工作簿”。新建工作簿打开时，默认有一个页面，称为“工作表”。工作表的外观是纵横交错的表格。工作簿可以包含多个工作表，在工作表名称上单击鼠标右键，弹出右键菜单，如图 5 – 3。

单击菜单选项，可以完成插入、删除、重命名、设定工作表标签颜色等操作。鼠标左键按住工作表名称左右拖动，可以调整工作表的顺序。

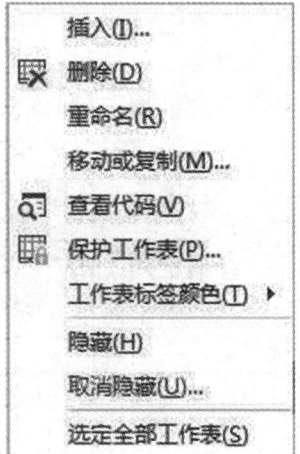

5.3 单元格

单元格是 Excel 最基本的元素，单元格里的内容称为数据。

5.3.1 选择单元格

5.3.1.1 选择单个单元格

鼠标指针移动到目标单元格，等鼠标指针表现为白底黑边十字形 ✚ 时，如图 5-4，单击鼠标左键，即可选定目标单元格。双击鼠标左键，则可以在目标单元格里输入数据。

5.3.1.2 选择连续单元格

按住鼠标左键不放，在工作表中画出矩形选框，即可选定若干个连续单元格，如图 5-5。

5.3.1.3 选择不连续单元格

选择单个单元格后，按住键盘 Ctrl 键不放，即可连续点选单元格，如图 5-6。

图 5-3　右键菜单

图 5-4　单个单元格　　　图 5-5　连续单元格　　　图 5-6　不连续单元格

5.3.1.4 选择行

鼠标指针移到目标行行首，当指针表现为向右的黑色箭头 ➡ 时，如图 5-7，单击鼠标左键可选定整行；按住鼠标左键拖动可选择多行；按住 Ctrl 键再点击可选择不连续的行。

5.3.1.5 选择列

鼠标指针移到目标列列首，当指针表现为向下的黑色箭头 ⬇ 时，如图 5-8，单击鼠标左键，可选定整列。按住鼠标左键拖动，可选择多列；按住 Ctrl 键再拖动，可选择不连续的列。

图 5-7　选择行　　　　图 5-8　选择列

5.3.1.6 选择整个表

鼠标指针移到工作表左上角斜三角形 ◢ 处，双击左键可选定整个工作表，或者按快捷键 Ctrl + A 也可以选定整个工作表，如图 5-9。

图 5-9 选择整个表

5.3.2 填充单元格

填充单元格功能可以帮助用户快速输入有规律的数据。

5.3.2.1 手动填充

鼠标选定起始单元格，将指针移到单元格右下角，当指针为" + "形状时，拖动鼠标，即可复制单元格内容；按住 Ctrl 键，当指针为" + + "形状时，拖动鼠标，以递增数列填充。

图 5-10 复制模式

图 5-11 递增模式

5.3.2.2 序列填充

选定需要填充的行或列，在起始单元格输入数据，点击编辑功能区的"填充"命令，弹出填充菜单，如图 5-12。

选择"向下"、"向右"、"向上"、"向左"，则以复制模式将起始单元格数据复制到选定单元格中。选择"序列"选项，弹出对话窗口，如图 5-13，可以设置序列填充的具体参数。

5.3.2.3 快速填充

快速填充是 Excel 2013 新增的功能，它能够实现字段拆分、

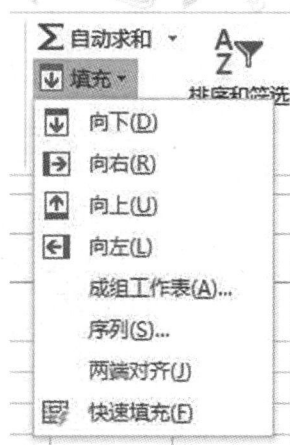

图 5-12 填充菜单

合并，进行智能填充，可以在开始功能区中的"填充"命令菜单中找到它，如图5-14。

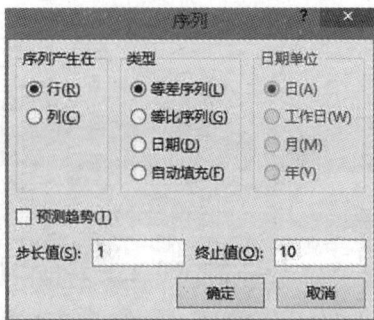

图5-13　序列窗口　　　　图5-14　快速填充

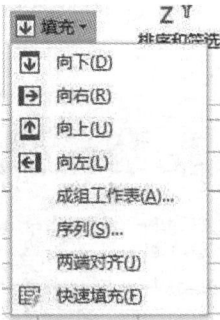

例如，图5-15是某公司员工资料表，要将员工生日（月份和日期）、员工名字和省份填到最后两列中。

序号	姓名	部门	职务	出生日期	性别	籍贯	手机号码	生日	省份
				广州明星电梯公司员工资料					
1	陈一辉	办公室	总裁	1958/3/14	男	河南光山	13716156666	3/14	陈一辉河南
2	刘大平	办公室	副总裁	1960/10/15	男	湖北应城	13716156666		
3	刘玲玲	办公室	主任	1980/11/30	女	吉林长春	13716156666		
4	王火明	人事部	部长	1975/2/21	男	广东河源	13716156666		
5	朱铁钢	人事部	干事	1986/9/10	男	广东梅州	13716156666		
6	严明	生产部	部长	1978/12/30	男	湖北武汉	13716156666		
7	孙志辉	生产部	干事	1989/4/6	男	湖南岳阳	13716156666		
8	常来发	销售部	部长	1985/5/3	男	湖南长沙	13716156666		
9	左松	销售部	副部长	1979/12/1	男	广东阳江	13716156666		
10	李萍	销售部	干事	1990/12/26	女	广东肇庆	13716156666		

图5-15　示例工作表

在生日列和省份列中填写起始单元格的数据，分别选定起始单元格和填充区域，点击功能区中的"快速填充"命令按钮。Excel会按照起始单元格的数据格式，对姓名、生日、籍贯字段进行拆分和组合，完成填充，结果如图5-16。

序号	姓名	部门	职务	出生日期	性别	籍贯	手机号码	生日	省份
				广州明星电梯公司员工资料					
1	陈一辉	办公室	总裁	1958/3/14	男	河南光山	13716156666	3/14	陈一辉河南
2	刘大平	办公室	副总裁	1960/10/15	男	湖北应城	13716156666	10/15	刘大平湖北
3	刘玲玲	办公室	主任	1980/11/30	女	吉林长春	13716156666	11/30	刘玲玲吉林
4	王火明	人事部	部长	1975/2/21	男	广东河源	13716156666	2/21	王火明广东
5	朱铁钢	人事部	干事	1986/9/10	男	广东梅州	13716156666	9/10	朱铁钢广东
6	严明	生产部	部长	1978/12/30	男	湖北武汉	13716156666	12/30	严明湖北
7	孙志辉	生产部	干事	1989/4/6	男	湖南岳阳	13716156666	4/6	孙志辉湖南
8	常来发	销售部	部长	1985/5/3	男	湖南长沙	13716156666	5/3	常来发湖南
9	左松	销售部	副部长	1979/12/1	男	广东阳江	13716156666	12/1	左松广东
10	李萍	销售部	干事	1990/12/26	女	广东肇庆	13716156666	12/26	李萍广东

图5-16　完成填充

5.3.3　增删单元格

在选定单元格上单击鼠标右键，弹出右键菜单，如图 5 – 17。

选择"插入"或"删除"，弹出插入或删除设置窗口，如图 5 – 18、图 5 – 19。选择合适选项，可以在工作表中插入、删除单元格或整行、整列。

图 5 – 17　右键菜单部分

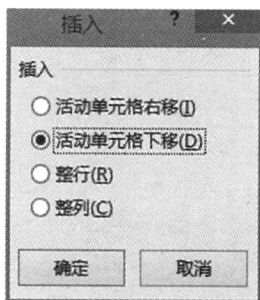

图 5 – 18　插入设置

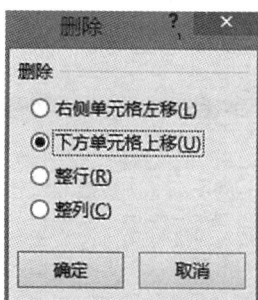

图 5 – 19　删除设置

选择图 5 – 17 中的"清除内容"，则仅清除单元格数据（包括公式和函数），单元格本身和格式不删除。

5.3.4　数据格式

选定目标单元格，单击鼠标右键，弹出菜单，如图 5 – 20。选择"设置单元格格式"，弹出设置单元格格式窗口，如图 5 – 21。

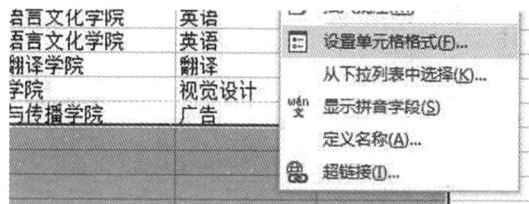

图 5 – 20　单元格右键菜单

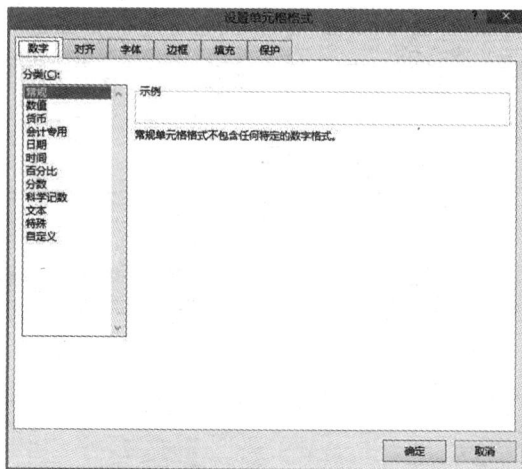

图 5 – 21　数字格式

Excel 把单元格数字分为 11 类，默认类型是常规，即不特定类。

数值、货币、会计专用、百分比、分数、科学记数都是数值，可以进行加、减、乘、除等各种运算。选择这些数字类型时，还可以在对话窗口中进一步设置小数位数等，如

图 5 – 22。

图 5 – 23 是数字"0.25"以各种数值格式显示的样子。

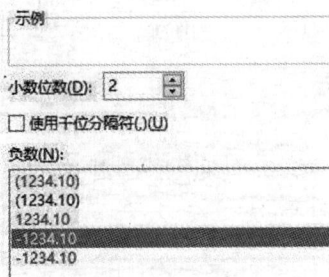

图 5 – 22　数值

图 5 – 23　同一数值的不同格式

日期和时间是特殊数值,可以根据习惯设置类型,进行特定的运算。

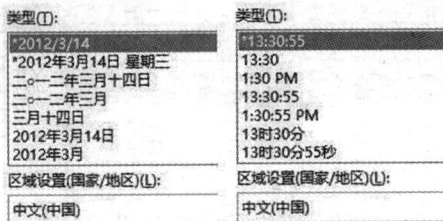

图 5 – 24　设定日期、时间类型

文本数据不是数值,不能进行数字运算。单元格输入文本类型的数字,如身份证号码、学号等,应设置为文本类型,否则 Excel 默认为数值,用科学记数法来表达。

5.3.5　布局格式

5.3.5.1　对齐格式

点击图 5 – 21 窗口中的"对齐"标签,可以设置单元格数据对齐格式,如图 5 – 25。

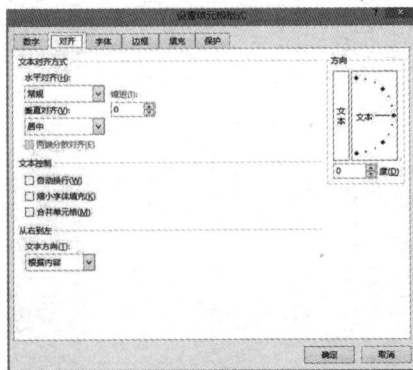

图 5 – 25　设置单元格对齐格式

单元格数据水平和垂直对齐的格式，如图 5 − 26、图 5 − 27。

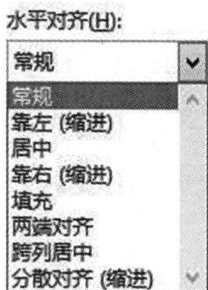

图 5 − 26　水平对齐　　　　　　　　图 5 − 27　垂直对齐

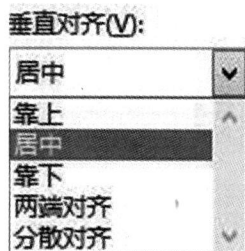

其中水平对齐中的"跨列居中"常常用来设置工作表的标题。图 5 − 28 是一张示例工作表，标题在 A1 单元格。选定 A1 至 F1 单元格，设置为"跨列居中"，如图 5 − 29。跨列居中和合并单元格不同，数据仍然在 A1 单元格中。

图 5 − 28　常规水平对齐

图 5 − 29　跨列居中

5.3.5.2 文本格式

接下来讲一下单元格内的文本控制，如图 5－30。勾选"自动换行"选项，则当单元格文本超过单元格宽度时，文本自动换行，增加单元格的高度。如果要强制换行，就按 Alt＋Enter 键。勾选"缩小字体填充"，则在单元格内文本太多无法全部显示时，Excel 将自动缩小文本字号以适应单元格的大小。选定两个以上连续的单元格，勾选"合并单元格"，就可以把这些单元格合并为一个。

图 5－25 窗体中其他几个标签是"字体"、"边框"、"填充"，可以进行相应的格式操作，也可以通过功能区的命令按钮完成。

图 5－30 文本控制

5.3.5.3 套用样式

点击"开始"标签，显示样式功能区，如图 5－31。

点击"套用表格格式"命令按钮，可以快速为工作表预设字体、颜色、边框等格式，如图 5－32。

图 5－31 样式功能区

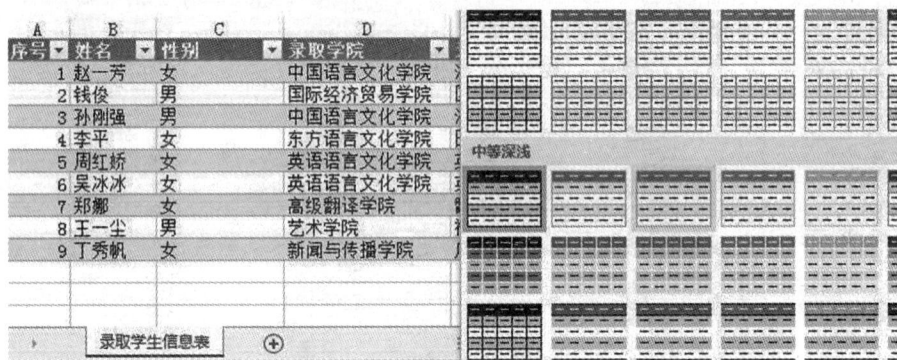

图 5－32 套用表格格式

选定单元格，点击"单元格样式"命令按钮，可以为单元格设定样式，如图 5－33。

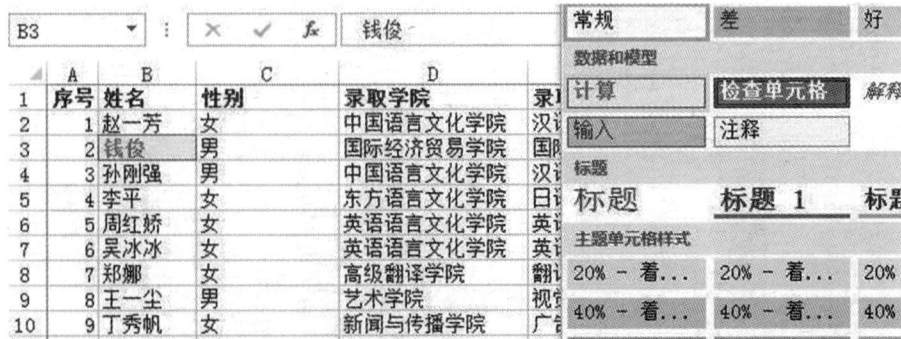

图 5－33 套用单元格样式

5.3.5.4　调整大小

鼠标指针悬停在行首、列首的框线上，表现为带箭头的十字形状 ✛ 时，可以按住鼠标左键拖动，调整行和列的大小，如图 5 – 34、图 5 – 35，或者鼠标左键双击，Excel 会自动调整最合适的行高和列宽。

图 5 – 34　调整行高　　　　　　　　　图 5 – 35　调整列宽

选定行或列，单击鼠标右键，选择"行高"或"列宽"，可以在窗口中精确设置。

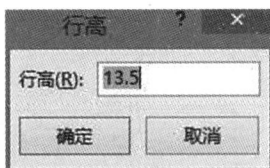

图 5 – 36　设置行高　　　　　　　　　图 5 – 37　设置列宽

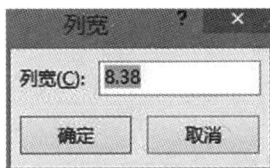

5.3.6　引用单元格

在应用公式和函数时，需要使用单元格中的数据，叫作引用单元格。以图 5 – 38 所示的工资表（数据虚构）作为例子，引用单个单元格，直接用单元格名称，比如"A1"。引用一个区域的单元格时，以左上角单元格名称开头，中间是英文冒号，以右下角单元格名称结束。图 5 – 38 中间选定的应发工资数据区域，引用为"E5:H14"。

广州明星电梯公司员工工资表

制表：王火明　　审核：陈一辉　　时间：2014年7月28日　　　　　　　　单位：人民币元

序号	姓名	部门	职务	应发					应扣			实发
				基本工资	业绩奖金	交通补助	话费补助	合计	借款	午餐费	合计	
1	陈一辉	办公室	总裁	5,000	0	2,000	500	7,500	0	200	200	7,300
2	刘大平	办公室	副总裁	4,000	0	1,500	400	5,900	0	200	200	5,700
3	刘玲玲	办公室	主任	2,000	1,000	1,000	200	4,200	0	200	200	4,000
4	王火明	人事部	部长	3,000	500	200	200	3,900	0	200	200	3,700
5	朱铁钢	人事部	干事	1,800	500	200	200	2,700	0	200	200	2,500
6	严明	生产部	部长	3,500	1,500	200	200	5,400	0	200	200	5,200
7	孙志辉	生产部	干事	2,000	1,000	200	200	3,400	0	200	200	3,200
8	常来发	销售部	部长	4,000	2,000	1,000	500	7,500	600	200	800	6,700
9	左松	销售部	副部长	3,500	1,500	1,000	500	6,500	200	200	400	6,100
10	李萍	销售部	干事	3,000	3,000	1,000	500	7,500	500	200	700	6,800
总计								54,500			3,300	51,200

图 5 – 38　示例工资表

同一行或同一列的连续单元格是区域引用的变体。如图 5 − 38 示例工资表中陈一辉的应发工资单元格引用为 "E5:H5"，所有员工的基本工资列数据引用为 "E5:E14"。

不连续的单元格引用，中间用英文逗号隔开，比如陈一辉的基本工资、刘大平的交通补助数据引用为 "E5,G6"。

单元格引用有相对引用和绝对引用的区别。前面例子中的引用都是相对引用，相对引用填充时，行号和列号会跟着光标所在的单元格变化。如陈一辉的应发工资汇总公式为 " ＝SUM（E5:H5）"，把这个公式输入 I5 单元格，向下填充到 I6 时，公式就自动变为 " ＝SUM（E6:H6）"。

绝对引用就是在行号和列号前加上 " $ " 符号，例如绝对引用 I5 单元格就是 " $I $5"。绝对引用的公式或函数无论怎么拖动填充，都不会发生变化。相对引用和绝对引用还可以混合在一起使用。

Excel 还可以引用其他工作表的数据。引用同一个工作簿中的其他工作表，单元格名称前加 "工作表名称!"，例如 "明星电梯公司生产成本! A1"。引用其他工作簿中的工作表，还要加上文件路径和工作簿名称，如 "d:\ 明星电梯公司销售数据.xlsx 销售! A1"。

5.4　图表

5.4.1　插入图表

Excel 可以用图表更加直观地展示数据，比如示例工资表可以用柱状图来形象地比较不同员工应发工资的高低。选定示例工资表中的 B5:B14（姓名），I5:I14（应发工资），点击 "插入" 功能区标签，显示图表功能组，如图 5 − 39。

图 5 − 39　图表功能组

点击 "推荐的图表" 命令按钮，选择 "簇状柱形图"，确定后就在表中插入了柱状图，如图 5 − 40。

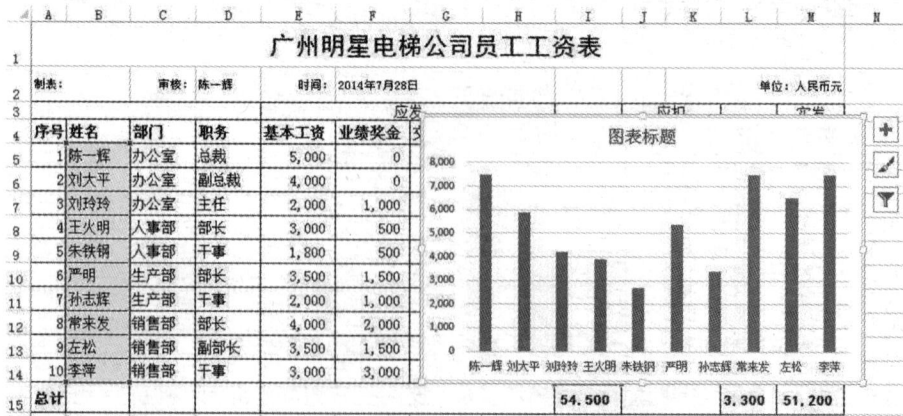

图 5 − 40　柱状图

选定柱状图，激活图表设计和格式功能区，如图 5 –41。

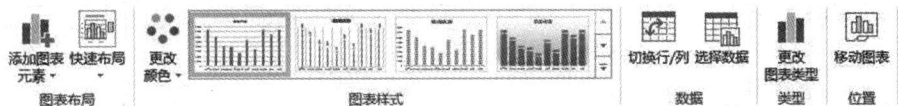

图 5 –41　图表设计功能区

点击"图表样式"功能组中的"预览"按钮，可以快速为柱状图设置样式。如果对柱状图类型不满意，可以点击"更改图表类型"按钮，更换为其他形状。

点击"选择数据"按钮，弹出对话窗口，如图 5 –42，可以切换行列或其他数据。

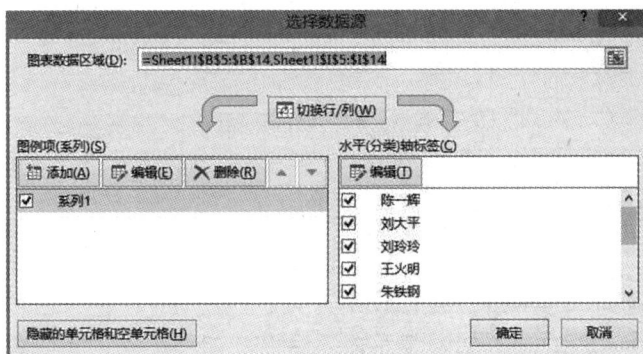

图 5 –42　选择数据源

5.4.2　切换数据

下面我们介绍切换数据的操作。点击图表数据区域右边的按钮，在示例工作表中选择基本工资单元格、业绩奖金单元格、交通补助单元格、话费补助单元格 E5:H14。选择数据源窗口变为图 5 –43。

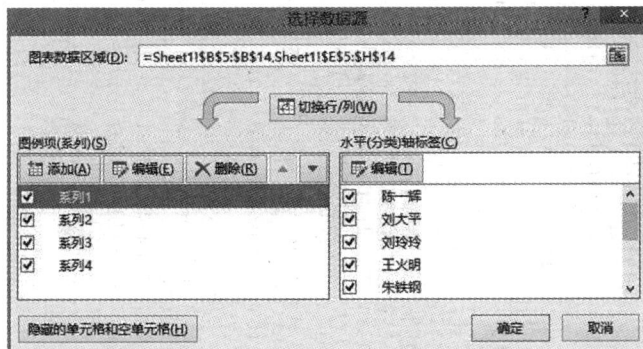

图 5 –43　变化后的"选择数据源"窗口

我们看到图 5 – 43 左下方增加为四个图例项，依次选择系列 1 至系列 4，点击"编辑"按钮，更名为"基本工资"、"业绩奖金"、"交通补助"、"话费补助"。点击"确定"后修改图表如图 5 – 44，则柱状图表现为应发工资各项组成部分的比较。

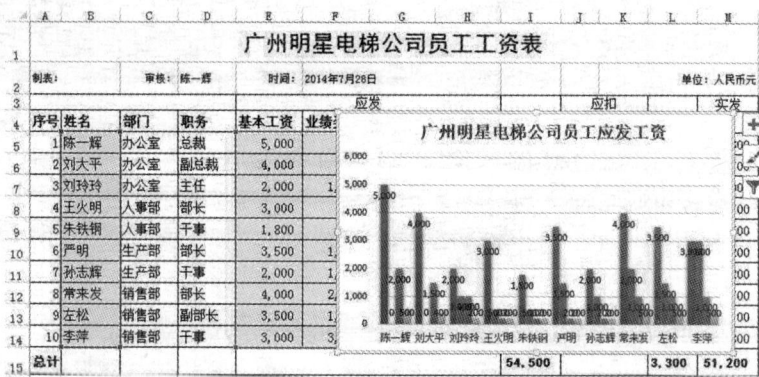

图 5 – 44　切换数据

5.4.3　添加图表元素

在图 5 – 44 中，每个员工的各项应发工资组成是用不同颜色来区别的，可看表的人并不明白表的含义，我们应当给图表加上图例。

点击图 5 – 41 中左边的"添加图表元素"命令，弹出菜单，如图 5 – 45，选择添加图例到右侧，如图 5 – 46。

图 5 – 45　添加图表元素

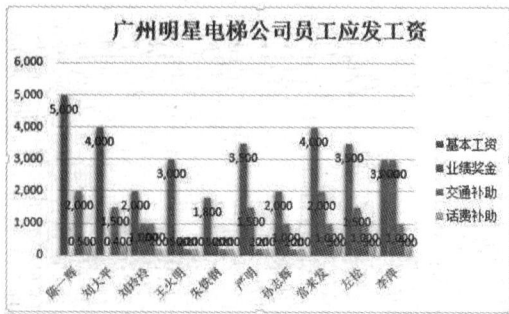

图 5 – 46　添加图例

通过"添加图表元素"命令按钮，还可以为图表添加标题、坐标轴、轴标题等元素。

5.5 数据基础操作

数据功能区包括"获取外部数据"、"排序和筛选"、"数据工具"、"分级显示"等功能组，如图5－47、图5－48、图5－49。

图5－47 外部数据

图5－48 排序、筛选和其他　　　　　　　　图5－49 分级

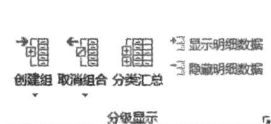

5.5.1 筛选

数据筛选就是 Excel 按照用户的标准只显示某几列的数据，临时隐藏其他无关数据以避免干扰。选定数据单元格，点击图5－48中的"筛选"命令，在数据所在列标题出现黑色三角形按钮，点击三角形按钮，弹出筛选对话窗，如图5－50。

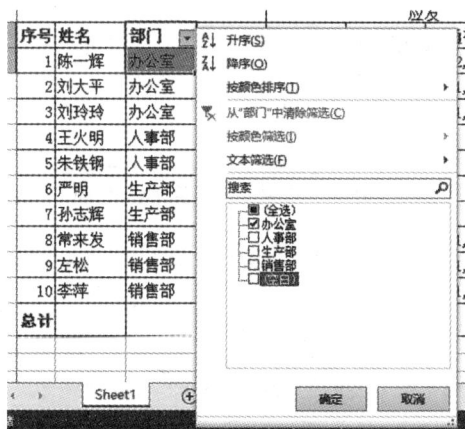

图5－50 筛选对话窗

去掉不准备显示的数据前面的钩，如图5－50，点"确定"，则工作表只显示办公室部门的人员数据，如图5－51。再次点击"筛选"命令按钮，可取消筛选，显示全部数据。

图 5-51　筛选后数据

对于数值数据，可以使用"数字筛选"—"自定义筛选"，如图 5-52。选择"应发"工资"合计"数据列，输入条件"大于 5 000"，如图 5-53，则工作表会显示应发工资合计大于 5 000 的人员名单，如图 5-54。

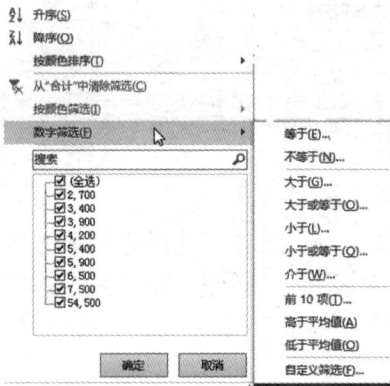

图 5-52　数字筛选

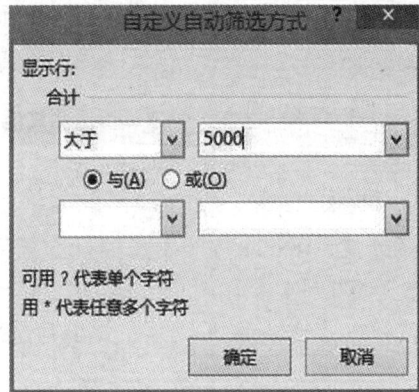

图 5-53　输入条件

图 5-54　应发工资合计大于 5 000

5.5.2 排序

按标准排序是常见的数据操作。注意在 Excel 要求参与排序的数据中，所有合并单元格大小须相同，否则不能排序。

选定数据单元格，点击图 5 – 48 功能区中的"$\frac{A}{Z}\downarrow$"、"$\frac{Z}{A}\downarrow$"两个命令按钮，可直接对数据进行升序、降序的简单排序。点击"排序"命令按钮，弹出条件窗口，如图 5 – 55，可进行复杂排序。

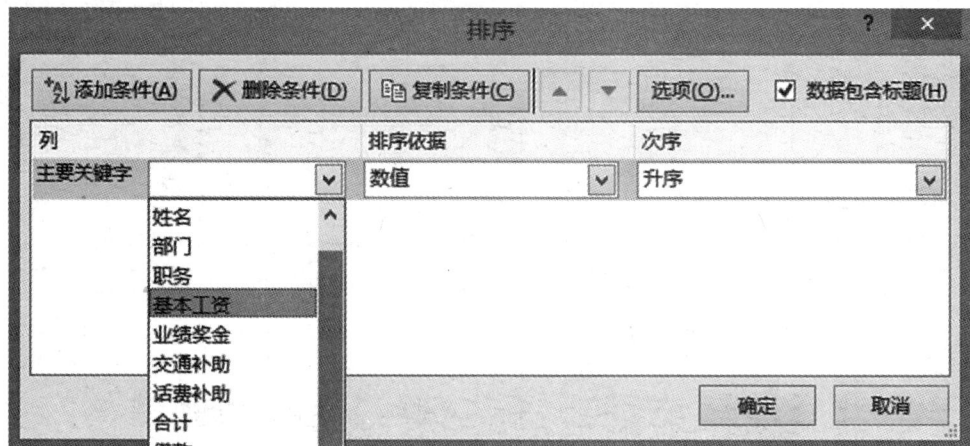

图 5 – 55　排序对话框

设置主要关键字为工资表中的"基本工资"列，次序为"升序"，点击"确定"，整个工资表将按照基本工资从低到高的升序排列，如图 5 – 56。

图 5 – 56　基本工资升序排列

广州明星电梯公司员工工资表

序号	姓名	部门	职务	基本工资	业绩奖金	交通补助	话费补助	合计	借款	午餐费	合计	实发
5	朱铁钢	人事部	干事	1,800	500	200	200	2,700	0	200	200	2,500
3	刘玲玲	办公室	主任	2,000	1,000	200	200	4,200	0	200	200	4,000
7	孙志辉	生产部	干事	2,000	1,000	200	200	3,400	0	200	200	3,200
4	王火明	人事部	部长	3,000	500	200	200	3,900	0	200	200	3,700
10	李萍	销售部	干事	3,000	3,000	1,000	500	7,500	500	200	700	6,800
6	严明	生产部	部长	3,500	1,500	200	200	5,400	0	200	200	5,200
9	左松	销售部	副部长	3,500	1,500	1,000	500	6,500	200	200	400	6,100
2	刘大平	办公室	副总裁	4,000	0	1,500	400	5,900	0	200	200	5,700
8	常来发	销售部	部长	4,000	2,000	1,000	500	7,500	600	200	800	6,700
1	陈一辉	办公室	总裁	5,000	0	2,000	500	7,500	0	200	200	7,300
总计								54,500			3,300	51,200

排序可以设置多个条件。点击图 5 - 55 对话框中的"添加条件"按钮，设置第二排序条件为"姓名"，如图 5 - 57。"姓名"是文本，默认按照拼音的字母顺序来排序。点击图 5 - 57 右上方的"选项"按钮，可以更改为"笔划排序"，如图 5 - 58。一般情况下，可以使用 Excel 中的拼音或笔划排序对姓名进行排序，但我国经常要按照职务等级排序，这时点击图 5 - 55 次序下拉框，选择"自定义"，可以设置自定义的排序次序，如图 5 - 59。

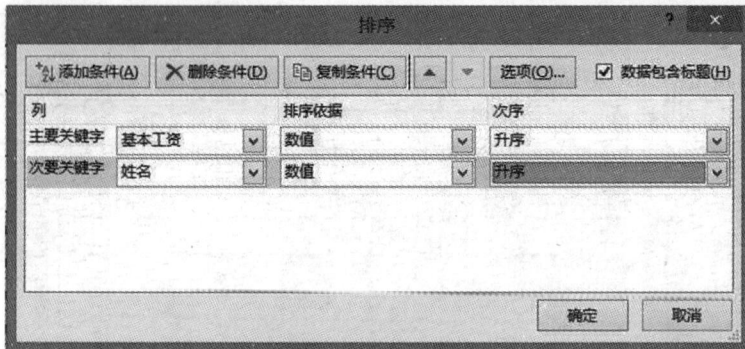

图 5 - 57　增加排序条件

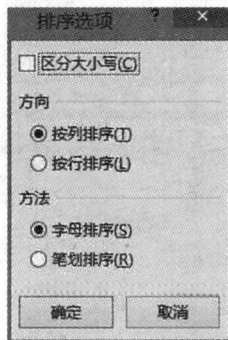

图 5 - 58　排序选项

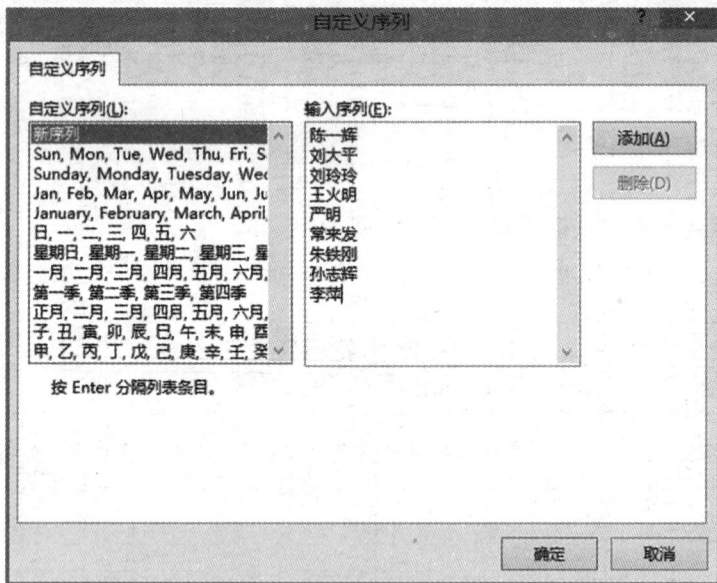

图 5 - 59　自定义排序次序

增加"姓名"作为第二排序条件后，"基本工资"相同的人员，按照姓名拼音字母顺序排序，如图 5 - 60。

广州明星电梯公司员工工资表

| 序号 | 姓名 | 部门 | 职务 | 基本工资 | 应发 | | | 合计 | 应扣 | | 合计 | 实发 |
					业绩奖金	交通补助	话费补助		借款	午餐费		
制表：王火明　　审核：陈一辉　　时间：2014年7月28日　　　　　　　　　　　单位：人民币元

序号	姓名	部门	职务	基本工资	业绩奖金	交通补助	话费补助	合计	借款	午餐费	合计	实发
5	朱铁钢	人事部	干事	1,800	500	200	200	2,700	0	200	200	2,500
3	刘玲玲	办公室	主任	2,000	1,000	1,000	200	4,200	0	200	200	4,000
7	孙志辉	生产部	干事	2,000	1,000	200	200	3,400	0	200	200	3,200
10	李萍	销售部	干事	3,000	3,000	1,000	500	7,500	500	200	700	6,800
4	王火明	人事部	部长	3,000	500	200	200	3,900	0	200	200	3,700
6	严明	生产部	部长	3,500	1,500	200	200	5,400	0	200	200	5,200
9	左松	销售部	副部长	3,500	1,500	1,000	500	6,500	200	200	400	6,100
8	常来发	销售部	部长	4,000	2,000	1,000	500	7,500	600	200	800	6,700
2	刘大平	办公室	副总裁	4,000	0	1,500	400	5,900	0	200	200	5,700
1	陈一辉	办公室	总裁	5,000	0	2,000	500	7,500	0	200	200	7,300
总计								54,500			3,300	51,200

图 5 - 60　"基本工资 + 姓名"排序

5.5.3　汇总

汇总就是 Excel 对数值进行分类求和。比如图 5 - 38 示例工资表可以按照部门汇总实发工资的总额，选定需要汇总的单元格（包含列标题），点击图 5 - 49 中功能组中的"分类汇总"命令按钮，弹出设置窗口，如图 5 - 61。

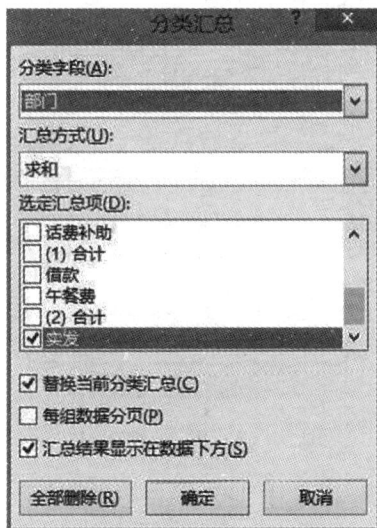

图 5 - 61　分类汇总设置

设置分类字段为"部门"，汇总方式为"求和"，勾选汇总项为"实发"，点击"确定"，示例工资表则分类汇总，如图 5 - 62。

	A	B	C	D	E	F	G	H	I	J	K	L	M
3							应发				应扣		
4	序号	姓名	部门	职务	基本工资	业绩奖金	交通补助	话费补助	合计	借款	午餐费	合计	实发
5	1	陈一辉	办公室	总裁	5,000	0	2,000	500	7,500	0	200	200	7,300
6	2	刘大平	办公室	副总裁	4,000	0	1,500	400	5,900	0	200	200	5,700
7	3	刘玲玲	办公室	主任	2,000	1,000	1,000	200	4,200	0	200	200	4,000
8			办公室 汇总										17,000
9	4	王火明	人事部	部长	3,000	500	200	200	3,900	0	200	200	3,700
10	5	朱铁钢	人事部	干事	1,800	500	200	200	2,700	0	200	200	2,500
11			人事部 汇总										6,200
12	6	严明	生产部	部长	3,500	1,500	200	200	5,400	0	200	200	5,200
13	7	孙志辉	生产部	干事	2,000	1,000	200	200	3,400	0	200	200	3,200
14			生产部 汇总										8,400
15	8	常来发	销售部	部长	4,000	2,000	1,000	500	7,500	600	200	800	6,700
16	9	左松	销售部	副部长	3,500	1,500	1,000	500	6,500	200	200	400	6,100
17	10	李萍	销售部	干事	3,000	3,000	1,000	500	7,500	500	200	700	6,800
18			销售部 汇总										19,600
19			总计										51,200

图 5 - 62　分类汇总工资表

　　再次点击"分类汇总"命令按钮，可在原来汇总的基础上进行二次汇总。设置分类字段为"职务"，去掉"替换当前分类汇总"选项的钩，如图 5 - 63。

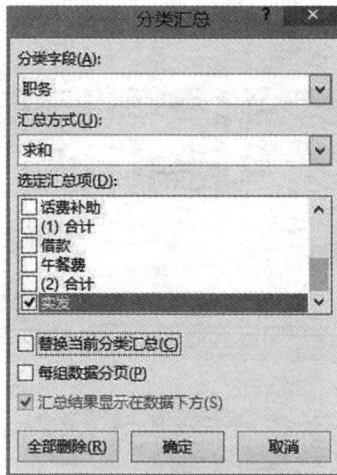

图 5 - 63　再次设定汇总

　　点击"确定"，示例工资表将再次分类汇总，如图 5 - 64。

图 5 - 64　二次汇总工资表

点击图 5 - 63 中的"全部删除"命令按钮，可以删除分类汇总，回到数据原始状态。

5.5.4　数据透视

所谓数据透视，就是在原来工作表的基础上重新选择、计算、组织数据，以突出信息。数据透视能够将筛选、排序、分类汇总等操作一次性完成，是 Excel 强大计算能力的具体体现。图 5 - 65 是一个示例销售数据表，要求我们在不修改原工作表的情况下，查看齿轮组的销售情况。

	A	B	C	D	E
1	广州明星电梯公司销售数据				
2	品牌	品名	单价	数量	金额
3	西子	齿轮组	¥3,000.00	21	¥63,000.00
4	西子	钢索	¥12,000.00	80	¥960,000.00
5	西子	轿箱	¥150,000.00	2	¥300,000.00
6	西子	控制器	¥8,000.00	5	¥40,000.00
7	西子	制动器	¥5,000.00	23	¥115,000.00
8	西子	主电机	¥200,000.00	1	¥200,000.00
9	广日	齿轮组	¥2,850.00	25	¥71,250.00
10	广日	钢索	¥10,000.00	88	¥880,000.00
11	广日	轿箱	¥140,000.00	5	¥700,000.00
12	广日	控制器	¥7,800.00	8	¥62,400.00
13	广日	制动器	¥5,000.00	30	¥150,000.00
14	广日	主电机	¥180,000.00	2	¥360,000.00
15	东芝	齿轮组	¥4,000.00	15	¥60,000.00
16	东芝	钢索	¥20,000.00	50	¥1,000,000.00
17	东芝	轿箱	¥180,000.00	0	¥0.00
18	东芝	控制器	¥9,500.00	2	¥19,000.00
19	东芝	制动器	¥10,000.00	11	¥110,000.00
20	东芝	主电机	¥25,000.00	1	¥25,000.00

图 5 - 65　销售数据表

激活插入功能区，点击第一个命令按钮"创建数据透视表"，弹出对话窗口，如图 5 - 66。

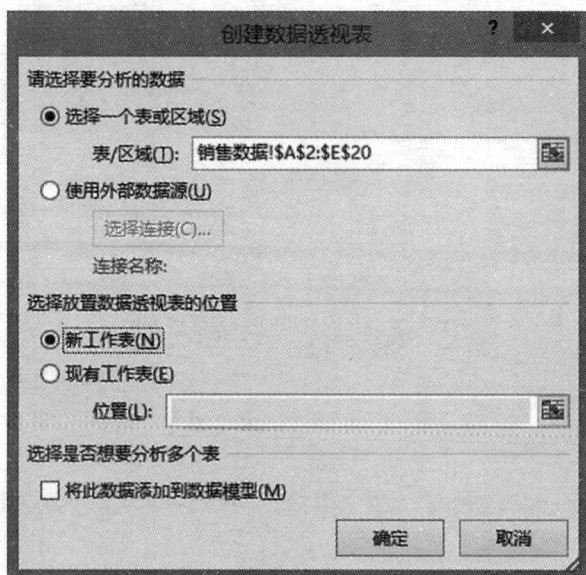

图 5 - 66　创建数据透视表对话窗

选择将数据透视表放在新工作表中，点击"确定"后，Excel 将自动创建一个新的工作表，初始界面如图 5 - 67。

在工作表的右侧会自动弹出导航窗口，如图 5 - 68。

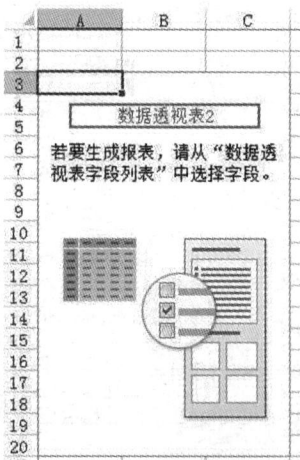

图 5 - 67　初始界面

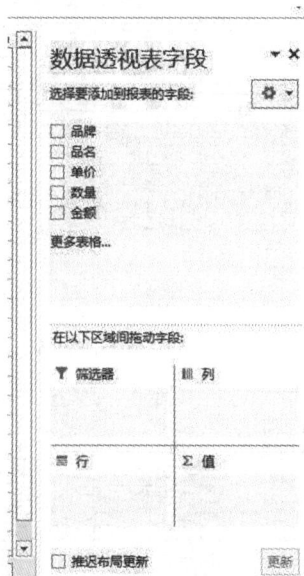

图 5 - 68　导航窗口

勾选"品牌"、"品名"、"数量"、"金额"等字段，导航窗口的下部会自动填充数据，如图 5 −69。

一般把文本字段作为行，数值字段作为列。接下来把"品名"字段拖动到筛选器中，并把"品名"字段拖动到"品牌"字段的上面，如图 5 −70。

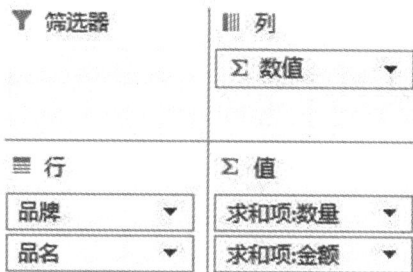

图 5 −69　初始字段

图 5 −70　调整字段

这时数据透视表就变为如图 5 −71 所示的样子了。

点击"品名"单元格右侧的"筛选"按钮，选择"齿轮组"，则数据透视表只显示齿轮组的销售情况，如图 5 −72。

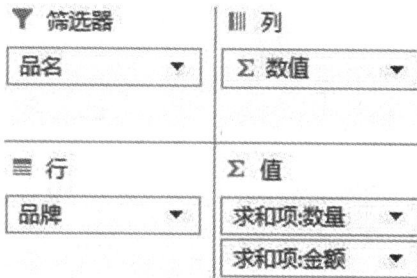

图 5 −71　数据透视表

图 5 −72　齿轮组数据透视

"切片器"是 Excel 2010 中新增的一种筛选工具。点击图 5 −72 的任意数据单元格，激活"插入"功能区，点击功能区上的"切片器"命令按钮，弹出"插入切片器"窗口，如图 5 −73。

勾选需要筛选的字段名称，比如"品牌"、"品名"两项，在透视表中就加入了两个切片，如图 5 −74。

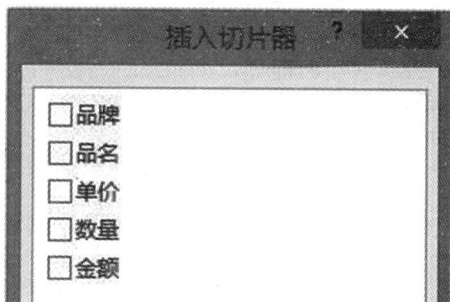

图 5 −73　插入切片器

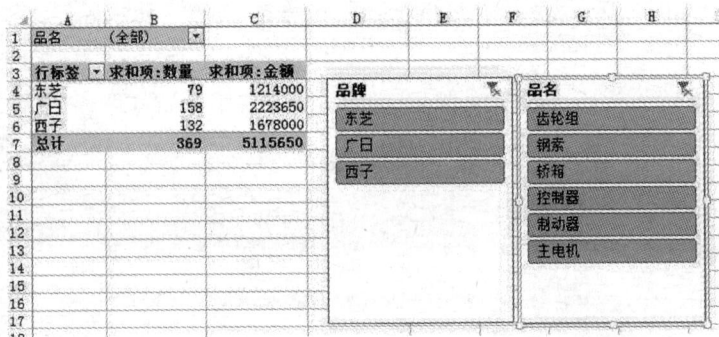

图 5 - 74　带两个切片的透视表

点击右边两个切片中的筛选字段，可以很方便地进行多重筛选，如图 5 - 75。

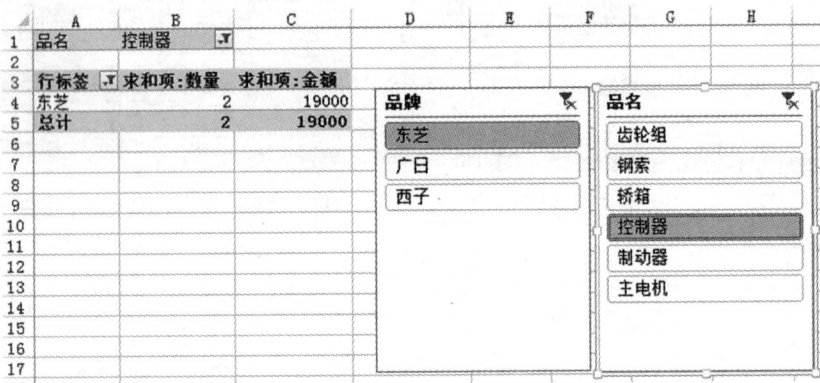

图 5 - 75　查看东芝控制器销售的透视表

5.6　公式和函数

5.6.1　公式

公式是由运算符、引用单元格、常量、函数组成的运算表达式。公式以等号"＝"开头，用运算符连接各个元素。常量是指固定不变的量，如数字、文本、日期、时间等。函数是 Excel 内部预设的公式。引用单元格可参看 5.3.6 节的介绍。常见的运算符如表 5 - 1、表 5 - 2、表 5 - 3 所示。

表 5 - 1　算术运算符

符号	+	-	*	/	%	^
含义	加	减/负号	乘	除	百分号	幂
例子	1 + 1	2 - 1，- 1	2 * 3	3/3	30%	2^2

表 5 - 2　比较运算符

符号	=	>	> =	<	< =	< >
含义	等于	大于	大于等于	小于	小于等于	不等于
例子	A1 = B3	A1 > B3	A1 > = B3	A1 < B3	A1 < = B3	A1 < > B3

表 5 - 3　引用运算符

符号	: （冒号）	, （逗号）	（空格）
含义	区域运算 两个引用间的所有区域	联合运算 合并两个引用	交叉引用 两个引用中的交集
例子	A1: B3	A1, B3	A1 B3

　　输入公式就像在单元格中输入数据一样，双击单元格或者使用编辑框显示光标插入点，先输入" = "号，再输入表达式，输入完毕后回车。输入引用单元格或区域时，还可以用鼠标点击或拖动范围来代替手工输入。

　　单元格中的公式还可以像数据一样被复制或填充到其他单元格，公式中的相对引用会跟着变化，绝对引用不会变化。

　　在使用公式进行计算时，由于输入错误、引用不当或者算术原因，有时会出现错误。Excel 提供了错误提示和追踪功能，帮助用户找出错误。常见的错误有 8 种，错误原因及解决办法见表 5 - 4。

表 5 - 4　公式计算的常见错误原因及解决办法

错误提示	原因	解决办法
#####	1. 列宽不足以容纳数值、日期、时间 2. 日期、时间是负值	1. 调整列宽 2. 避免负值
#VALUE!	1. 数据类型不正确，不能运算 2. 变量当作常量输入 3. 赋予需要单个参数的函数一个区域	1. 修正为同类数据 2. 修改为常量 3. 区域改为单值
#DIV/O	分母为零或 Null 值	改为非零与非 Null 值
#N/A	公式或函数中的参数无值，不可计算	赋值
#REF!	引用单元格被删除	更改公式
#NUM!	公式中的数值无效	确认有效
#NULL!	区域不相交	修改区域
#Name?	不能识别公式文本，例如函数名写错	修改文本

5.6.2　函数

　　函数是 Excel 内部预先定义的公式，由函数名、括号、运算符、参数等组成，对函数不熟悉的用户，可以参看 5.1 节的函数框，用向导来进行输入。

下面以图 5 -76 为例，介绍常见的 8 个函数。

	A	B	C	D	E	F	G	H	I	J	K	L	M
1	广州明星电梯公司员工工资表												
2					应发					应扣			
3	序号	姓名	部门	职务	基本工资	业绩奖金	交通补助	话费补助	合计	借款	午餐费	合计	实发
4	1	陈一辉	办公室	总裁	5,000	0	2,000	500	7,500	0	200	200	7,300
5	2	刘大平	办公室	副总裁	4,000	0	1,500	400	5,900	0	200	200	5,700
6	3	刘玲玲	办公室	主任	2,000	1,000	1,000	200	4,200	0	200	200	4,000
7	4	王火明	人事部	部长	3,000	500	200	200	3,900	0	200	200	3,700
8	5	朱铁钢	人事部	干事	1,800	500	200	200	2,700	0	200	200	2,500
9	6	严明	生产部	部长	3,500	1,500	200	200	5,400	0	200	200	5,200
10	7	孙志辉	生产部	干事	2,000	1,000	200	200	3,400	0	200	200	3,200
11	8	常来发	销售部	部长	4,000	2,000	1,000	500	7,500	600	200	800	6,700
12	9	左松	销售部	副部长	3,500	1,500	1,000	500	6,500	200	200	400	6,100
13	10	李萍	销售部	干事	3,000	3,000	1,000	500	7,500	500	200	700	6,800
14	制表：王火明		审核：陈一辉		时间：2014年7月28日							单位：人民币元	

图 5 -76　示例工资表

（1）SUM（Number 1，Number 2，……）。

SUM 是求和函数，参数可以是单个或多个数值或引用区域。例如，求陈一辉的应发工资，就可以在 I4 列输入函数“ = SUM （E4: H4）”，或者“ = SUM(E4,F4,G4,H4)”。求所有员工的应发工资，则输入函数“ = SUM(E4: H13)”。

（2）AVERAGE（Number 1，Number 2，……）。

AVERAGE 是求平均值函数，参数可以是单个或多个数值或引用区域。例如，求所有员工的实发工资平均值，则输入函数“ = AVERAGE（M4: M13)”。

（3）MAX（Number 1，Number 2，……）和 MIN（Number 1，Number 2，……）。

MAX 是求最大值函数，MIN 是求最小值函数，参数可以是单个或多个数值或引用区域。例如，求所有员工中，应发工资最高和最低的金额，则分别输入函数“ = MAX（I4: I13)”，“ = MIN（I4: I13)”。

（4）COUNT（Range）/CountIf（Range，Criteria)。

COUNT 是计数函数，参数可以是单个或多个数值或引用区域。例如，求员工数量，则可输入函数“ = COUNT（B4: B13)”。CountIf 是条件计数函数，计算满足表达式 Criteria 为真的单元格个数。例如，计算实发工资大于等于 5 000 元的员工个数，函数为“ = CountIf（M4: M13，‘ > =5 000’)”。

（5）IF（Logical，Value_if_true，Value_if_false)。

IF 是判断函数，参数有 3 个。判断逻辑表达式 Logical 是否为真，如果为真，值则为 Value_if_true；如果为假，则为 Value_if_false。例如，判断员工实发工资是否大于等于 5 000元，是则填写数据“大于等于 5 000 元”，否则填写数据“小于 5 000 元”。那么可以在 N4 单元格中输入函数“ = IF（M4 > = 5 000，‘大于等于 5 000 元’，‘小于 5 000 元’)”，然后把函数向下填充到 N13 单元格。

（6）RANK（Number，Ref，Order)。

RANK 函数用于计算一个数值在一个引用区域中的排位。参数 Number 是待排位的数字。参数 Ref 是比较区域，非数值数据将被忽略。参数 Order 是升降序标志，为零是降序，非零时为升序。

比如，计算员工实发工资排序，可在 N4 单元格输入函数" = RANK（N4， $M $4: $M $13）"，然后向下填充到 N13 单元格中。

（7）ROUND（Number，Num_digit）。

ROUND 是四舍五入函数，按指定的 Num_digit 小数位数四舍五入。

（8）VLOOKUP（Lookup_value，Table_array，Col_index_num，Range_lookup）。

VLOOKUP 函数用于查找某一数据在数据区域第一列中的位置，找到后返回该位置同一行中指定列的数据。这个函数有 4 个参数：Lookup_value 为希望查找的数据；Table_array 为数据区域；Col_index_num 为希望返回的列标号；Range_lookup 为模糊匹配开关，为真则使用模糊匹配，为假则为精确匹配。

请参看下面的 VLOOKUP 函数实例。

实例 1：个人所得税计算。

在制作工资表的过程中，涉及代扣个人所得税的计算。下面我们以图 5 - 77 所示的工资表为例，使用公式和函数来自动计算个人所得税。

序号	姓名	上年度月平均工资	基本工资	业绩奖金	交通补助	通讯补助	应发合计	养老保险	医疗保险	失业保险	公积金	个人所得税	应扣合计	实发
1	陈一辉	8000	5,000	0	2,000	500	7,500							
2	刘大平	6000	4,000	0	1,500	400	5,900							
3	刘玲玲	4500	2,000	1,000	1,000	200	4,200							
4	王火明	4000	3,000	500	200	200	3,900							
5	朱铁钢	3500	1,800	500	200	200	2,700							
6	严明	5500	3,500	1,500	200	200	5,400							
7	孙志辉	3520	2,000	1,000	200	200	3,400							
8	常来发	7400	4,000	2,000	1,000	500	7,500							
9	左松	6230	3,500	1,500	1,000	500	6,500							
10	李萍	7100	3,000	3,000	1,000	500	7,500							
制表：王火明			时间：2014年7月28日									单位：人民币元		

图 5 - 77　示例工资表

按照国家法律规定，工资薪金所得税额要扣除三险一金。广州市 2014 年社保基数最低是 1 550 元，最高是 17 424 元。从图 5 - 77 示例工作表 C 列看，广州明星电梯公司员工的"上年度月平均工资"均在最低标准和最高标准之间。个人交纳三险一金的比例是：养老保险 8%、医疗保险 2%、失业保险 0.5%、住房公积金 8%。以陈一辉为例，个人缴纳三险一金的计算公式为：

养老保险：= C3 * 8%

医疗保险：= C3 * 2%

失业保险：= C3 * 0.5%

住房公积金：= C3 * 8%

把公式分别填入图 5 - 77 的 I3、J3、K3、L3 单元格，并分别向下填充到 I12、J12、K12、L12 单元格，就可以计算出员工个人缴纳的三险一金金额，如图 5 - 78。

序号	姓名	上年度月平均工资	基本工资	业绩奖金	交通补助	通讯补助	应发合计	养老保险	医疗保险	失业保险	公积金	个人所得税	应扣合计	实发
						广州明星电梯公司员工工资表								
1	陈一辉	8000	5,000	0	2,000	500	7,500	640	160	40	640			
2	刘大平	6000	4,000	0	1,500	400	5,900	480	120	30	480			
3	刘玲玲	4500	2,000	1,000	1,000	200	4,200	360	90	23	360			
4	王火明	4000	3,000	500	200	200	3,900	320	80	20	320			
5	朱铁钢	3500	1,800	500	200	200	2,700	280	70	18	280			
6	严明	5500	3,500	1,500	200	200	5,400	440	110	28	440			
7	孙志辉	3520	2,000	1,000	200	200	3,400	282	70	18	282			
8	常来发	7400	4,000	2,000	1,000	500	7,500	592	148	37	592			
9	左松	6230	3,500	1,500	1,000	500	6,500	498	125	31	498			
10	李萍	7100	3,000	3,000	1,000	500	7,500	568	142	36	568			
制表：王火明			时间：2014年7月28日										单位：人民币元	

图5-78　三险一金缴纳表

按照2011年6月30日最新修正的国家个人所得税法的规定，工资薪金所得减去三险一金金额，再减去免征金额3 500元为应纳税所得额。应纳个人所得税 = 应纳税所得额 × 税率 - 速算扣除数。税率和速算扣除数如表5-5所示。

表5-5　税率和速算扣除数

级数	应纳税所得额	税率（%）	速算扣除数
1	不超过1 500元的	3	0
2	超过1 500至4 500元的	10	105
3	超过4 500至9 000元的	20	555
4	超过9 000至35 000元的	25	1 005
5	超过35 000至55 000元的	30	2 755
6	超过55 000至80 000元的	35	5 505
7	超过80 000元的	45	13 505

为了方便计算，我们可以把税率和速算扣除数输入在工资表的下面C17:E23区域中，如图5-79。

我们以陈一辉的工资为例，介绍计算公式的产生过程。

首先要计算应纳税所得额，公式是：= SUM（H3 - I3 - J3 - K3 - L3 - 3500）。H3是本月应发工资合计，I3、J3、K3、L3是个人交纳的三险一金，3 500是免征金额。为了减少公式长度，我们在图5-78示例工资表中L列之后插入一列，用来记录应纳税所得额。图5-80为计算后的结果。

	A	B	C	D	E	F
10		8	常来发	7400	4,000	2,000	1,000
11		9	左松	6230	3,500	1,500	1,000
12		10	李萍	7100	3,000	3,000	1,000
13	制表：王火明		时间：2014年7月28日			
14						
15						
16			分级	税率	速算扣除数	
17			0	3%	0	
18			1501	10%	105	
19			4501	20%	555	
20			9001	25%	1005	
21			35001	30%	2755	
22			55001	35%	5505	
23			80001	45%	13505	

图5-79　工作表中的税率和速算扣除数

图 5 – 80 应纳税所得额

序号	姓名	上年度月平均工资	基本工资	业绩奖金	交通补助	通讯补助	应发合计	养老保险	医疗保险	失业保险	公积金	应纳税所得额	个人所得税	应扣合计	实发
1	陈一辉	8000	5,000	0	2,000	500	7,500	640	160	40	640	2,520			
2	刘大平	6000	4,000	0	1,500	400	5,900	480	120	30	480	1,290			
3	刘玲玲	4500	2,000	1,000	1,000	200	4,200	360	90	23	360	-133			
4	王火明	4000	3,000	500	200	200	3,900	320	80	20	320	-340			
5	朱铁钢	3500	1,800	500	200	200	2,700	280	70	18	280	-1,448			
6	严明	5500	3,500	1,500	200	200	5,400	440	110	28	440	883			
7	孙志辉	3520	2,000	1,000	200	200	3,400	282	70	18	282	-751			
8	常来发	7400	4,000	2,000	1,000	500	7,500	592	148	37	592	2,631			
9	左松	6230	3,500	1,500	1,000	500	6,500	498	125	31	498	1,847			
10	李萍	7100	3,000	3,000	1,000	500	7,500	568	142	36	568	2,887			

制表：王火明　　　　时间：2014年7月28日　　　　　　　　　　单位：人民币元

如果应纳税所得额大于 0，则应缴纳个人所得税；如果应纳税所得额小于或等于 0，则不缴纳个人所得税。因此我们首先应该使用 IF 函数判断是否缴纳个人所得税，公式如下：

= IF（M3 > 0，表达式 1，0）·······························公式 1

公式 1 是应纳税所得额大于 0 时计算个税的公式。上文我们讲过，应纳个人所得税 = 应纳税所得额 × 税率 – 速算扣除数。这个公式中应纳税所得额可以替换为 M3，然后使用 VLOOKUP 函数来查找税率和速算扣除数。

查找税率的公式是： = VLOOKUP(M3, $C $17: $E $23, 2, 1)。其中参数 M3 表示应纳税所得额，C17: E23 是我们上文输入的税率、速算扣除数区域，2 表示找到后返回第 2 列对应行的数据，1 表示模糊查找。模糊查找时，VLOOKUP 函数会找一个小于等于 M3 的最大值来匹配。M3 是 2 520，所以找到 C17: E23 区域第一列最匹配的值就是 1501，VLOOK-UP 返回的第 2 列同一行的数值就是 10% 。

查找速算扣除数的公式是： = VLOOKUP(M3, $C $17: $E $23, 3, 1)。其含义同上一段的解释，只是返回的是第 3 列对应的速算扣除数 105。

另外对于计算出来的个人所得税金额还应四舍五入到分，所以还要加上 ROUND 函数。把表达式 1 完整写出来就是：

= ROUND(M3 * VLOOKUP(M3, $C $17: $E $23, 2, 1) – VLOOKUP(M3, $C $17: $E $23, 3, 1), 2)··························· 公式 2

把表达式 1（即公式 2）套入公式 1，就是：

= IF(M3 > 0, ROUND(M3 * VLOOKUP(M3, $C $17: $E $23, 2, 1) – VLOOKUP(M3, $C $17: $E $23, 3, 1), 2), 0)··························· 公式 3

把公式 3 输入 N3 单元格中，即可计算出陈一辉应缴纳的个人所得税金额。向下填充到 N12 单元格，可计算所有员工应缴纳的个人所得税金额，并计算出应扣和实发金额，如图 5 – 81。

序号	姓名	上年度月平均工资	基本工资	业绩奖金	交通补助	通讯补助	应发合计	养老保险	医疗保险	失业保险	公积金	应纳税所得额	个人所得税	应扣合计	实发
							广州明星电梯公司员工工资表								
1	陈一辉	8000	5,000	0	2,000	500	7,500	640	160	40	640	2,520	147	1,627	5,873
2	刘大平	6000	4,000	0	1,500	400	5,900	480	120	30	480	1,290	39	1,149	4,751
3	刘羚羚	4500	2,000	1,000	1,000	200	4,200	360	90	23	360	-133	0	833	3,368
4	王火明	4000	3,000	500	200	200	3,900	320	80	20	320	-340	0	740	3,160
5	朱铁钢	3500	1,800	500	200	200	2,700	280	70	18	280	-1,448	0	648	2,053
6	严明	5500	3,500	1,500	200	200	5,400	440	110	28	440	883	26	1,044	4,356
7	孙志辉	3520	2,000	1,000	200	200	3,400	282	70	18	282	-751	0	651	2,749
8	常来发	7400	4,000	2,000	1,000	500	7,500	592	148	37	592	2,631	158	1,527	5,973
9	左松	6230	3,500	1,500	1,000	500	6,500	498	125	31	498	1,847	80	1,232	5,268
10	李萍	7100	3,000	3,000	1,000	500	7,500	568	142	36	568	2,687	164	1,477	6,023

制表：王火明　　　时间：2014年7月28日　　　　　　　　　　　单位：人民币元

图 5-81　完整工资表

实例 2：倒算个人所得税。

有时，大学等单位临时聘请客座教授来做报告，需要支付报酬。比如，需要付给客座教授讲座劳务费 3 000 元（税后实发），我们可以利用公式和函数来推算税前应发金额和个人所得税金额。图 5-82 是示例劳务费发放表，实发金额已经输入。

序号	姓名	职称	应发	个税	实发
					**大学讲座劳务费
1	范逸臣	教授			¥3,000.00
2	张汝明	教授			¥3,000.00
3	何冰冰	教授			¥3,000.00
4	谢佳婷	副教授			¥2,000.00

图 5-82　示例劳务费发放表

按照个人所得税法的规定，讲座报酬按劳务报酬征收所得税。劳务报酬所得的应纳税所得额为：每次劳务报酬收入不足 4 000 元的，用收入减去 800 元的费用；每次劳务报酬收入超过 4 000 元的，用收入减去收入额的 20%。税率和速算扣除数如表 5-6。

表 5-6　劳务报酬税率及速算扣除数

级数	应纳税所得额	税率（%）	速算扣除数
1	不超过 20 000 元的	20	0
2	超过 20 000 至 50 000 元的	30	2 000
3	超过 50 000 元的	40	7 000

我们以图 5-82 中范逸臣的讲座劳务费为例，他的应发金额为 D3，应纳税所得额为 D3-800，税率为 20%，速算扣除数为 0，个人所得税是 E3，实发是 F3。这些数据之间有下列关系：

$F3 = D3 - E3$ ·· 公式 4

$E3 = (D3 - 800) * 20\% - 0$ ··· 公式 5

把公式 5 套入公式 4，得出：

$F3 = D3 - [(D3 - 800) * 20\% - 0]$ ······································· 公式 6

现在 F3 为已知，从公式 6 可以倒推出 D3：

$D3 = (F3 - 800 * 20\%)/(1 - 20\%)$ ································· 公式 7

把公式 7 填入 D3 单元格，公式 5 填入 E3 单元格，并分别向下填充到 D6、E6 单元格，即可计算出所有人员的应发劳务金额和个人所得税金额，如图 5-83。

图 5-83 完整劳务费发放表

5.7 数据分析工具

选定若干连续数据，在选定区域的右下角会出现一个快速分析图标，如图 5-84。

点击图标，弹出窗口，用户可以选择其中一种类别，快速为工作表添加格式、图表或汇总等，如图 5-85。

图 5-84 快速分析图标

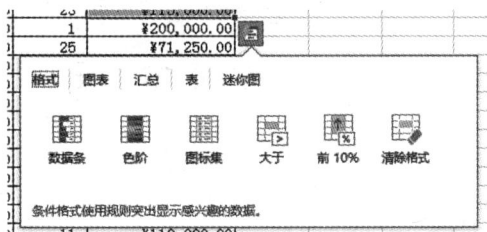

图 5-85 快速分析类别

5.8 思考和操作

（1）录制 Excel 2013 操作的一段宏，并使用该宏对数据进行格式化。

（2）输入自己本学年的课程成绩，并计算出最高分、最低分、平均分，并按公共课、专业课进行分类汇总。

第6章
PowerPoint 2013

学习重点：熟练掌握 PowerPoint 2013 的各种操作，了解 PPT 设计、制作流程。

6.1 概述

随着投影设备的普及，PowerPoint（简称 PPT）已经成为组织会议、讲座必备的事项之一。PowerPoint 2013 是 Office 2013 中的重要组件，是目前最主流的幻灯片制作工具。PowerPoint 2013 具有和 Office 2013 其他组件相似的用户界面，如图 6 – 1。因为前两章已经详细介绍过 Word 2013 和 Excel 2013 的用户界面，所以这里不再详述。

图 6 – 1　用户界面

对比旧版本，PowerPoint 2013 新增的功能主要有：

6.1.1 更容易使用的主题

PowerPoint 2013 在"文件"菜单—"新建"中提供了很多主题，在设计功能区中也提供了主题，还可以选择同一主题的多种变体，如图 6-2。

图 6-2　主题变体

6.1.2 强大的演示者视图

PPT 页面容量有限，演示者在放映 PPT 时，要经常补充一些 PPT 上没有的信息或自我提示。这些信息通常放在 PPT 页面的备注中，一般不适合让观众看到。PowerPoint 2013 改进的演示者视图，可以让演示者的电脑屏幕和投影仪屏幕分屏显示 PPT 页面的不同格式。

即使在设计 PPT 阶段，没有连接投影仪，只有一个电脑屏幕时，也可以使用。点击屏幕右下角的幻灯片放映视图或者按快捷键 F5，即进入幻灯片放映状态。当鼠标指针悬停在屏幕左下角时，会出现一排灰色的按钮，如图 6-3。

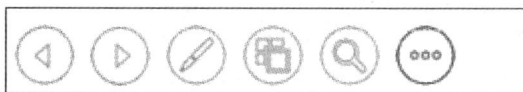

图 6-3　放映按钮

点击图 6-3 最右侧的命令按钮，在弹出的菜单中选择"显示演示者视图"，如图 6-4，则幻灯片放映切换为演示者视图，如图 6-5。

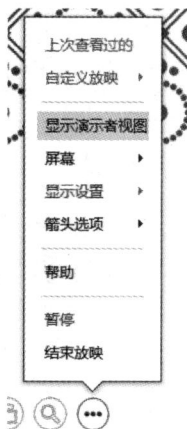

图 6-4　菜单

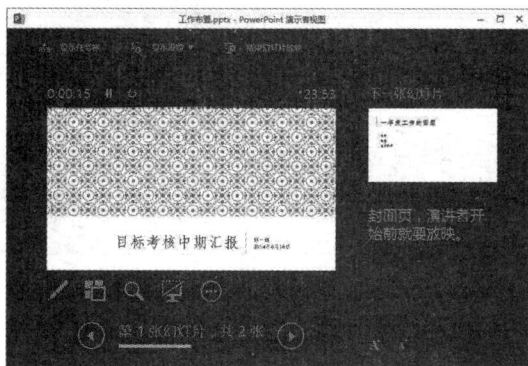

图 6-5　演示者视图

图 6-5 就是演示者自己电脑上看到的屏幕演示，在屏幕右侧显示了下一张幻灯片及当前幻灯片的备注信息。而观众只能从投影仪屏幕上看到图 6-5 屏幕左边中间的播放页面。屏幕上部的"显示设置"命令，可以人为设置或切换演示者屏幕和投影仪屏幕。

图 6-5 中还有一排按钮是给演示者使用的，如图 6-6。

图6-6 演示者工具

点击第一个笔形按钮，演示者可以在自己的屏幕上用鼠标书写，并同步显示在投影仪屏幕上。如果演示者的电脑是触摸屏，那就更方便了，用手指就可以直接书写。

点击第二个按钮，演示者将在自己的屏幕上以缩略图形式查看所有幻灯片页面，在演示时可以更方便地进行定位和切换。

点击第三个放大镜按钮，演示者可以放大幻灯片页面的局部细节，以便查看更小的文字或数据。

点击第四个屏幕按钮，演示者可以暂停放映，显示黑屏，或者切换为正常放映，以便会议中场休息。

6.1.3 适应 16:9 宽屏

超清 1920×1080 分辨率和宽高比 16:9 的屏幕是当前显示设备的主流。早期的显示设备宽高比为 4:3，比较方正。PowerPoint 2013 适应这个潮流，让用户可以通过命令按钮很方便地在方屏模式和宽屏模式之间切换。单击设计选项卡，点击"幻灯片大小"命令按钮，即可切换方屏、宽屏。

6.1.4 智能参考线

在 PPT 页面上插入多个图片、图形时，PowerPoint 2013 显示智能参考线，帮助用户快速进行水平和垂直对齐。

6.1.5 动作路径改进

创建动作路径时，PowerPoint 会显示对象的结束位置。原始对象始终存在，而"虚影"图像会随着路径一起移动到终点。

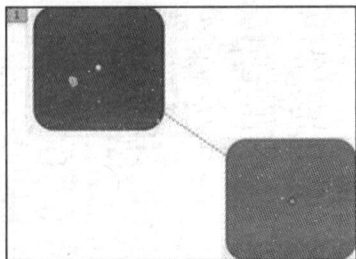

图6-7 动作路径

6.1.6 合并常见形状

选择幻灯片上的两个或更多常见形状，并进行组合以创建新的形状和图标。

图 6-8 合并形状

6.1.7 改进的视频和音频支持

PowerPoint 现在支持更多的多媒体格式〔例如，mp4，mov，H.264 视频及高级音频编码（AAC）音频〕和更多高清内容。

6.1.8 新的拾色器可实现颜色匹配

从屏幕上的对象中捕获精确的颜色，然后将其应用于任何形状。拾色器执行匹配工作。

6.1.9 更好地支持触控设备

使用典型的触控手势，可以在幻灯片上轻扫、点击、滚动、缩放和平移，使用户真正地感受演示文稿。

6.2 预备工作

制作一份优秀的PPT，工作量比较大。"工欲善其事，必先利其器。"在正式开始制作之前，需要做好一些预备工作。

6.2.1 准备文字底稿

演示者的演讲内容是PPT制作的基本素材。制作者要尽量拿到演示者的文字稿件，并从中提炼出标题、重点句、关键词和数据。

6.2.2 构想结构框架

优秀的PPT作品，逻辑结构应当简洁、清楚。制作者要和演示者反复沟通，在文字底稿的基础上，构想出PPT的结构框架。一般来说，PPT结构分为三部分：封面、内容、结尾。封面要有大标题、演示者姓名及职务、演示时间。有时候视具体情况也可以在封面后加入目录页面。结尾部分有结束提示和感谢语。内容部分则根据具体情况分成若干个一级标题，可以使用"插入"—"新建幻灯片"—"节标题"。

6.2.3 收集图片和数据

图片和图形是增强PPT表现力和感染力最重要的元素。优秀的PPT作品，绝不是把文字密密麻麻照搬、照抄到页面上，而应根据提炼的重点句和关键词，尽可能地用图形化的方式来表达。要注意收集两方面的图片资源：

内容图片：与演示内容直接相关的人物、设备、现场活动图片。

装饰图片：与演示内容间接相关的图标、背景、示意图等图片。尤其要留意本单位的CI设计资源，找到单位名称、LOGO等素材。

数据是提高演示者说服力的重要证据，要注意收集与演讲内容相关的数据资料。对数据要进行思考，突出重点，有所舍弃。要根据具体情况，最好以直观的、对比性强的图表方式展示，不一定非要用表格的形式来表达。

6.2.4　寻找主题模板

从头至尾风格统一是优秀PPT作品的特点之一，这方面主要靠主题和模板来实现。根据演示内容和演示者的身份，收集一些可用的主题模板。有时候单位CI设计中就包括了PPT模板，这是一个不错的选择。

6.3　模板和主题

6.3.1　应用模板和主题

主题是PowerPoint中的一种样式，包括配色方案、背景图片、文字大小和位置等格式信息。主题可以应用于当前幻灯片。模板的概念大于主题，除了包括主题的内涵外，还包括已经制作好的一组幻灯片。用户有时可以直接在模板上修改成自己的PPT作品。在PowerPoint 2013中，主题和模板的区分比较模糊。

PowerPoint 2013内置了微软预设的12种主题及若干变体。激活设计选项卡，在功能区可以看到主题缩略图，点击其中一种即可把该主题应用于当前PPT，如图6-9。

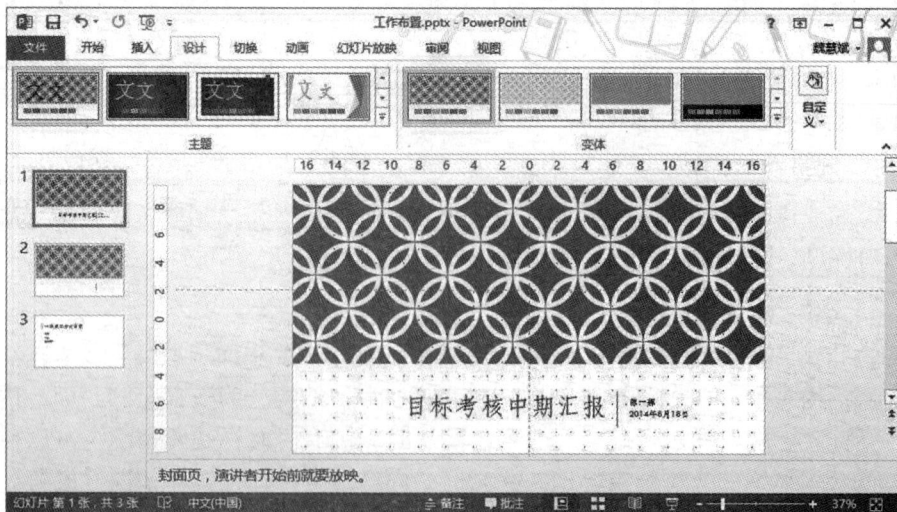

图6-9　应用预设主题

如果对预设主题不满意，可以联机搜索微软提供的其他模板主题。在"文件"——"新建"菜单中提供搜索功能，如图 6 – 10。

除了微软提供外，互联网上还有很多漂亮的 PPT 模板资源，比如，可以从百度文库中搜索并下载，如图 6 – 11。

图 6 – 10　搜索联机模板和主题

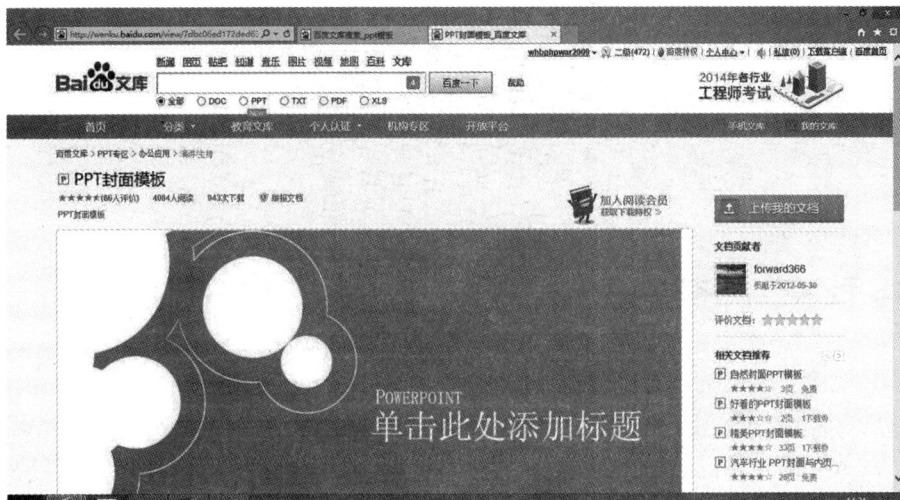

图 6 – 11　从百度文库中搜索模板

从互联网上下载的模板很多就是 PPT 文件。点击主题功能区右下角的三角形按钮，展开菜单，选择"浏览主题"，如图 6 – 12。

在打开对话框中，选择下载的 PPT 模板。

图 6 – 12　主题菜单

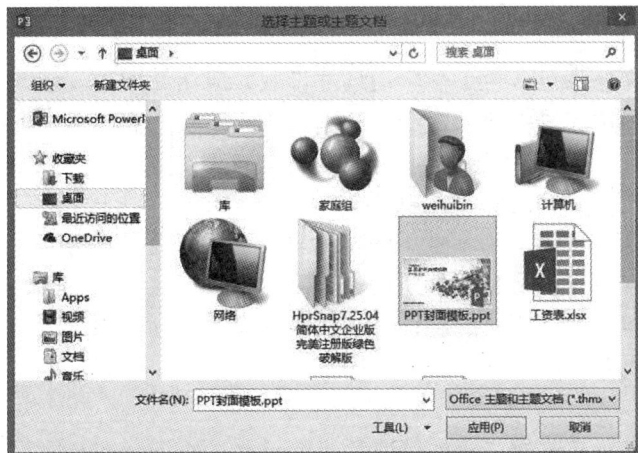

图 6 – 13　选定下载好的模板

点击"应用"按钮，下载好的模板就应用于当前打开的幻灯片了，如图6-14。

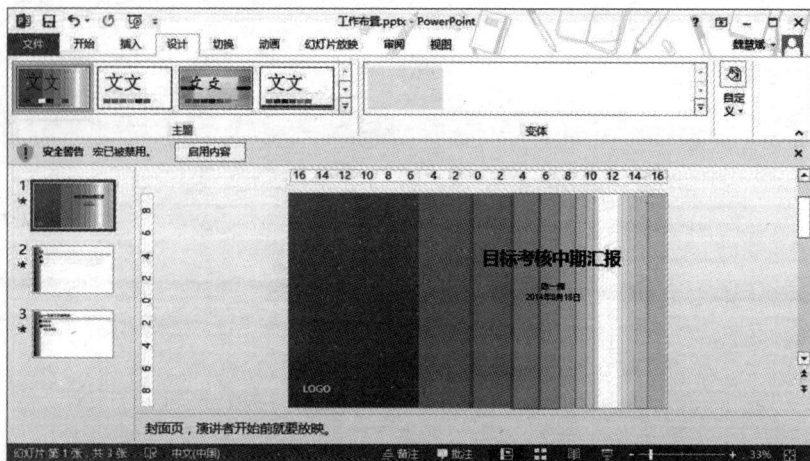

图6-14　应用下载模板

6.3.2　修改母版

微软预设或者从互联网上下载的模板主题有时不能完全满足需要，这时我们就要对母版进行修改。母版是一组隐藏的特殊幻灯片，它储存了当前幻灯片中的各种格式。当前幻灯片是基于母版而产生的"子版"。

点击"视图"选项卡，在功能区中可以找到"母版视图"功能组。它包括3种视图：幻灯片母版、讲义母版和备注母版，如图6-15。

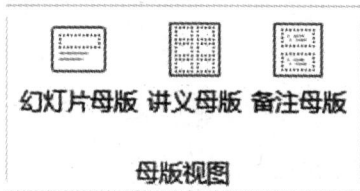

图6-15　"母版视图"功能组

讲义母版是设计打印讲义格式的，备注母版是设计备注格式的，两者使用率不高。幻灯片母版是幻灯片层次结构中的顶级幻灯片，它存储有关演示文稿的主题和幻灯片版式的所有信息，包括背景、颜色、字体、效果、占位符大小和位置等。每个演示文稿都包含至少一个幻灯片母版，应用最频繁。修改和使用幻灯片母版的好处是，可以对演示文稿中每一张幻灯片进行统一的样式更改，从而减少工作量，并保持前后风格一致。

设计、修改版式需要一定的美工基础，特别是后面小节所讲到的配色方案和图片布局。专业PPT制作公司一般都有专业的平面设计师。不过普通的办公室工作人员，在不太追求外观完美的情况下，也能胜任这项任务。

幻灯片母版中包括各种版式的设计，包括标题页、标题和内容页、节标题页、两栏内容页、标题和图表页等，如图6-16。在导航栏中点击鼠标右键，可以根据需要增加或删除版式。

下面我们以标题版式为例，讲解修改母版的过程。点击图6-16幻灯片母版导航栏中的标题版式，在右侧工作区中会显示母版标题版式，如图6-17。

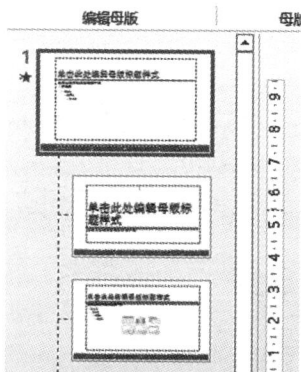

图 6 – 16　幻灯片母版导航栏

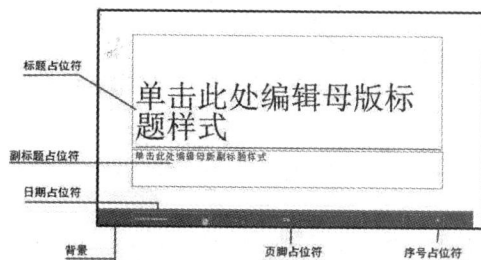

图 6 – 17　母版标题版式

点击标题占位符，设置样式为：黑体，48 号，加粗，居中显示。点击副标题占位符，设置样式为：微软雅黑，28 号，居中显示。调整标题和副标题的位置，页脚文字设为"工作汇报"，如图 6 – 18。

我们在背景上加上单位的 LOGO，如图 6 – 19，一个简单的标题版式就修改好了。

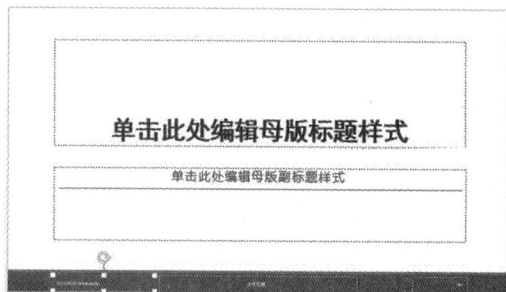

图 6 – 18　设置好标题和副标题

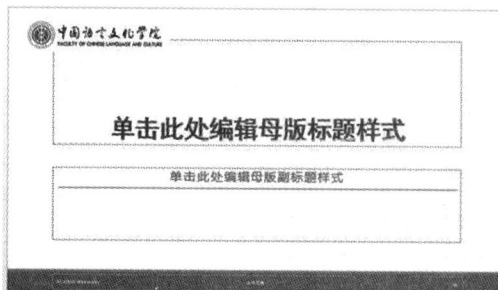

图 6 – 19　加上单位 LOGO

接下来我们修改标题内容版式，图 6 – 20 是模板中原有的旧版式。

设置标题样式为黑体，40 号字，设置一至五级文本字体为微软雅黑，字号分别为 28、26、24、18、16。页脚修改为"工作汇报"。然后在页面左上角加上单位 LOGO，右下角加上单位的图片，如图 6 – 21。

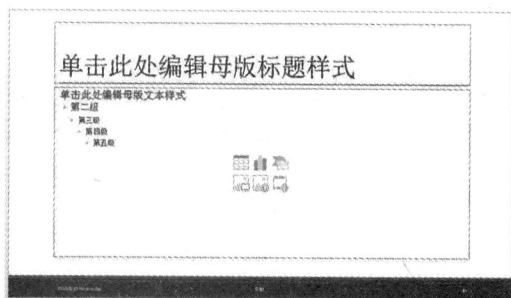

图 6 – 20　旧版式

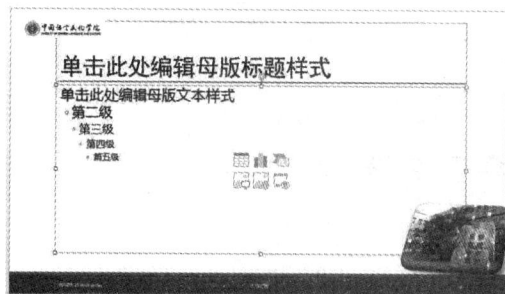

图 6 – 21　修改后的标题和内容版式

修改完毕后，切换到普通视图，就可以看到母版已经应用到当前演示文稿了。

6.3.3 配色方案

颜色是演示文稿中一种重要的元素。好的 PPT 作品，颜色应当突出主题，并且和谐协调，避免花哨或者寡淡。PowerPoint 2013 中预设了一组颜色方案，可供用户选择。

点击"设计"选项卡，打开"变体"功能组中的下拉三角形，弹出图 6 - 22 所示的窗口。

点击"颜色"子菜单，里面有十余组颜色方案可供选择，如图 6 - 23。

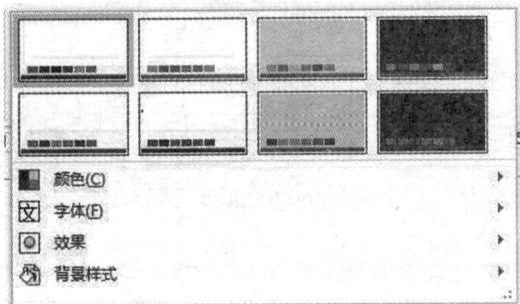

图 6 - 22　变体

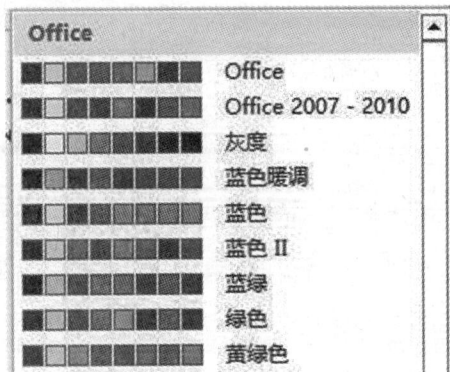

图 6 - 23　预设颜色方案

每一种方案都有 8 种颜色，分别设置背景、文本和线条、阴影、标准文本、填充、强调、强调和超链接、强调和尾随超链接的颜色。点击第四种"蓝色暖调"，演示文稿的配色也发生了相应的变化，如图 6 - 24。

如果对预设颜色方案不满意，可以自定义颜色方案，通过点击图 6 - 25 中的"自定义颜色"选项来进行设置。

弹出"新建主题颜色"窗口，如图 6 - 26。

图 6 - 24　应用配色方案

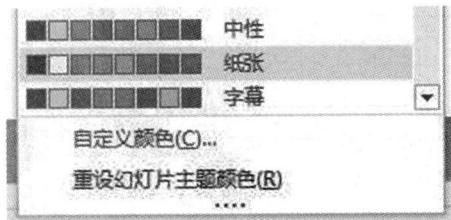

图 6 - 25　自定义颜色

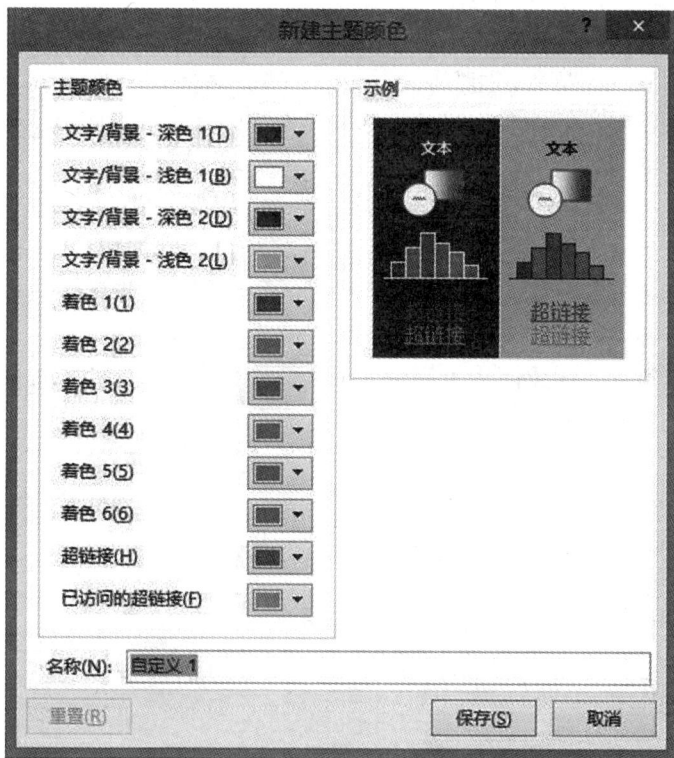

图 6-26　新建主题颜色

　　根据自己对颜色的偏好设置文字、背景等的颜色，点击"保存"就可以在配色方案中使用了。一般来说，文字和背景的颜色对比要鲜明，观众才能看清楚。尽量使用同一色系，颜色种类不要太多，以免杂乱。从互联网上也可以找到专业美工设计的很多配色方案，可借鉴使用，如图 6-27。

背景:		R6 G112 B94		背景:		R255 G255 B255
文本和线条:		R0 G0 B0		文本和线条:		R0 G0 B0
阴影:		R4 G80 B67		阴影:		R204 G133 B16
标题文本:		R255 G255 B235		标题文本:		R51 G79 B109
填充:		R233 G217 B171		填充:		R165 G3 B45
强调:		R6 G112 B94		强调:		R120 G112 B25
超链接颜色:		R7 G141 B119		超链接颜色:		R149 G60 B10
尾随超链接:		R77 G159 B155		尾随超链接:		R201 G166 B123

图 6-27　互联网配色方案

6.3.4 文字方案

文字是演示文稿中和图片、图形同等重要的元素。文字包括汉字、英文字母、阿拉伯数字、标点符号和特殊符号等。文字的主要属性有字体、字号、颜色、字形、强调、字间距、行间距等，下面我们以汉字为例，讲一下文字的设计方案。

6.3.4.1 字体

应用在演示文稿中的汉字字体主要有：黑体、微软雅黑、宋体、楷体、仿宋、行楷等。一般来说，黑体（包括微软雅黑）、宋体（包括仿宋）使用最频繁，它们能给人以权威稳重的感觉；楷体、行楷给人以轻松、活泼的感觉。效果如图6-28。

如果观众对象特殊，还可以从互联网上下载其他汉字字体。比如面向中小学生的演示文稿，可以使用迷你简少儿体等轻松活泼的文字字体，如图6-29。

字体	效果（二号字，不加粗）
黑体	工作汇报
雅黑	工作汇报
宋体	工作汇报
仿宋	工作汇报
楷体	工作汇报
行楷	工作汇报

图6-28 常用字体

迷你简少儿

图6-29 迷你简少儿字体

6.3.4.2 字号

字号指文字的大小。PowerPoint 2013默认标题为44号，一级文本32号，二级文本28号。如果演示文稿放映在投影仪屏幕上，建议字号不要小于28号。再小一点，就要使用6.1节中介绍的"局部放大"，否则，观众就看不清楚了。

6.3.4.3 字形和强调

字形的变化主要有粗体、斜体，表示强调可以加下划线、圆圈、方框等。标题和表示强调的汉字适宜使用粗体，必要时可以插入艺术字，但不能太多。各级标题结尾一般不使用标点符号。

6.3.4.4 字间距、行间距

演示文稿汉字间保持系统默认的字间距就可以了。要注意避免标点符号位于行首，或者断词（比如"工作汇报"——"工作汇"，"报"），可以适当压缩字符间距。保持正常的行间距，默认是单倍，不要显得太密。

6.3.4.5 文字数量

投影用的演示文稿文字不宜太多、太密，要注意提取要点，多用图片和图形。

6.3.4.6 文本框

文本框是具有图形特点的特殊文本，可以像图形一样添加边框，设置"填充"，还可以在版面上自由移动，不受版式的限制。

PowerPoint 2013 中预设了十几种常用的版式，包括标题、标题和内容、两栏、比较等，基本能满足需要，但相对也比较单调、死板。可以使用文本框、背景、图案、花纹等对版式进行适当的修改，这需要一定的美术基础。

6.4 图片和图形

图片（图形）是演示文稿的重要元素，好的演示文稿应当图文并茂。演示文稿中的图片可以分为两类：一类本身是内容的一部分，另一类充当背景装饰。图片插入演示文稿以后，一般都要做一定的修饰。

6.4.1 大小和裁剪

点击选定图片，激活"格式"选项卡，最右边有"大小"功能组，如图 6 – 30。

点击"高度"和"宽度"输入框旁边的小三角形按钮，可以锁定纵横比，进行图片的放大或缩小。点击"裁剪"命令按钮，可以对图片进行简单的矩形裁剪，以便截取图片的一部分。图片作背景时，可以对图片进行不规则裁剪，并羽化边缘，这需要借助 Photoshop 等专业软件。

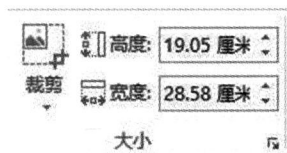

图 6 – 30 "大小"功能组

6.4.2 移动和对齐

鼠标指针悬停到图片四周的 8 个顶点，按住鼠标左键拖动，可以对图片进行任意放大或缩小（需要锁定纵横比时，应同时按住 Shift 键）。鼠标指针悬停到图片上，呈四向箭头形状时，可按住鼠标左键移动图片。按键盘上下左右光标键，可以小步移动图片。

点击"视图"选项卡，找到"显示"功能组，如图 6 – 31。勾选网格线，可在页面中显示网格，以便对齐。勾选参考线，可在页面中显示纵横两条中线，以便确定版心。如图 6 – 32。

图6 – 31 "显示"功能组

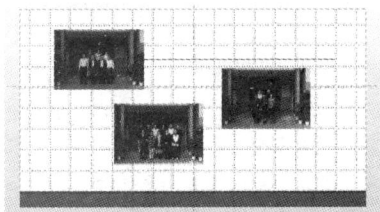

图 6 – 32 显示网格线和参考线

图片"格式"选项卡中还有"排列"功能组，如图 6 – 33。按 Ctrl + 鼠标左键，选定需要排列的多张图片，点击"对齐"命令按钮，将打开"对齐"菜单，如图 6 – 34。

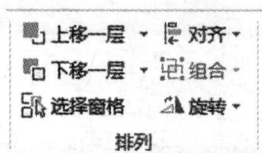

图 6-33 "排列"功能组　　　图 6-34 "对齐"菜单

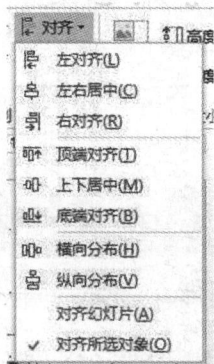

点击"对齐"菜单中的命令，可以方便、准确地进行水平、垂直方向上的图片对齐以及均匀分布。

图片就像一层层纸质照片一样放在页面上，有的图片会有一部分被另一张图片覆盖。选定图片，点击图 6-33 中"上移一层"命令按钮，可以将选定的图片上移一层显示，它就反过来遮盖别的图片。点击"下移一层"命令按钮，作用恰好反过来。在图片上点击鼠标右键，在弹出菜单中还可以执行置于顶层或置于底层的操作。

6.4.3　组合和拆分

多张图片可以组合在一起，作为一个整体对象进行移动。选定多张图片，点击图 6-33 中的"组合"命令按钮，可以组合成整体。点击一个选定的组合对象，再点击"组合"命令按钮，则会弹出"组合"的子菜单，点击"取消组合"可执行拆分操作，如图 6-35。

图 6-35 "组合"菜单

6.4.4　添加边框

图片加边框，可以使演示文稿的页面更生动灵活。PowerPoint 2013 的图片"格式"选项卡中有"图片样式"功能区，预置了一组包含边框、阴影、视角等在内的图片样式，如图 6-36。

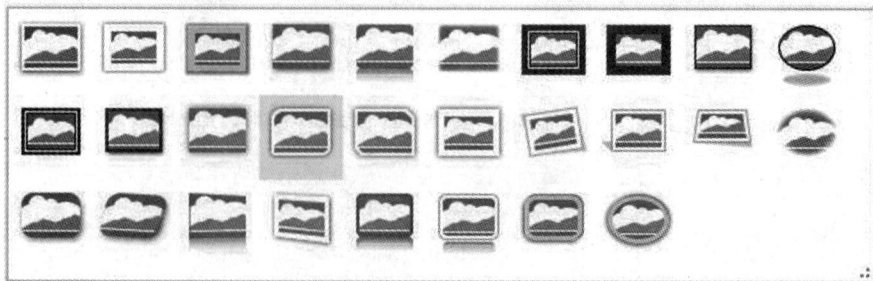

图 6-36 图片样式缩略图

点击其中一种缩略图，当前选定的图片就会应用选定的样式，如图 6 - 37。

如果对预设图片样式不满意，在"图片样式"功能组右边，还有一组手动进行边框、效果、版式设置的命令按钮，如图 6 - 38。

📝 图片边框 ▾
◧ 图片效果 ▾
▦ 图片版式 ▾

图 6 - 37　应用图片样式　　　　　　图 6 - 38　手动设置

第三方软件美图秀秀，有大量的图片边框可供选择，还可以进行拼图操作。界面简单，操作方便，建议选用。

图 6 - 39　美图秀秀软件

图 6 - 40　美图秀秀加的回形针边框

办公自动化高级教程

6.4.5 删除背景

演示文稿中的图片有时候需要突出部分内容，删除无关的背景。图片删除部分必须保持透明，以使图片融入页面背景中。PowerPoint 2013 的图片选项卡中第一个命令按钮就是"删除背景"，相关的操作我们可看第 4 章"Word 2013"的介绍。

但微软提供的删除背景功能比较简单，不能完全满足需要。这时我们需要借助 Photoshop 等第三方软件来进行操作。

图 6-41　删除背景前　　　　　　　图 6-42　删除背景后

6.4.6 变换色调

有时，图片的颜色和整个演示文稿的主题风格不协调，可以使用"图片"选项卡—"调整"功能区的一些命令按钮来调整亮度和对比度，更改冷暖色调。特别是作为背景的图片，应当与大背景色调协调，减少亮度，以免干扰文字信息。图 6-43 亮度和对比度都减少了 40%，并重新着色为蓝色。与图 6-42 相比，它显得与背景更协调。

图 6-43　变换色调

6.4.7 SmartArt 图形

6.4.7.1 插入 SmartArt 图形

PowerPoint 2013 中插入图形的操作与前文第 4 章"Word 2013"操作一样。相比之下，演示文稿中使用 SmartArt 图形的频率要高得多。可以说，SmartArt 图形仿佛就是微软公司专门为演示文稿而设计的。SmartArt 图形可以表达列表、流程、循环、层次结构、关系、

148

矩阵等多种概念，如图6-44。

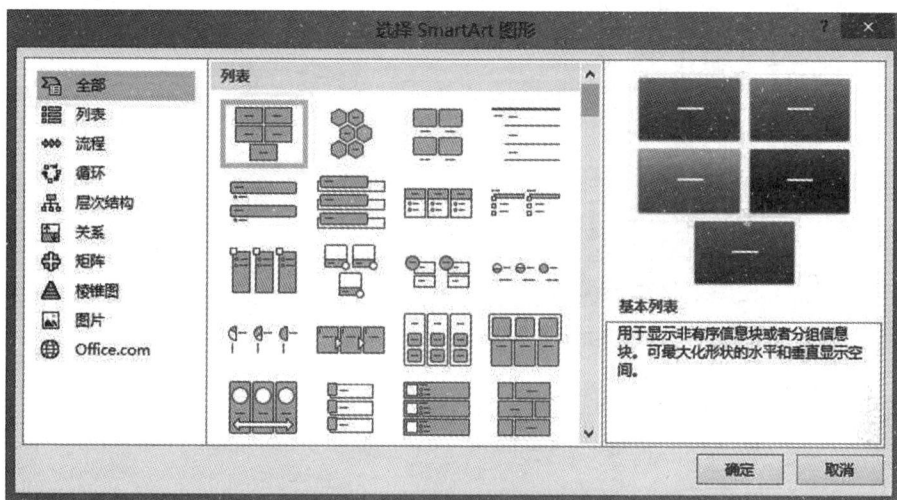

图6-44   选择SmartArt图形

在Word中用文字表述列表、层次结构等关系，在PowerPoint中要考虑尽可能用图形表达出来。图6-45使用SmartArt图形表达的效果，就比图6-46单纯用文字表述要生动清晰得多。

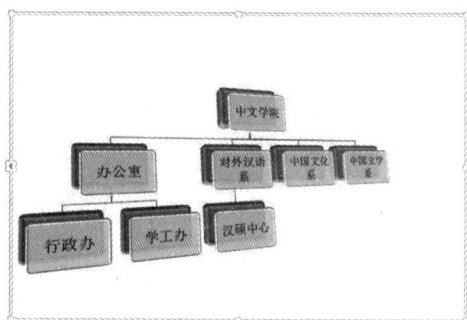

图6-45   层次结构图

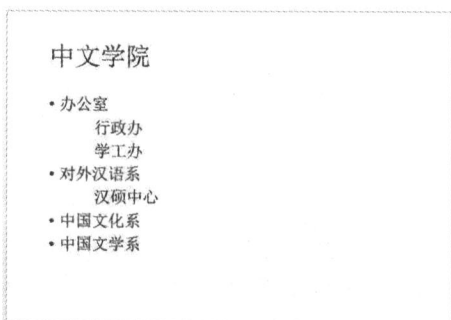

图6-46   文字表述

SmartArt图形中的文本框容量有限，字号设置太小则影响观众观看，字号设置太大容易造成SmartArt图形的变形，所以要精心提炼文本，突出关键词。

6.4.7.2   修改SmartArt图形

点击选定SmartArt图形，激活SmartArt工具选项卡，可以对图形进行修改。

图6-47是选项卡上的"创建图形"功能区。点击"添加形状"命令，可以在当前选定的节点中添加并列或者上下级节点，如图6-48。

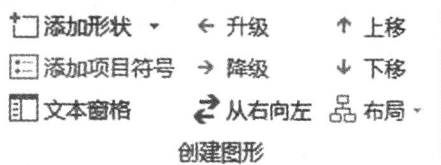

图6-47   更改文本和结构

点击"文本窗格"命令按钮，可以打开文本窗口进行编辑，如图 6 - 49。

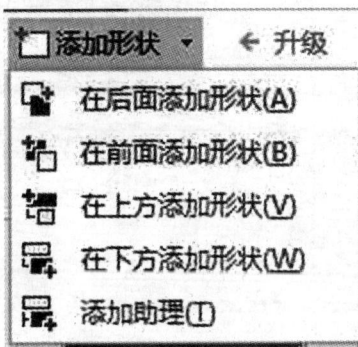

图 6 - 48   添加形状

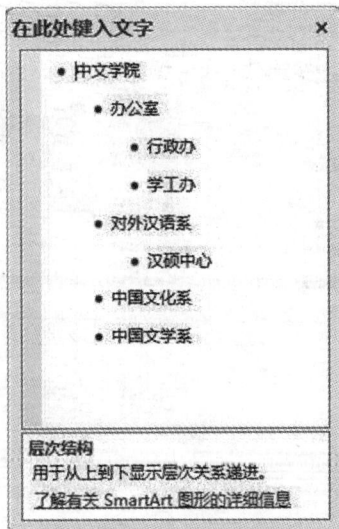

图 6 - 49   文本窗口

点击左、右、上、下 4 个移动命令，可以对选定节点进行升降和平移操作。

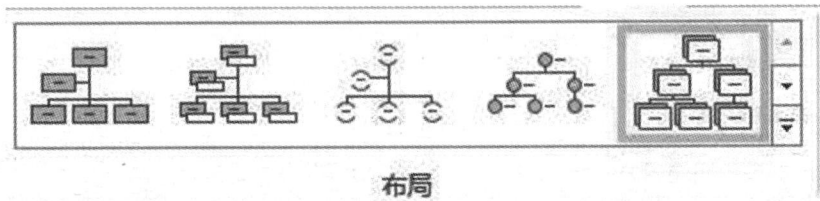

图 6 - 50   "布局"功能组

点击图 6 - 50"布局"功能组中的缩略图，可以在不修改逻辑关系的情况下，更改 SmartArt 图形的结构布局。还可以点击图 6 - 51"SmartArt 样式"功能组中的命令来修改外观样式。

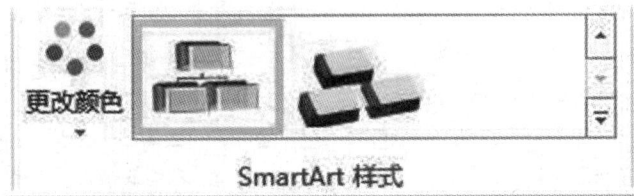

图 6 - 51   SmartArt 样式

在右侧导航窗口中，可以修改每一个子图形的形状格式，如图6-52。

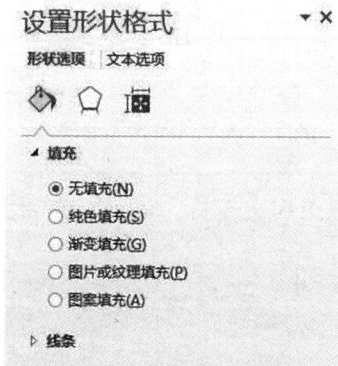

图6-52　形状格式

6.5　表格和图表

PowerPoint 2013 插入表格，套用表格样式的操作和 Word 类似，因此，本章从略。Word 文档供近距离阅读，表格可以做得很大、很细。而 PowerPoint 演示文稿主要作投影用，表格文字字号要大，不太适合用太小、太密的文字。因此，PowerPoint 中的表格要浓缩，要拆分。如果演示文稿中实在避免不了周密的表格，可以先在 Word 里排好版，用屏幕截图的形式拷贝过来。在演示时使用局部放大命令，以便观众看得清楚。

PowerPoint 2013 图表操作也跟 Word 类似，此处不赘述。

6.6　音频和视频

6.6.1　音频

图6-53　"媒体"功能组

PowerPoint 演示文稿中的音频有几种用途：一是作为演示内容的一部分，在一些页面播放；二是作为背景音乐，从头贯穿到尾；三是作为动画音效。

"插入"选项卡上最右边有"媒体"功能组，如图6-53。

点击"音频"命令按钮，可以在当前页面插入联机音频、本地音频或录音。插入音频在页面上以喇叭图标显示，鼠标悬停时下面出现一排控制按钮，可以控制音频播放、暂停、快进、快退、音量等，如图6-54。

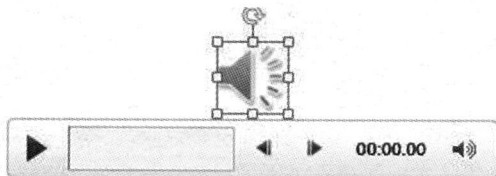

图6-54　音频文件

选定音频文件图标，激活"播放"选项卡，功能区中有几个功能组，如图6－55。

图6－55　"播放"选项卡

点击"剪裁音频"命令，弹出剪裁窗口，可以对音频进行剪裁，如图6－56。

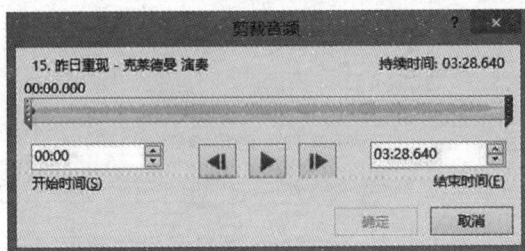

图6－56　"剪裁音频"窗口

在"淡入淡出"窗口可以设置音频淡入或淡出的时间。

"音频"选项功能组可以设置音频播放的开始方式：单击时播放或自动播放。勾选"跨幻灯片播放"，音频会跨越幻灯片直到播放完毕。勾选"循环播放"，音频会反复播放，直到停止演示。勾选"放映时隐藏"，隐藏喇叭图标。

在"音频样式"功能组点击"在后台播放"，则自动勾选"音频"选项中的全部选项。点击"无样式"，则只是单击时播放。

6.6.2　视频

插入视频和插入音频操作类似。视频插入以后，在PPT页面上显示为一个画面，可以像图片一样设置大小。底部是工具条控制播放，如图6－57。

图6－57　插入的视频

"视频播放"选项卡上的功能组和音频类似，如图6-58。

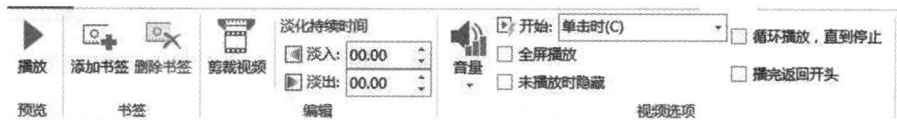

图6-58　"视频播放"选项卡

6.7　动画方案

PowerPoint 2013 的动画分为幻灯片切换动画和页内元素动画两种。演示文稿添加适当的动画效果，可以使演示者的演讲锦上添花。但是动画一定要跟演示匹配协调，量也不宜过多、过滥，否则效果会适得其反。

6.7.1　幻灯片切换动画

点击"切换"选项卡，显示切换幻灯片功能区，如图6-59。

图6-59　"切换"功能区

从图6-60中选择一种切换方式，可以为当前幻灯片设置切换动画。部分切换动画可以修改效果，如图6-61。

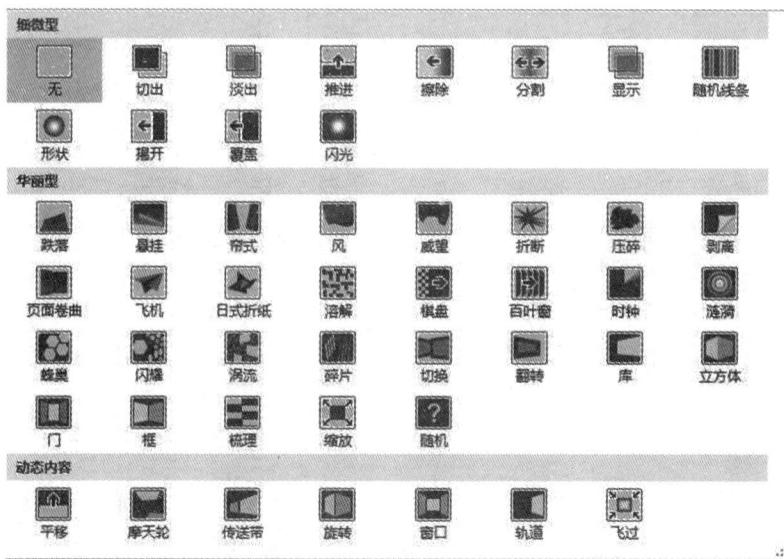

图6-60　切换动画缩略图

图6-61　效果

在"计时"功能组中可以进行以下操作。

"声音"：选择伴随动画的音效，如图 6 - 62。

"持续时间"：手动设置动画的持续时间。

"全部应用"：点击该按钮，切换动画将应用到演示文稿内的所有幻灯片。

"换片方式"：可以选择鼠标单击换片或持续一段时间自动换片。

切换动画设置完成后，点击最左边的预览按钮可以预览效果。

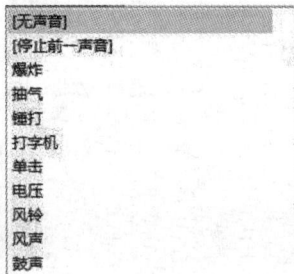

图 6 - 62　选择音效

6.7.2　页内元素动画

点击"动画"选项卡，显示功能区，如图 6 - 63。

图 6 - 63　"动画"功能区

选定页面中的元素，比如文字或图片，点击动画缩略图，可以直接添加动画。元素动画分为进入、强调、退出三种，如图 6 - 64、图 6 - 65、图 6 - 66。

点击其中的一种缩略图，即可添加。也可以通过"高级动画"功能组中的"添加动画"按钮来添加，如图 6 - 67。

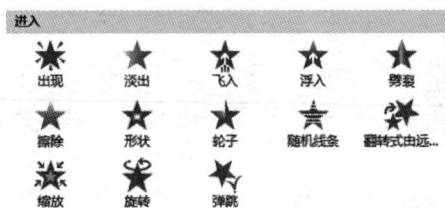

图 6 - 64　进入动画

图 6 - 65　强调动画

图 6 - 66　退出动画

图 6 - 67　"高级动画"功能组

点击图 6-63"动画"功能组右下角的箭头按钮，可以打开效果设置窗口，如图 6-68、图 6-69。可以为动画配置声音，计时，设置动画启动的条件。

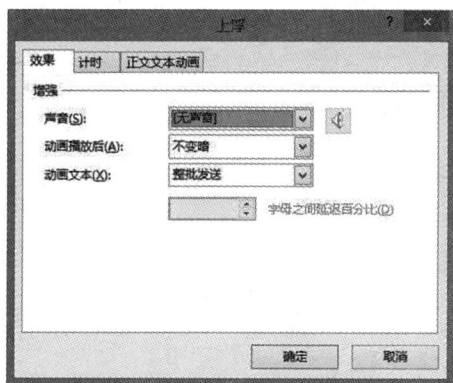

图 6-68　效果设置

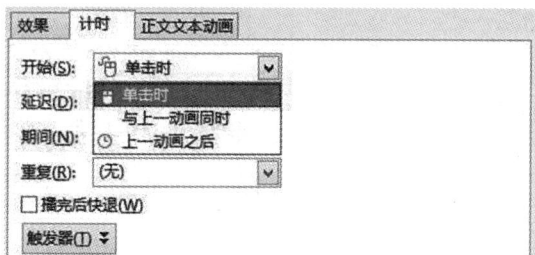

图 6-69　计时设置

点击图 6-67 中的"动画窗格"命令，可以在屏幕右侧打开动画窗格导航栏，如图 6-70。

在动画窗格中，可以清楚地看到页面所有元素的动画。鼠标拖动其中一个动画，可以上下调整动画的次序。

实例：单页多图动画。

有些演示文稿需要展示大量图片。如果一页放一张图片，效果太单调，缺乏动感，也使演示文稿过长。一页放多张图片，图片又必须缩得很小，影响观看，否则就会互相遮盖。这种情况下，使用图片路径移动和放大、缩小图片来制作动画，可以使一张页面容纳多张图片，又不影响观看。

基本思路是：先在屏幕上排列对齐一组尺寸较大图片（按演示顺序重叠在一起，看起来像一张图片），每次单击鼠标左键，上一层图片缩小并移动到页面的某个位置。

首先在页面上插入六张图片，如图 6-71。

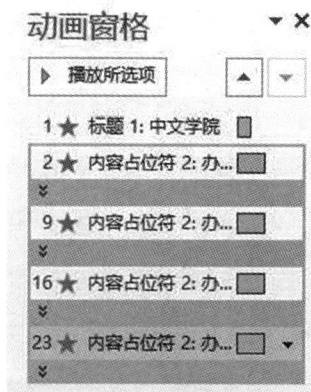

图 6-70　动画窗格

图 6-71　六张图片

把这六张图片按演示顺序重叠在一起，并调整到合适大小，如图6－72。

图6－72　重叠图片

我们以最上层一张图片为例，介绍动画制作过程。点击"图片格式"选项卡"排列"功能组中的"选择窗格"命令按钮，如图6－73。

屏幕右侧弹出"选择"窗格，如图6－74。

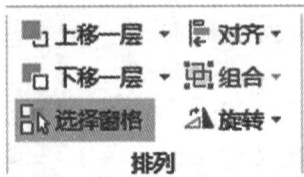

图6－73　"排列"功能组　　图6－74　"选择"窗格

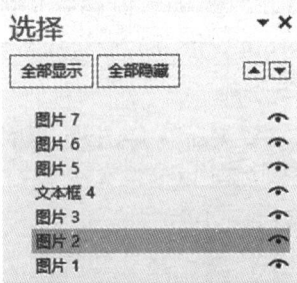

"选择"窗格中显示了当前幻灯片页面中的所有元素，其中有六张图片。为了方便操作，我们在图片名称上连续单击两次鼠标左键，重命名为有意义的名称，如图6－75。

点击"全部隐藏"命令，隐藏全部页面元素，如图6－76。

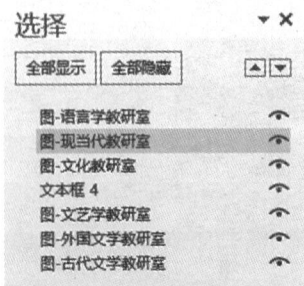

图6－75　重命名图片　　　　图6－76　隐藏元素

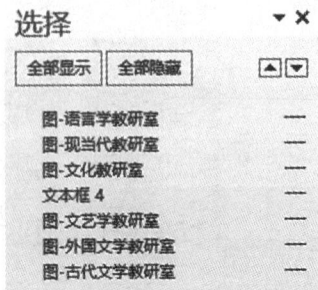

再单击"图—语言学教研室"和"文本框4"两项，使它们在页面上显示出来，这样可以排除其他图片的干扰，如图6-77、图6-78。

图6-77　显示文本和一张图片

图6-78　显示文本和一张图片

回到页面上，选定"图—语言学教研室"，给图片添加动作路径，如图6-79。

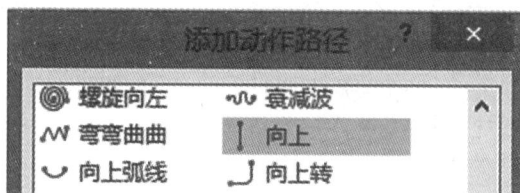

图6-79　添加动作路径

这时页面上就会出现一条向上的虚线路径，路径终点是图片的虚影。打开参考线，把终点图片虚影调整至左上角位置，如图6-80。这时图片虚影会超出页面范围。

图6-80　调整动画终点位置

再次选定起始图片，再为图片添加"强调"—"放大/缩小"，打开"效果"选项，设置缩小比例为"自定义"—"40%"，如图 6 - 81。

　　设置开始方式为"与上一动画同时"，如图 6 - 82。

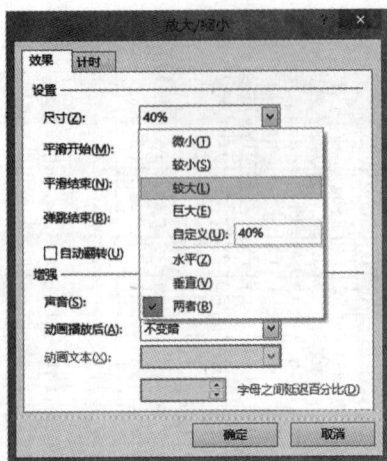

图 6 - 81　设置缩小尺寸

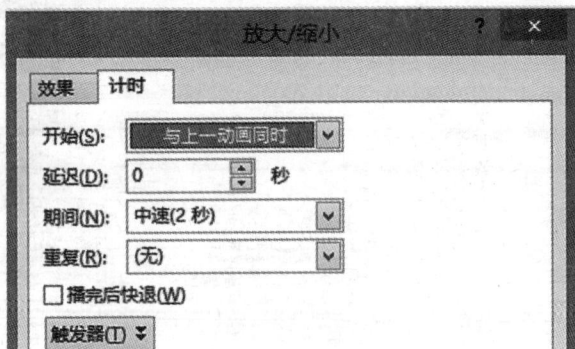

图 6 - 82　设置开始方式

　　预览效果，仔细调节路径终点的缩小比例，第一张图片的动画就做好了。其他五张图片动画的制作可以使用 PowerPoint 2013 新增的"动画刷"工具，如图 6 - 83。

　　选定已做好动画效果的第一张图片，点击"动画刷"按钮，鼠标指针就会呈现刷子形状。在选择窗格中隐藏已做好动画的图片，显示未做好动画的一张新图片。让新图片在页面上显示出来，如图 6 - 84、图 6 - 85。

图 6 - 83　动画刷

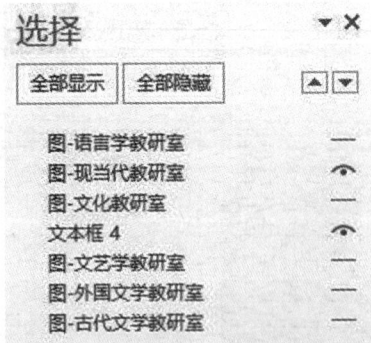

图 6 - 84　在"选择"窗格中显示新图片

图 6 - 85　显示新图片

　　再用鼠标在新图片上点击一下，新图片就复制了第一张图片的动画动作，只不过要把动作路径终点调整为上中即可。接下来其他图片的路径终点分别设置为上右、下左、下中、下右，这样，全部图片动画就做好了。

每次单击鼠标，就有一张新图片显示出来，同时旧图片缩小向边上移动。整体动画动感强烈，效果生动，如果给图片加上6.4.4节中提到的回形针边框，效果会更好。图片动画全部播放完毕后，就回到了图6-71所示的样子。

6.8 放映和导出

演示文稿编辑完毕后，应当交由演示者反复排练。排练的目的主要有三个：一是检查内容是否正确，包括重要的标题、文字、数据、标点符号；二是检查演示文稿是否突出了演讲内容的主要观点；三是时间是否匹配。

演示文稿的播放，有时由演示者自行操作，有时由第三者操作。演示者自行操作时，幻灯片中的鼠标单击动画不宜过多，以免打乱演示者的演说思路。第三者操作时，事先要熟悉演示者的演说内容，才能更好地配合播放。为了避免中场出现故障而手忙脚乱，事先要将演示文稿复制到会议室电脑中，并全部检查播放一遍。

6.8.1 放映

点击"幻灯片放映"选项卡，显示功能区，如图6-86。

图6-86 "幻灯片放映"功能区

点击"从头开始"命令按钮，或者按快捷键F5，将从头放映演示文稿。

点击"从当前幻灯片开始"命令按钮，或点击屏幕右下角放映视图，将从当前幻灯片开始全屏放映演示文稿。

点击"自定义幻灯片放映"，弹出设置窗口，如图6-87。可以勾选需要放映的幻灯片添加到右边自定义区域，未勾选的幻灯片将不会播放出来。

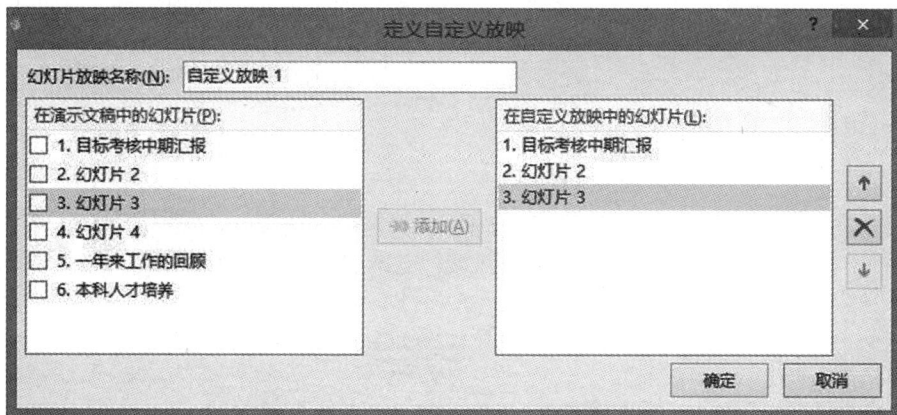

图6-87 定义自定义放映

点击"设置幻灯片放映"命令按钮，弹出窗口，如图 6-88，可以设置放映方式。

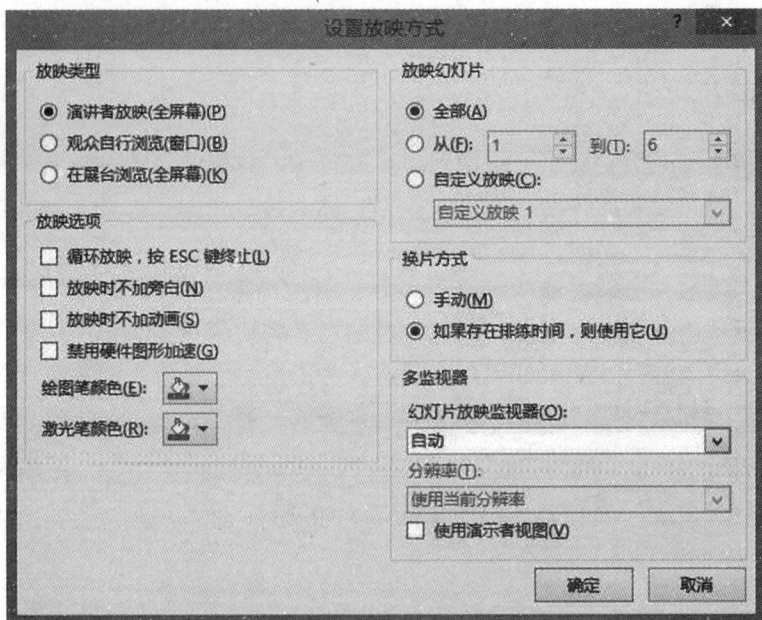

图 6-88　设置放映方式

点击"隐藏幻灯片"命令按钮，则当前幻灯片在放映时将被隐藏，但被编辑时正常显示。

点击"录制幻灯片演示"命令按钮，则可以录制旁白、笔迹，记录播放时间，以便让幻灯片自行演示。推荐使用第三方软件如 Audition 来录制旁白。

6.8.2　打包导出

把演示文稿复制到其他电脑上，使用 PowerPoint 播放时，要注意兼容性。一是软件版本原因，如果播放电脑的 PowerPoint 版本低于编辑的版本时，事先要安装支持包，否则可能打不开演示文稿或者造成其他异常；二是字体兼容性，演示文稿如果使用了一些不常见的字体，应当打开"文件"—"选项"—"保存菜单"，勾选"将字体嵌入文件"，如图 6-89。

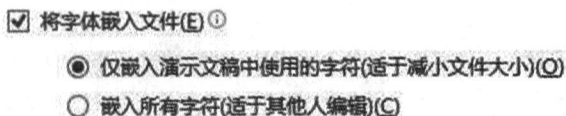

图 6-89　保存选项

在没有安装 PowerPoint 的电脑上播放演示文稿时，需要将演示文稿打包或者录制为视频。

点击"文件"—"导出"—"创建视频",将打开设置窗口,如图 6 – 90。在选项中可以设置视频的质量,质量越好,文件越大。

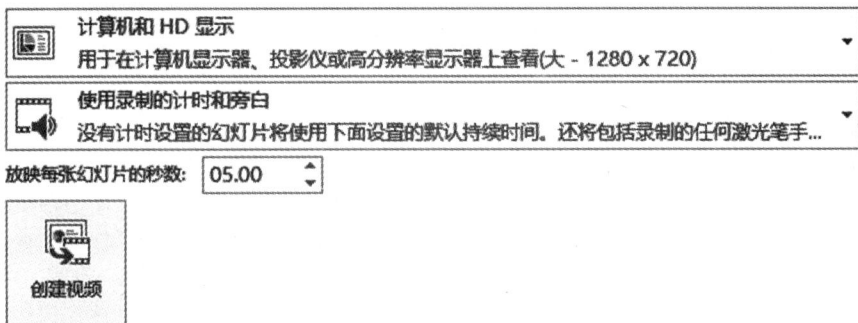

图 6 – 90　创建视频

设置完毕后,点击"创建视频"按钮,PowerPoint 将输出 mp4 或 wmv 格式的视频。

点击"开始"—"导出"—"将演示文稿打包成 CD",弹出设置窗口,如图 6 – 91。

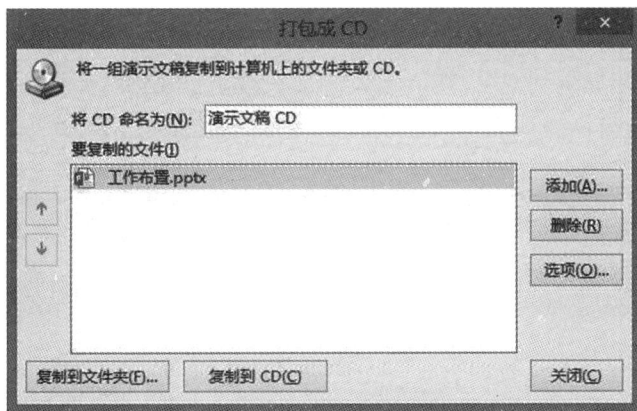

图 6 – 91　打包窗口

可以将打包文件复制到文件夹或者刻录到 CD 光碟中。

6.9　思考和操作

（1）从网络上下载一个体育运动主题的模板，加入本校的 LOGO 信息，并进行适当的修改。

（2）设计一个竞聘演说的 PPT 文稿。

第7章

网络办公

学习重点：了解网络常见术语，掌握维护网站的方法，能搜索和下载网络资源。

7.1　网络基础知识

7.1.1　互联网、万维网、局域网和以太网

互联网（Internet）又称英特网、因特网，是全球各种网络联结在一起而形成的国际网络。互联网起源于 1969 年美国军方的阿帕奇网络，经过几十年的发展，已经深入影响了人类生活的方方面面。

万维网（WWW）是基于超文本链接而形成的全球网络，是互联网提供的一种服务。例如，我们常访问的新浪网 www. sina. com。

局域网（Local Area Network）是某一区域内计算机相互联结而形成的局部网络，如图书馆网络和实验室网络。互联网可以看作是全球众多局域网的集合。

以太网（Ethernet）是最常见的一种局域网协议标准。根据网速，以太网又可以分为百兆以太网、千兆以太网和万兆以太网。

7.1.2　网络技术术语

7.1.2.1　IP 地址

IP 地址是计算机在网络内标明身份，区别于其他计算机的数字凭证，简称 IP。IP 地址由 4 组 0 ~ 255 的十进制整数构成，每组之间用英文点号隔开，如 "192. 168. 1. 1"，"202. 116. 192. 33"。这种表示方法由第四代互联网协议规定，简称 IPv4。IPv4 最多可以表达 $2^{32}-1$ 个不同的 IP 地址。随着国际互联网的飞速发展，这些 IP 地址很快就不够用了。为此，国际组织又制定了新的标准，简称 IPv6。IPv6 用 128 位数字来表示 IP 地址，最多可以表达 2^{128} 个。地球上的每一粒沙子几乎都可拥有一个 IP 地址，足够使用。当前互联网正处于 IPv4 向 IPv6 的过渡期，硬件和软件都支持两套标准。打开 Windows 8 操作系统的控制面板，查看网络适配器属性，就可以看到有两套协议，如图 7 - 1。

根据网络的不同，IP 地址又分为局域网 IP 地址和互联网 IP 地址。我们在本地连接属性中查看到的一般都是局域网 IP 地址，如图 7 - 2。

第7章 网络办公

163

图 7-1　以太网属性　　　　　　图 7-2　查看网络连接信息

查看本机的互联网 IP 可访问一些工具网站，比如 http：//www.ip138.com/网站可显示访问者的互联网 IP，如图 7-3。

www.ip138.com IP查询(搜索IP地址的地理位置)
您的IP是：[58.62.42.48] 来自：广东省广州市 电信

图 7-3　互联网 IP

7.1.2.2　DHCP、子网掩码、网关

DHCP 是 Dynamic Host Configuration Protocol（动态主机配置协议）的缩写，负责给局域网内的计算机自动分配 IP 地址。提供 DHCP 功能的计算机或路由器叫作 DHCP 服务器。

子网掩码是一种用来指明一个 IP 地址的哪些位标识的是主机所在的子网以及哪些位标识的是主机的位掩码。我们经常用到的是 C 类子网掩码，都是"255.255.255.0"。

网关是连接局域网和互联网的设备，一般是路由器。网关、DHCP 服务器和网络中的其他计算机一样，都分配有 IP 地址。

7.1.2.3　域名和域名解析

IP 地址是一串数字，不方便理解和记忆。域名（Domain Name）是对应 IP 地址的有意义的字符。域名由主体和后缀两部分构成，中间用英文圆点隔开，如百度公司域名"baidu.com"。常见域名后缀的含义可见表 7-1：

表 7-1　常见域名后缀含义

后缀	含义	后缀	含义	后缀	含义	后缀	含义	后缀	含义
.com	商业组织	.org	非营利组织	.gov	政府	.edu	教研机构	.net	网络服务商
.cn	中国	.us	美国	.uk	英国	.jp	日本	.hk	中国香港

域名和 IP 地址绑定起来叫作域名注册。国际域名由设在美国的互联网名称与数字地

址分配机构（ICANN）负责，国内域名由中国互联网络管理中心（CNNIC）负责。注册域名必须付费且有时间限制，有很多机构可以代理注册域名，如图7－4。

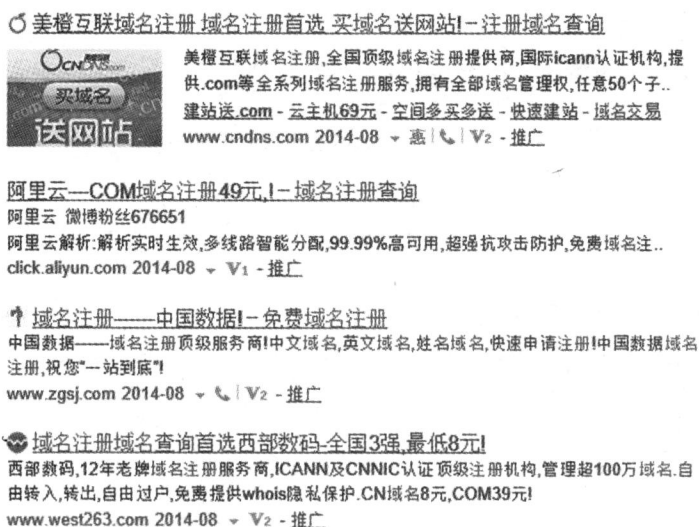

图7－4　代理注册域名搜索结果

把域名转换为所对应的 IP 地址叫作域名解析。专门用于域名解析的电脑叫作 DNS 服务器。互联网中有非常多大大小小的 DNS 服务器。配置电脑连接互联网时，需要正确设置 DNS 服务器地址，如图7－2。否则会影响互联网服务。

7.1.2.4　网络端口和 URL

网络端口是计算机与外部通讯的一种虚拟出口，打个比方说像计算机中的一扇扇小门。根据网络协议的规定，一台计算机有 65 535 个网络端口。常用软件端口如表7－2。

表7－2　常用软件端口

端口	21	25	80	110
用途	FTP 上传下载文件	SMTP 发送电子邮件	HTTP 网页访问	POP3 接收电子邮件

通过路由器或者某些网络管理软件，可以禁止计算机的一些端口与外界通讯，从而达到禁止使用某些网络软件的目的。

URL 是 Uniform Resource Locator（统一资源定位器）的缩写。URL 是网址的表示方法，例如"http：//www.sohu.com/photo/：80"。最左边的"http：//"是资源类型，表示万维网超文本链接协议，此外还有"ftp：//"（下载服务），"mms：//"（微软流媒体服务）等。中间的"www.sohu.com"是服务器域名，"/photo/"是资源路径，"：80"是服务器端口号。服务器端口号通常可以省略。

7.1.2.5 网络服务器

只有域名和 IP 地址，还不能让公司的网站内容被互联网用户访问到，必须把这些内容放在互联网中的电脑上。网络服务器就是在互联网中存放内容，专门让其他人访问的计算机。根据用途不同，可以分为万维网服务器、视频服务器、数据库服务器和 DNS 服务器等。

公司建设网站，依据网站的用途和公司的经济实力，可以购买专用的服务器电脑，将网站代码存放在服务器硬盘上，并把服务器交给互联网接入服务商（比如中国电信）的机房中接入互联网，按期支付费用，称作托管。托管服务器专机专用，既稳定，访问速度也快。如果公司经济实力较弱，也可以购买网络服务器硬盘中一定容量的空间用于存放网站代码。此时网络服务器硬盘中还会有其他公司的网站内容。大家共享服务器，费用较为低廉。

7.1.2.6 浏览器

浏览器是用于解释显示网页代码的软件。最主流的 Windows 系统浏览器就是微软的 Internet Explorer，简称 IE。此外常用的还有谷歌 Chrome 浏览器、火狐 Firefox 浏览器、QQ 浏览器、360 浏览器和遨游浏览器等，各有各的特点和优势。

图 7-5 IE9 浏览器   图 7-6 Chrome 浏览器

7.1.3 门户网站和搜索引擎

门户网站指通向某类综合性互联网信息资源并提供有关信息服务的应用系统。门户网站按行业和内容分类，包括综合、搜索、新闻、电子商务、视频、音乐和图片等。门户网站聚合了同类行业信息，通过门户网站，用户可以方便地找到自己需要的资源。

常见综合门户网站有新浪（http：//www.sina.com）、搜狐（http：//www.sohu.com）、腾讯（http：//www.qq.com）。

搜索引擎是一类特殊的门户网站，提供搜索网页、新闻、图片、音频和视频等资源入口。常见搜索引擎有谷歌（http：//www.google.com）、雅虎（http：//www.yahoo.com）、百度（http：//www.baidu.com）。

常见政府门户网站有中国政府网（http：//www.gov.cn）、中国人大网（http：//www.npc.gov.cn）、中国政协网（http：//www.cppcc.gov.cn）。

常见视频门户网站有优酷（http：//www.youku.com）、土豆（http：//www.tudou.com）、酷6（http：//www.ku6.com）。

7.1.4 云服务

云（Cloud）指的是硬件和用户没有物理连接，像云彩一样漂浮在网络之中。云服务就是通过互联网提供硬件和软件的各种服务，它像云彩一样无处不在，不必拥有但又可以方便使用。目前，云服务主要包括云计算和云存储两类。云计算是利用互联网上数以亿计的电脑提供计算服务；云存储是在互联网中提供存储空间。

常见的云存储品牌有微软 OneDrive、谷歌云、百度云、腾讯云和华为网盘等。

7.1.5 电子商务

电子商务是指通过互联网平台进行商品的交易。电子商务中的货币主要通过网络支付，常用网络支付工具有阿里支付宝、腾讯财付通。常见电子商务门户网站有淘宝网、天猫、京东商城等。

图 7 - 7　淘宝网

图 7 - 8　京东商城

7.2　网络设备

网络设备是指连接网络的物理硬件，包括路由器、交换机、集线器、光纤信号转换器、防火墙、网桥、网关、中继器、网线和网卡等部件。路由器是最常见的网络设备，包括有线和无线两种。

下面我们以图 7 - 9 中的 TP - LINK WR842N 为例介绍路由器的连接方法。

将路由器附带的电源变压器插头插入电源插孔，接通电源。将互联网接入商提供的 RJ45 网线插入 WAN 口，将连接电脑网卡的 RJ45 网线插入任意一个 LAN 口。如果是无线网卡，则在 Windows 系统网络配置面板中寻找连接路由器无线信号接入点，接入点初始名称默认是路由器的产品型号和编号，如图 7 - 10。

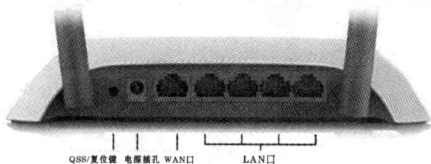

图 7 - 9　TP - LINK WR842N 路由器接口

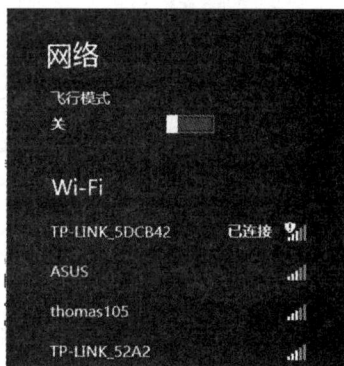

图 7 - 10　连接无线路由器

连接完毕后，在电脑浏览器中输入路由器的默认 IP 地址（一般是 192.168.1.1，可参看路由器说明书）并回车，弹出路由器登录窗口，如图 7 - 11。

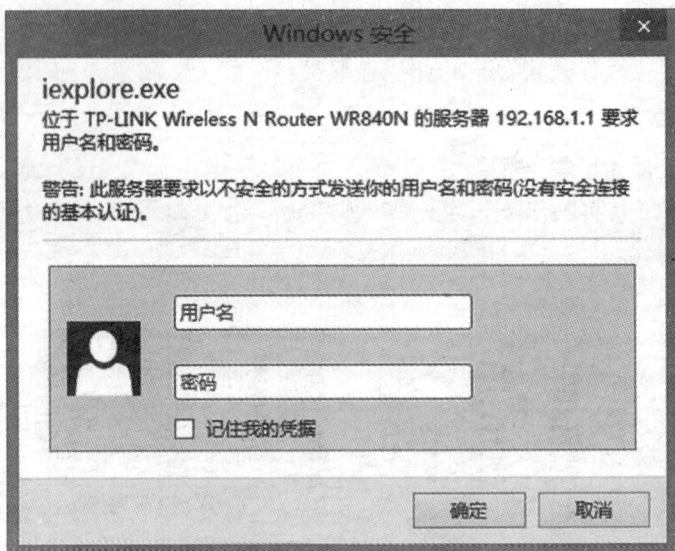

图 7 – 11　路由器登录窗口

输入初始用户名和密码（路由器一般初始用户名和密码都是 admin，可参看说明书），
进入路由器设置界面。如图 7 – 12，网页左边是操作菜单，右边是操作窗口。

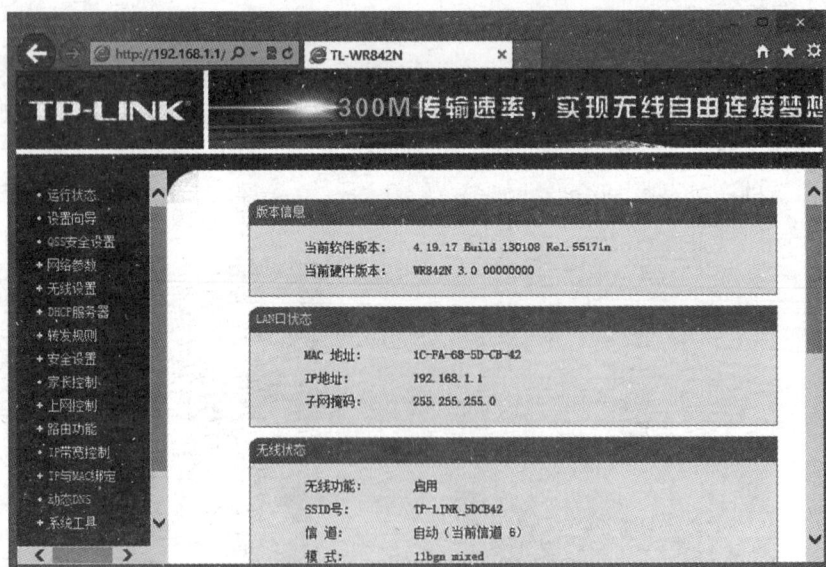

图 7 – 12　路由器设置界面

点击左边菜单栏中的"设置向导"开始设置，首先设置上网方式为"自动"，如
图 7 – 13。

点击"下一步"，等待路由器分析上网方式后，弹出无线设置窗口，如图 7 – 14。

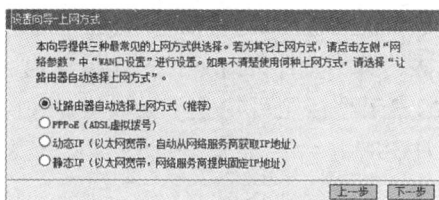

图 7 - 13　设置上网方式

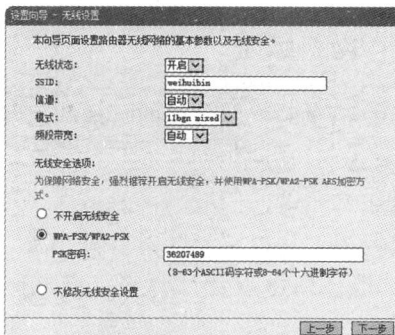

图 7 - 14　无线设置

　　修改 SSID（无线接入点名称），设置无线接入点连接密码，然后点击"下一步"，出现"重启"提示，如图 7 - 15。

　　点击"重启"按钮，等待路由器重启，如图 7 - 16。

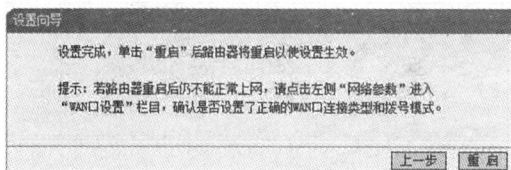

图 7 - 15　重启提示

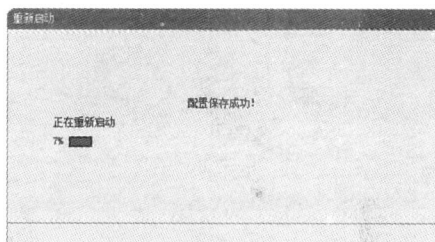

图 7 - 16　等待重启

　　重启完毕后，原来浏览器中打开的路由器设置界面出现了图 7 - 17 中的提示。这是因为无线接入点 SSID 的名称发生了变化，导致电脑断开了无线连接。点击右下角无线连接图标，重新找到新的 SSID "weihuibin"，如图 7 - 18。

　　点击新的 SSID，输入图 7 - 14 中我们设置的 PSK 密码，即可重新连接。路由器设置出现问题时，可按住图 7 - 9 中所示的复位键 10 秒钟，全部指示灯闪烁，路由器恢复出厂设置。或者在路由器设置界面菜单中点击"恢复出厂设置"，如图 7 - 19。

图 7 - 17　提示

图 7 - 18　找到新的 SSID

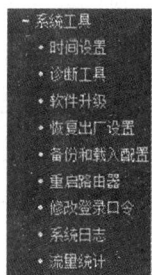

图 7 - 19　"系统工具"菜单

7.3　网络组建

当今是信息时代，公司的管理和运营离不开信息的获取和处理。公司内部需要组建局域网来运行办公自动化和其他业务系统，也需要连接互联网来保持和外界的沟通。

组建公司内部的局域网（互联网）时，楼栋之间一般用光纤连接。光纤需埋入地下管道，在每栋楼底层设置光纤信号转换器。楼栋的若干个楼层可建立子局域网，用路由器和RJ45网线连接到每一台计算机。局域网中一般还有几台性能较好的计算机作为系统服务器。

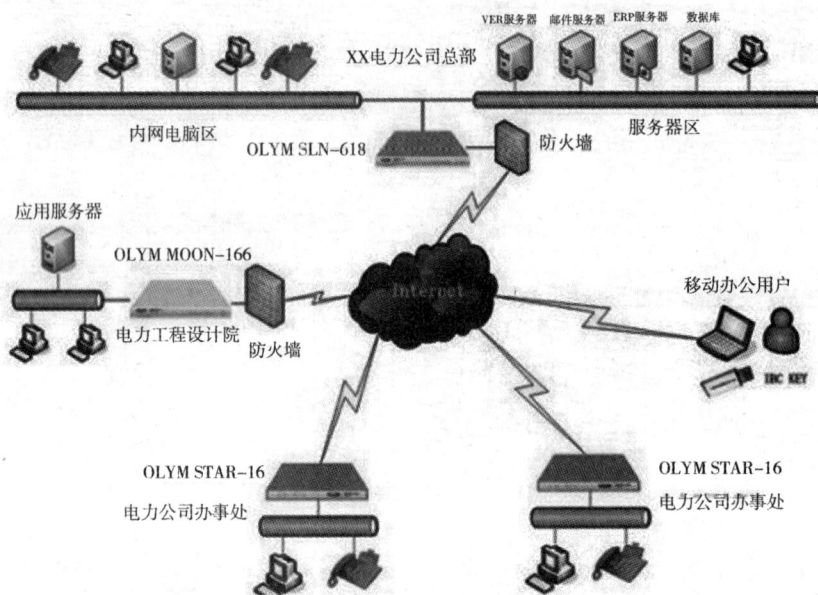

图 7 - 20　某电力公司网络拓扑图

接入互联网还需要向服务商购买服务。我国比较普遍的互联网接入商有中国电信、中国联通、中国移动和中国教育科研网等。接入的方式有光纤专线、DDN 和 ADSL 等，可以根据公司的需要和成本选择不同带宽的接入方式。

组网的成本包括网络硬件费用、环境改造费用（如购买空调和不间断电源）、施工费用和管理维护费用。

7.4　网站建设与维护

7.4.1　网站建设流程

建设门户网站是宣传公司品牌、提高公司知名度的有效方法。公司一般聘请专业人员设计开发门户网站，不需要办公室人员亲自动手。但是，为了跟专业人员更好地交流，准确地传达网站建设需求，办公室人员需要对网站建设的流程有所了解。

网站建设的流程一般分为五个阶段，如图7-21所示。

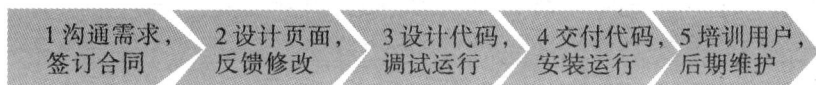

1 沟通需求，签订合同　2 设计页面，反馈修改　3 设计代码，调试运行　4 交付代码，安装运行　5 培训用户，后期维护

图7-21　网站建设流程

第一个阶段，办公室工作人员应当与专业人员充分交流，使其深入了解公司建设网站的主要目的、网站的功能、栏目设置、色调和整体风格。当前主流网站一般分前后台，使用JSP、PHP和ASP. NET等动态语言，用Dreamweaver软件编写代码。全Flash网站开发成本较为昂贵。双方洽谈完毕后一般要签订合同，并给付定金。

第二个阶段，专业人员根据用户需求设计网站的页面效果。一般用Photoshop软件设计效果图片，并反馈给用户。办公室人员应当充分征集单位主管领导对页面的意见，并反馈给开发者。

第三个阶段，专业人员根据用户反馈的页面设计意见进行修改，并正式开始编写代码，然后邀请用户调试运行。

第四个阶段，代码调试运行完毕，用户满意后，开发者向用户提交正式代码，并帮助安装运行。用户应当从后台登录网站，填充完善网站内容。

第五个阶段，开发者应当对用户进行必要的培训，使用户熟悉网站的日常维护方法。开发者还需要定期维护网站代码，或根据用户需要进行适当的修改。此时应当付清合同余款。

7.4.2　网站代码上传

网站代码编写调试完毕后，需要将代码上传到远程网站服务器空间中，网站才能运行。这里我们介绍使用FTP软件上传和下载代码的操作。

CuteFTP是最常用的FTP传输软件。打开CuteFTP以后，在顶部输入框中分别填入服务器地址、用户名和密码，如图7-22。也可以把常用的FTP设置保存为站点。

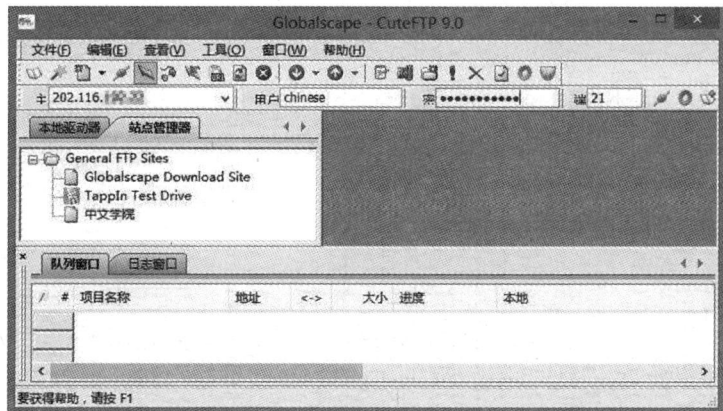

图7-22　CuteFTP界面

点击右上方的连接图标 ，软件开始连接远程 FTP 服务器。连接过程中，右边窗口下方会出现各种提示。连接成功后，左边窗口切换为本地驱动器窗口，右边上方窗口切换为远程 FTP 空间，如图 7 – 23。

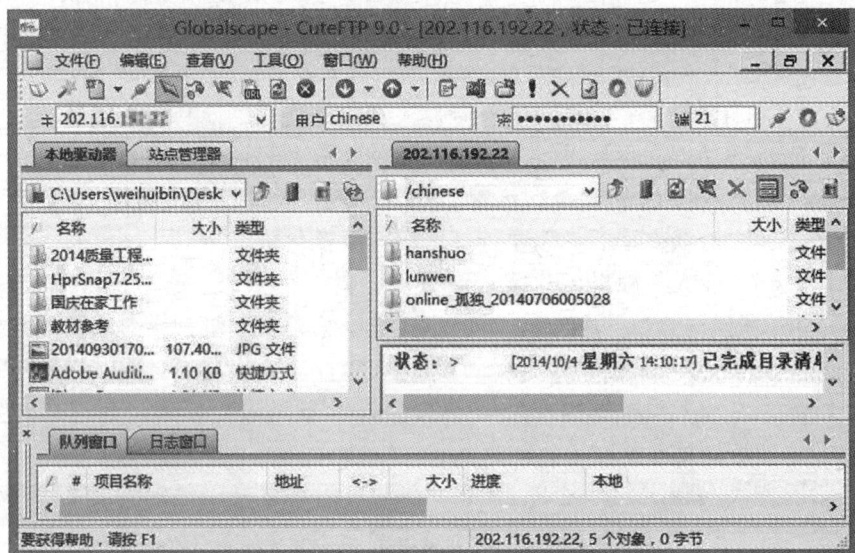

图 7 – 23　CuteFTP 已连接 FTP 服务器

鼠标左键单击本地驱动器中的文件，向右上方远程空间窗口拖动，即是上传文件。反过来，左键单击远程空间窗口中的文件，拖动到本地驱动器窗口，就是下载。这时，在最下方的队列窗口中会出现正在上传或下载的任务队列，如图 7 – 24。

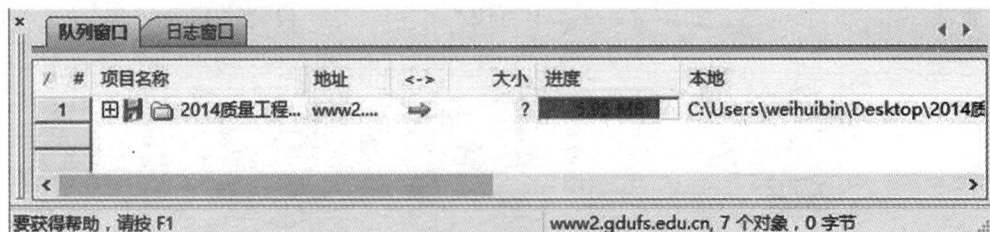

图 7 – 24　任务队列

7.4.3　网站维护

公司综合性的门户网站一般有前台和后台，前台是给访问者浏览的，后台是给用户维护用的。通过前台网页的网站管理链接，或者直接在浏览器中输入后台主页的网址，可进入网站管理登录窗口，如图 7 – 25。

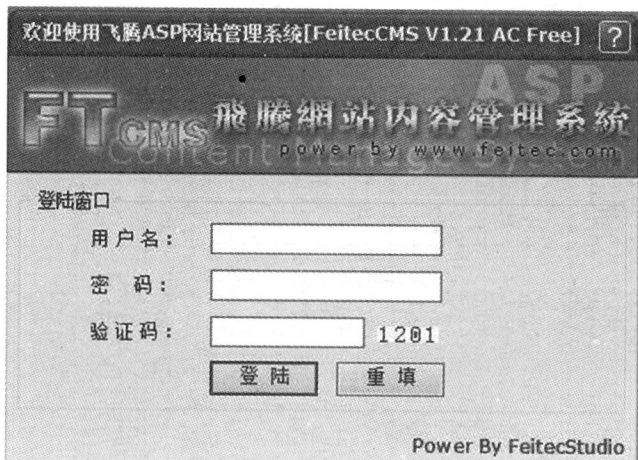

图 7 – 25   后台登录窗口

输入用户名、密码和验证码，登录后进入管理页面，如图 7 – 26。

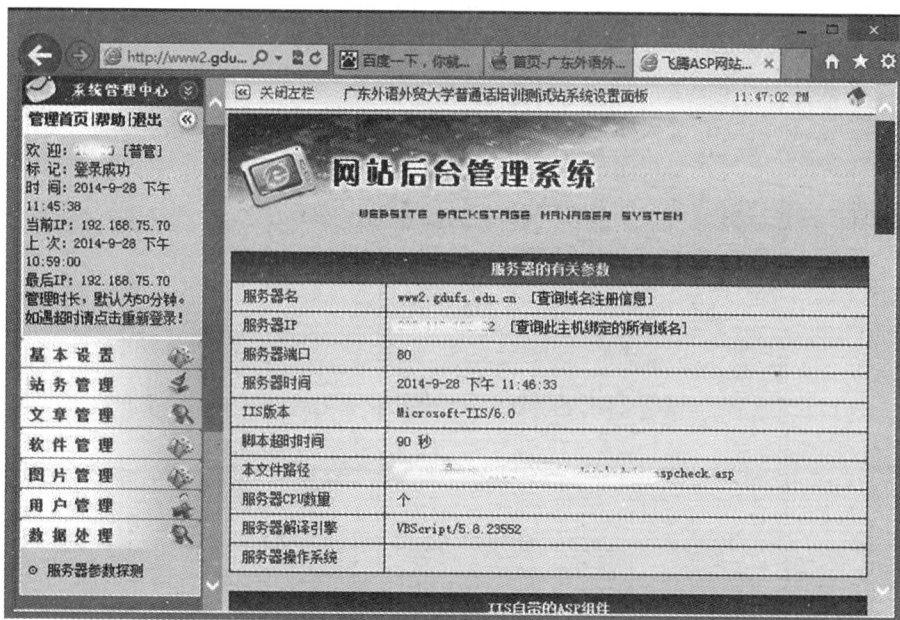

图 7 – 26   后台管理首页页面

图 7 – 26 左边是操作菜单栏，右边是操作功能区。网站维护主要包括以下后台操作：

7.4.3.1   管理用户

这里所说的用户，是指有权登录后台进行相关操作的账号。用户一般分为超级管理员、栏目管理员、论坛管理员、浏览用户等不同的级别，不同用户具有不同的操作权限。以超级管理员身份登录后台，可以对其他用户进行管理，如增加账号、删除账号、修改密码和修改权限等操作。

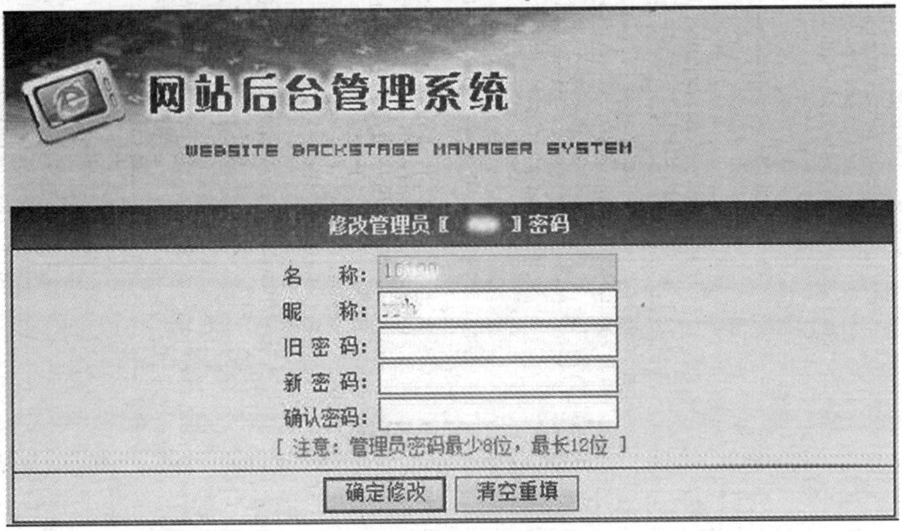

图 7-27　修改其他管理员密码

7.4.3.2　管理导航栏

网站首页顶部一般有导航栏，导航栏的栏目和子栏目可以在后台进行设定，包括增加项目、删除项目和调整项目次序等操作。

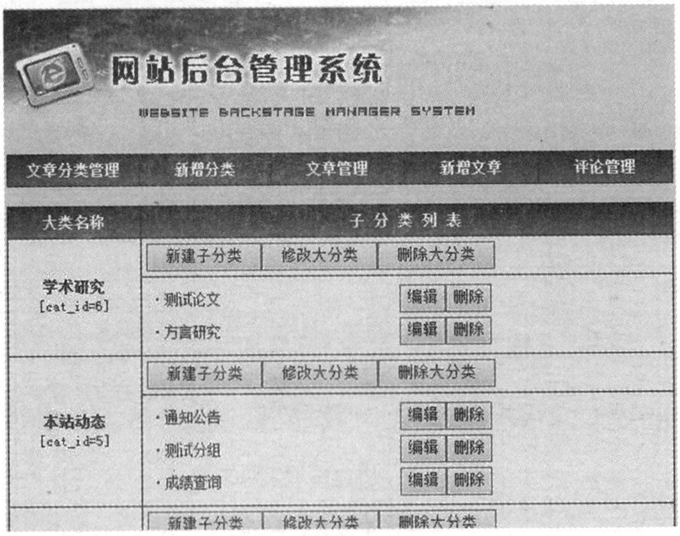

图 7-28　管理导航栏

7.4.3.3　管理文章

文章指网站中显示的一条条具体的信息。点击后台操作菜单中的"文章管理"命令，进入文章管理首页，如图 7-29。

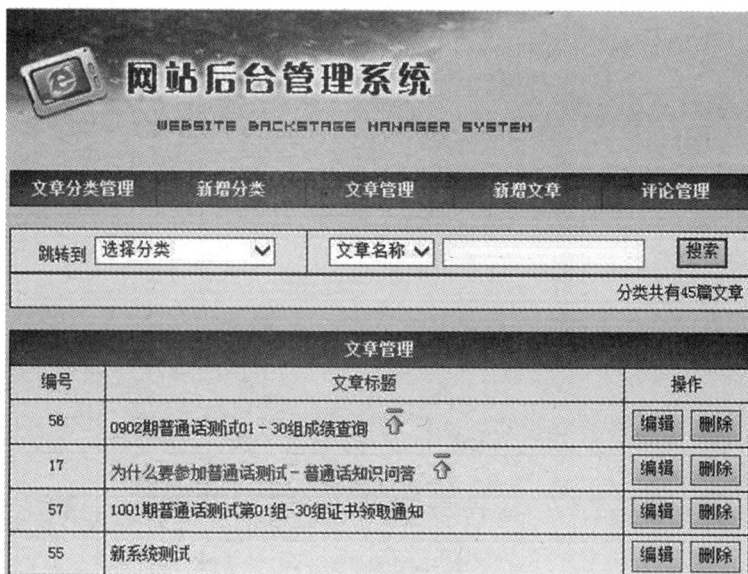

图 7-29　文章管理首页

点击页面中的"删除"按钮，可以选择删除文章条目；点击"编辑"按钮，可以对已公开的文章进行重新编辑。

点击顶部的"新增文章链接"，打开新增文章页面，如图 7-30。

图 7-30　新增文章

在上图中，可以输入新文章的作者、标题和关键词等信息。点击分类列表，如图 7-31，可以把文章归入预先设定的导航栏栏目中。

在新增文章页面中，最重要的是内容编辑区，如图 7 – 32。

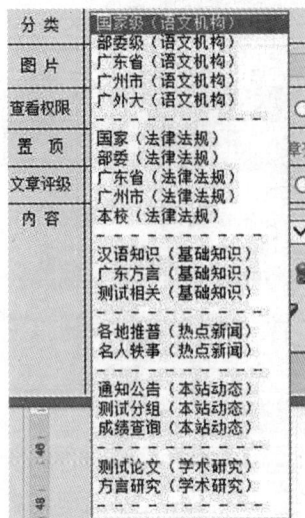

图 7 – 31 分类列表

图 7 – 32 内容编辑区

内容编辑区是一个类似微型 Word 的文字处理框架。在文本框中可以输入或粘贴文章的内容。上部的工具栏可以进行字体等格式操作，或插入图片、声音、视频、压缩包等文件。

7.4.3.4 管理论坛

有些网站带有论坛板块。根据国家有关互联网的法规，必须对论坛进行严格管理，阻止有害信息的出现和传播。论坛管理的主要操作有用户管理（增删用户、修改用户密码和修改用户权限等）和发帖管理（置顶、删除和隐藏等）。

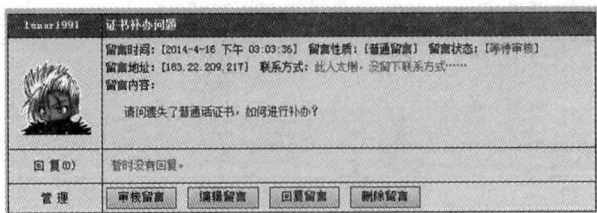

图 7 – 33 发帖管理

7.4.3.5 备份数据

由于黑客入侵、硬件故障和错误操作等原因，网站服务器上的数据存在安全风险，必须及时做好数据的备份工作。一旦出现问题，可以用备份数据迅速恢复。后台操作菜单中一般都有备份数据的选项，点击后可以运行代码，把远程服务器上的网站数据备份到本地计算机中。

7.5 电子邮件

大型单位和公司有自己内部的邮件收发服务器，其他公司一般使用公众邮件服务。常见公众邮件服务品牌有网易、新浪、腾讯 QQ 和搜狐等。公众邮件服务分免费和付费两种，后者更为稳定可靠。

下面以网易 163 免费邮箱为例，介绍两种不同的邮件管理方式。

7.5.1 网页界面

在浏览器中输入网易邮箱地址"mail.163.com"，登录后进入邮件管理页面，如图 7 - 34。

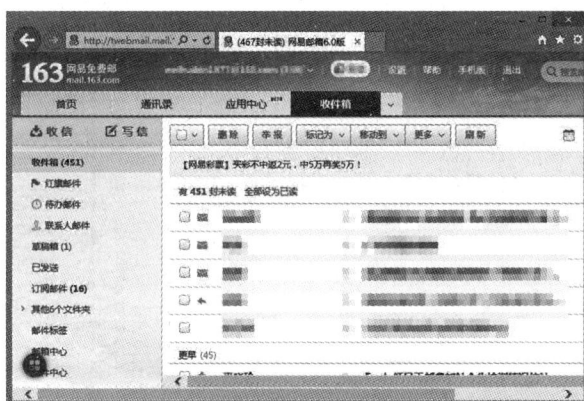

图 7 - 34　网易邮箱管理页面

页面左边是菜单，右边是邮件列表。邮件管理分为几个部分：收件箱、草稿箱、已发送的邮件、已删除的邮件及垃圾邮件等。邮件列表显示邮件标题，点击标题可阅读邮件正文，或下载附件，如图 7 - 35。

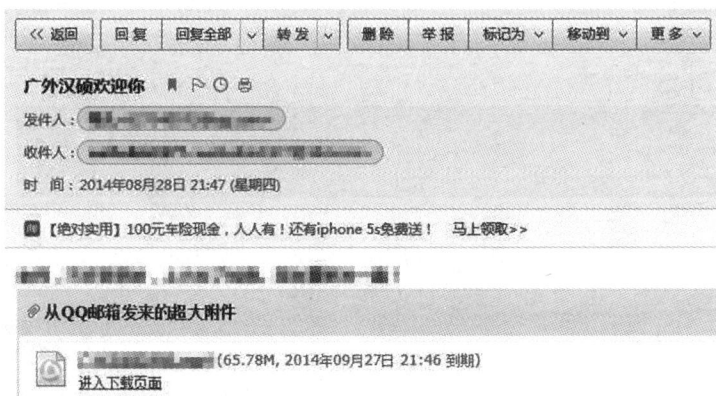

图 7 - 35　邮件阅读页面

第7章

网络办公

在邮件阅读界面，可回复、转发、删除邮件，移动邮件到其他文件夹，把邮件发送人添加到联系人名单，或添加邮件发送人到黑名单，阻止继续接收其邮件。

点击图 7-34 菜单顶部的"写信"按钮可以创建新邮件，邮件可群发。未发送的邮件存入草稿箱，已发送的邮件转入"已发送"文件夹。

通过网页管理邮件较为方便。只要连接互联网，随时随地可以管理邮件。但邮件不能存到本地计算机，邮件容量大，网速慢时会带来不便。

7.5.2 邮件客户端

邮件客户端是脱离网页，进行邮件管理的专门软件。常见客户端有 Outlook（含 Outlook Express），Foxmail。下面我们以免费客户端 Foxmail 为例介绍使用方法。

安装完毕后启动 Foxmail，弹出新建账号窗口，如图 7-36。

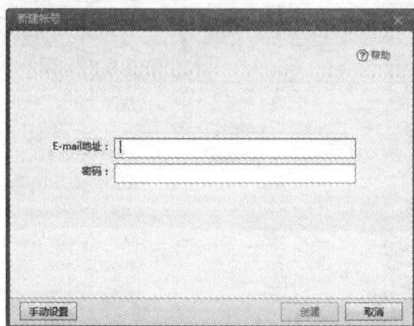

图 7-36 新建账号

输入 Email 地址和密码，点击"创建"按钮。在软件主界面左边就有了以电子邮件地址命名的新账号，如图 7-37。

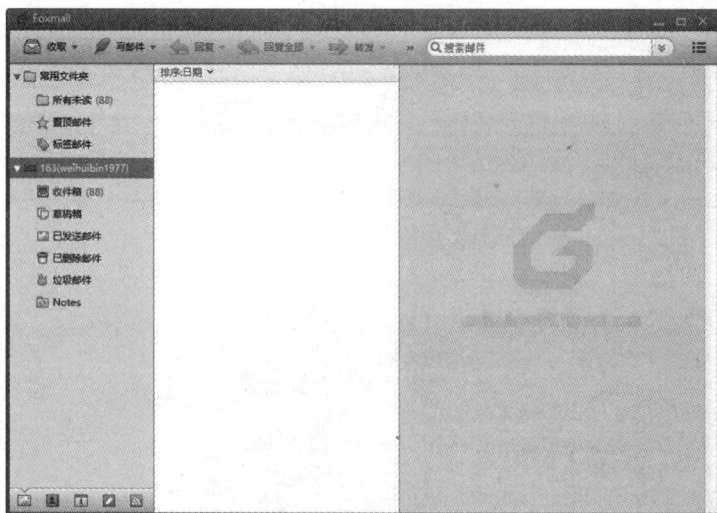

图 7-37 Foxmail 主界面

在账号名称上点击鼠标右键，弹出菜单，如图 7 – 38。

点击"设置"命令，进入"设置"窗口，如图 7 – 39。

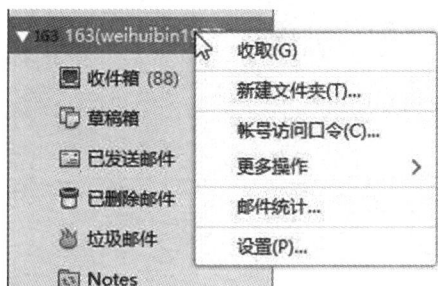

图 7 – 38　菜单

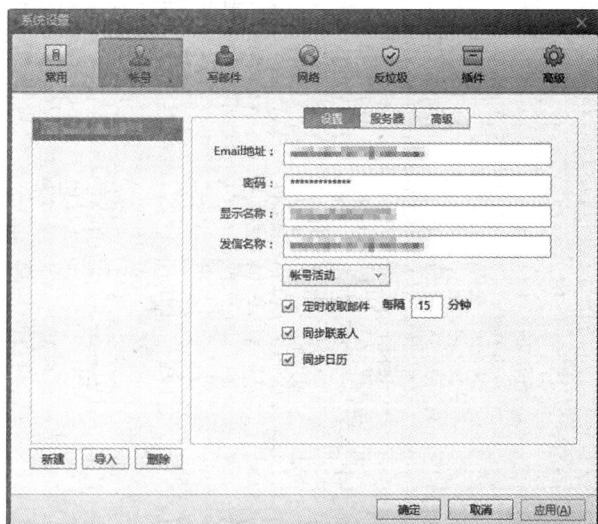

图 7 – 39　系统设置

在图 7 – 39 中可设置发信名称，设置定时时间等。点击"服务器"按钮，进入收发邮件服务器设置界面，如图 7 – 40。

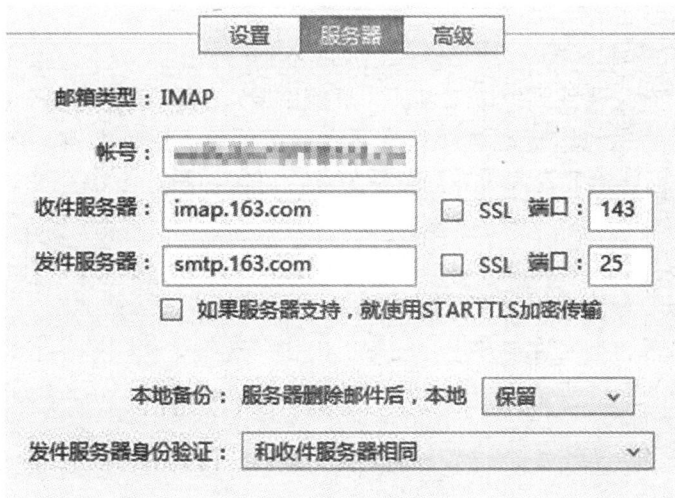

图 7 – 40　服务器设置

这一步的设置很重要。首先，邮件服务商要支持客户端收发；其次，可登录邮件服务商的网页查看服务器提示信息。图 7 – 41 就是网易 163 免费邮箱的服务器信息。

设置POP3/SMTP/IMAP：　　☑ 开启SMTP服务
　　　　　　　　　　　　☑ 开启POP3服务
　　　　　　　　　　　　☑ 开启IMAP服务
　　　　　　　　　　POP3/SMTP/IMAP服务能让你在本地客户端上更好地收发邮件，了解更多>>
　　　　设置提醒：　　☑ 开启客户端删除邮件提醒
　　　　　　　　　　当邮件客户端删除邮件时，系统会通过邮件和短信（需绑定手机号）发送提醒信息
确　定
取　消
小提示：

· 服务器地址如下：POP3服务器：pop.163.com | SMTP服务器：smtp.163.com | IMAP服务器：imap.163.com
· 目前支持IMAP协议的电子邮件客户端有网易闪电邮，Outlook，Foxmail等 客户端设置帮助
· 手机邮客户端全面支持IMAP协议 如何设置
· IMAP设置帮助：iPhone、iPad、安卓Android手机、诺基亚Symbian手机
· POP3/SMTP/IMAP服务全部支持SSL连接

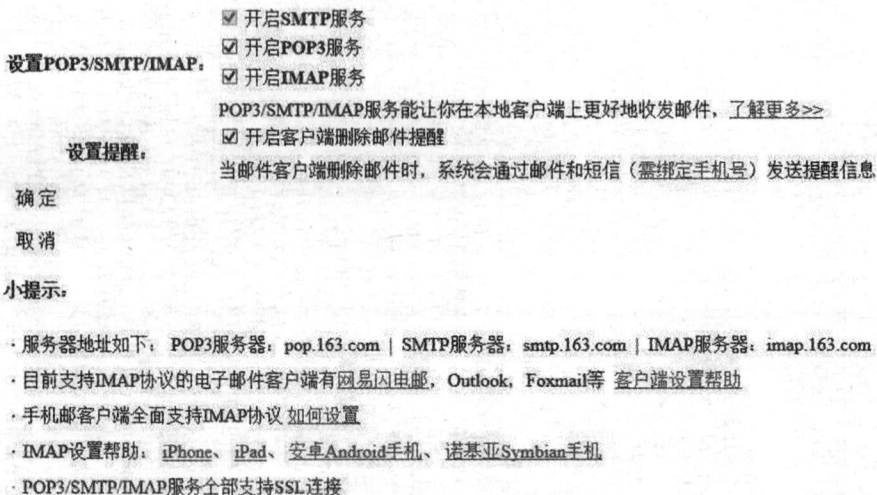

图 7 - 41　网易 163 免费邮箱的提示网页

根据服务商提供的信息，填入图 7 - 40 中的各项文本框中，点击"确定"，客户端就可以开始使用了。

点击图 7 - 37 主界面中的"收取"、"写邮件"按钮，就可以正常收发邮件。

7.6　文件传输

7.6.1　下载

7.6.1.1　http 资源下载

下载资源之前首先要找到资源链接。一般使用搜索引擎搜索资源链接，或者到门户网站中找资源链接。直接点击资源链接，或者在链接上单击鼠标右键，在弹出菜单中选择"目标另存为"即可开始下载。如果资源是图片，可以在图片上单击鼠标右键，在弹出菜单中选择"图片另存为"。

直接下载资源容易受网速影响，如果中途中断，则要从头开始。使用迅雷、QQ 旋风等下载软件，可以实现多线程稳定连续下载。

安装迅雷下载软件后，在链接上单击鼠标右键，选择"使用迅雷下载"，如图 7 - 42。

弹出下载设置窗口，如图 7 - 43。设置好下载资源的保存位置，点击"立即下载"按钮，就开始下载了。

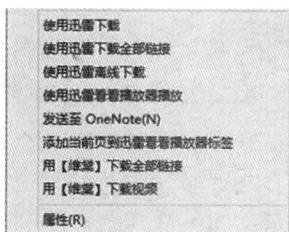

图 7-42　使用迅雷下载

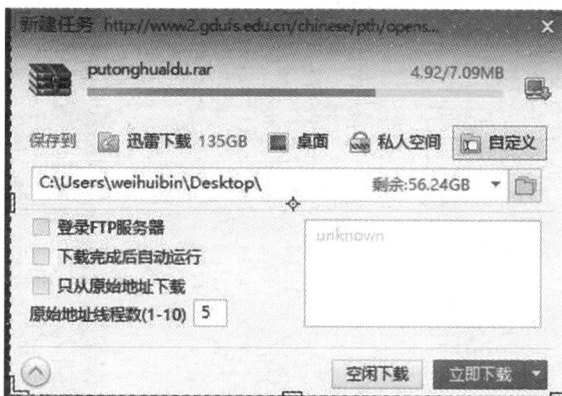

图 7-43　下载设置

点击软件菜单中的"已下载"链接，可以查看已经下载的资源，如图 7-44。

图 7-44　查看已下载资源

7.6.1.2　特殊类型资源下载

传统的 http 链接下载都是从服务器上获取文件，下载的人越多，下载速度越慢，也不稳定。点对点（P2P）传输软件理念完全不同，下载的人越多，下载速度越快。常用的 P2P 软件有 Bitcomet、迅雷和 Emule 等。使用 P2P 软件首先要找到"种子"，用户可以通过百度、迅雷搜索等找到种子资源。

优酷一类的视频资源一般不能直接下载，但可以通过维棠 FLV 下载软件下载（请遵守版权法规）。复制优酷页面的网址，如图 7-45。

打开维棠 FLV 下载软件，点击"任务菜单"—"新建下载任务"，维棠会把刚才复制的网址自动添加到对话窗口中，如图 7-46。

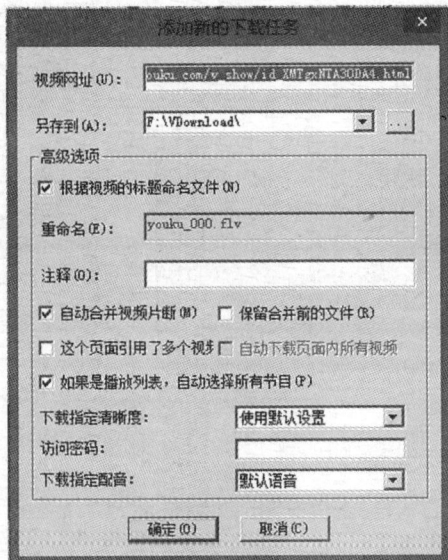

图 7 - 46   添加下载任务

图 7 - 45   复制网址

点击"确定",开始下载。下载好后的 FLV 视频可以使用格式工厂软件转换成常用的视频格式。

7.6.2   上传

将本地文件传输给其他网络上的用户,一般有三种方式:作为电子邮件的附件发送;使用 QQ 等即时通信软件的传输功能;使用 FTP 软件。网站代码存放在网络服务器中,需要使用 FTP 软件上传到服务器的硬盘空间中。我们在 7.4.2 节中介绍了 CuteFTP 软件的使用方法。

7.7   思考和操作

(1)尝试在纸张上设计所在院系的网站首页和菜单栏目。

(2)使用下载工具下载一首歌曲和一段视频。

移动办公

学习重点：熟练使用安卓系统，能下载和使用手机应用。

8.1 概述

移动互联网是以移动网络作为接入网络的互联网及服务的，它包括 3 个要素：移动终端、移动网络和应用服务。移动终端的主要类型是智能手机和平板电脑，运行苹果（iOS）、安卓（Android）、微软（Windows Phone）等操作系统。移动网络目前主要有 WiFi、3G、4G 等 3 种。应用服务指运行在移动终端上的软件（Application，简称 App），可以通过苹果在线商店（App Store）、谷歌在线商店（Google Play）等下载。移动互联网是信息革命的第五次浪潮。美国人迈克尔·塞勒预测，移动技术和社交网络的合力将在未来 10 年提升全球 50% 的国内生产总值，移动浪潮将影响企业、政府、大学、非营利组织以及社会的方方面面。

2010 年以来，全球特别是我国移动互联网发展非常迅速，表现在以下几个方面：

8.1.1 移动终端普及

随着科技进步和竞争加剧，智能手机功能越来越强大，硬件成本和销售价格却不断降低。以苹果 iPhone 和三星 GALAXY S 系列为代表的智能手机迅速占领了全球手机市场的半壁江山。2013 年全球智能手机的出货量达到 10.042 亿部，占整个手机市场的 55.1%。据预测，到 2017 年底，全球智能手机出货量将达 15 亿部，占整个手机市场的 2/3。智能移动终端的另一主要类别是平板电脑。Gartner 发布报告称，2013 年全球平板电脑销售量达到 1.954 亿台，其中苹果 iPad 平板电脑占 36% 的份额。

8.1.2 移动宽带速度提升、资费下降、用户活跃

由于用户对网络传输速度和质量的要求不断提高，全球主要电信运营商纷纷发展 3G、4G 等移动宽带网络和建立无线 WiFi 热点。2012 年，中国实施宽带提速工程，单位宽带平均资费水平下降 30%。截至 2014 年 6 月，中国网民规模达 6.32 亿，其中手机网民规模达 5.27 亿，网民中使用手机上网的用户占比从上一年的 81.0% 提升到 83.4%。移动宽带已经成为除固定宽带外最重要的互联网接入方式。

8.1.3　移动应用下载海量增加

2012 年 11 月，苹果应用商店 App Store 的应用数量突破 100 万个。2012 年全球移动应用下载量达 436 亿次，前三甲是苹果、谷歌和微软。美国移动应用分析公司 Flurry 调查数据表明，人们花在手机应用上的时间已经超过在电脑上使用浏览器的时间，人们平均花在移动应用上的时间是 81 分钟，其中 47% 的时间用来玩手机游戏，32% 的时间用在了脸书（facebook）、推特（twitter）等社交网络上，而使用电脑浏览器的时间则只有 47 分钟。

8.1.4　中文信息处理技术取得新进展

使用虚拟键盘输入汉字，需要熟悉汉字编码规则，无法满足不同文化层次人群的需要。智能移动终端普及后，由于屏幕小，键盘输入汉字不便，推动了手写汉字识别技术高速发展。目前苹果及谷歌操作系统上采用的手写汉字识别输入，能够识别汉字、数字、英文字符，字库大，识别准确率高，速度快。

苹果移动产品上的 Siri 是一项智能语音识别合成技术产品，该产品使用云技术联机识别普通话，速度快，准确率高，甚至可以智能学习输入者的口音、语法结构和上下文，提供对话式的应答。安卓平台上的 Google Now 也具有类似功能。此外，科大讯飞股份有限公司在汉语普通话语音识别上也比较领先。

图 8-1　苹果 Siri　　　　图 8-2　讯飞语音

8.2　移动设备

移动设备（Mobile Device）又称手持设备，通常有触摸屏、充电电池、摄像头和 GPS 定位装置，没有鼠标键盘（或者键盘很小），重量轻，便于携带，是通过无线方式接入网络的类计算机设备。移动设备也由 CPU、存储卡（类似内存和硬盘）、显卡等单元构成。

图 8-3　高通骁龙 CPU　　　　图 8-4　手机存储卡

8.2.1 智能手机

智能手机是指具有独立操作系统，可以由用户自行安装软件，无限扩充手机功能，并通过移动通信网络接入互联网的新一代手机。智能手机根据操作系统的不同，分为三大阵营：苹果、安卓和微软。苹果手机目前已有 iPhone 4、iPhone 4S、iPhone 5、iPhone 5S iPhone 6 等几代产品。安卓手机阵营最为庞大，以三星为代表，国产手机几乎都是安卓系统。使用微软 Windows Phone 8 系统的手机较少，主要是诺基亚手机。

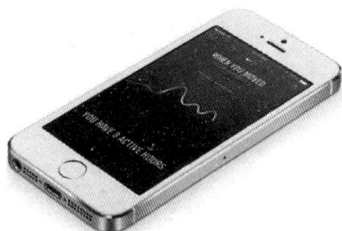

图 8-5　苹果手机　　　　　图 8-6　安卓手机　　　　　图 8-7　微软系统手机

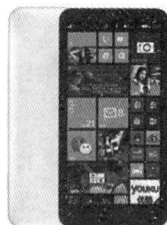

8.2.2 平板电脑

平板电脑根据有无 SIM 卡可分为 WiFi 版和 3G/4G 版两种。3G/4G 版平板电脑相当于一部放大的手机，也可以打电话，功能与手机的非常相似。平板电脑的操作系统主要有苹果 iOS 和安卓两种。前者只有苹果公司的 iPad 一类产品，大屏的从 iPad 1 到 iPad Air 共有五代产品，小屏的 iPad mini 有三代产品。安卓系统的平板电脑有很多品牌的产品。

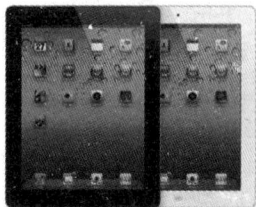

图 8-8　苹果 iOS 系统平板电脑　　　　　图 8-9　安卓系统平板电脑

8.2.3 平板 PC 二合一

平板 PC 二合一指的是综合了平板电脑娱乐功能和台式电脑工作功能的设备。代表产品是微软公司的 Surface 系列平板。Surface 平板有一个分离式的蓝牙键盘，带有 USB 口，支持鼠标。既可以像一般平板电脑那样用触摸屏进行输入和操作，也可以用键盘和鼠标运行 Windows 软件，工作娱乐两不误。

图 8-10　微软 Surface Pro 2

8.3 移动操作系统

移动操作系统有安卓、iOS、Windows Mobile 三大阵营。安卓（Android）系统是美国谷歌公司开发的开源性移动操作系统，目前最高版本号是 4.4。许多公司都在谷歌原生安卓系统的基础上加以修改，形成具有自己特色的用户界面，如三星、小米、vivo，oppo等。本节我们以三星 GALAXY NOTE 3 手机上的安卓 4.3 系统为例进行介绍。

8.3.1 主屏界面

安卓系统启动后，首先进入主屏界面。主屏分为三个功能区，如图 8－11。最上面是通知栏，显示应用推送的消息、系统信息（WiFi 状态、电信信号强度、电池电量及时间等）。用户可以个性化设置通知栏图标。

中间部分是应用快捷图标区，放置常用的应用图标。快捷图标区分好几个屏幕，可以左右划动切换。点击手机左下方的菜单键（物理按键），弹出菜单，如图 8－12。

图 8－11 安卓系统主屏   图 8－12 主屏菜单

选择第一项"添加应用程序和小组件"，出现应用程序和小组件屏幕，如图 8－13。

点击上方的选项卡标题，可以在应用程序和小组件间切换。划动中间屏幕，可以浏览所有程序和小组件。长按某一个应用或小组件图标，直至出现图 8－14 画面时，移动图标到合适的位置然后放手，就把它添加到主屏上了。

图 8－13 应用程序和小组件   图 8－14 添加到主屏

删除快捷图标区的图标时，长按该图标，直至屏幕上方出现移除图标。不松手，将该图标移动到移除图标上，就可以将应用图标从快捷区删除，如图 8-15。

图 8-11 主屏最下方是快速应用区，放置 5 个功能图标，包括最常用的电话、短信、通讯簿等。快速应用区图标也可以自行增删或调整次序，方法跟调整快捷图标区一样。

8.3.2　个性化设置

8.3.2.1　主题和墙纸

在图 8-12 所示的主屏菜单中，可以设置主题和墙纸。主题就是包括图标样式、字体样式、主屏背景在内的一套预设风格。主题可以从应用商店中下载。点击"设定主题"，手机出现图 8-16 所示的屏幕。点击其中一种，就可以将主题应用到当前手机。

墙纸是手机屏幕的背景图片。点击"设置墙纸"，弹出菜单，如图 8-17。

点击"主屏"，弹出菜单，如图 8-18。可以选择系统自带图片或手机相册图片作为墙纸。主题和墙纸也可以通过"应用程序"—"设定"来完成，如图 8-19。

图 8-15　删除快捷图标

图 8-16　已下载的主题　　图 8-17　墙纸菜单　　图 8-18　选择墙纸来源　　图 8-19　设置墙纸

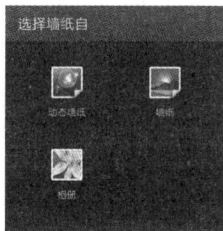

8.3.2.2　铃声、显示和振动

点击主屏应用程序图标，划动屏幕，找到"设定"图标，如图 8-20。

图 8-20　设定图标

点击"设定"图标，在显示的画面中点击"设备"，出现设备设置菜单，如图 8 – 21。
点击"声音"选项，出现声音设置面板，如图 8 – 22。

在声音设置面板中，可以设置来电、短信、通知等事件声音的类型和音量，振动的强度等。或者选择情景模式来统一设置。

在图 8 – 23 面板中，可以设置屏幕亮度、对比度、屏幕保护、屏幕自动关闭时间等。

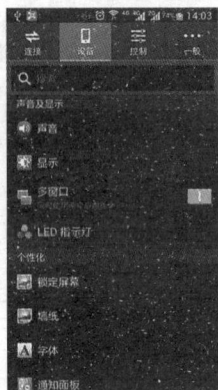

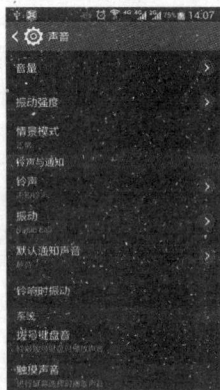

图 8 – 21　设备菜单　　　图 8 – 22　声音设置面板　　　图 8 – 23　显示设置

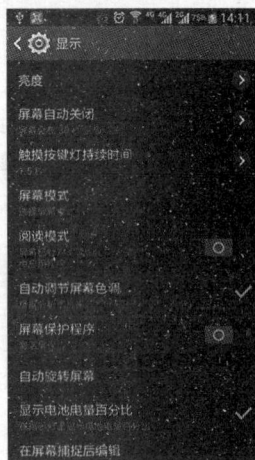

8.3.3　连接网络

8.3.3.1　WiFi

点击"应用程序"—"设定"—"连接"—"WLAN"选项，如图 8 – 24。

长按"WLAN"选项，进入 WLAN 设置界面。将屏幕右上角 WLAN 开关拨至开的位置，系统将扫描附近的可用接入热点并显示在屏幕中，如图 8 – 25。

图 8 – 24　WLAN 选项　　　图 8 – 25　可用热点

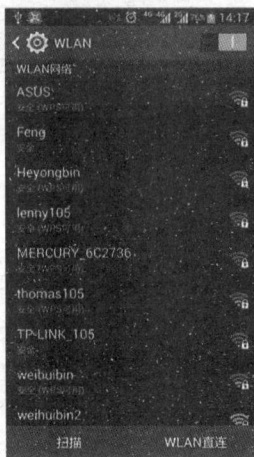

点击其中的一个热点，输入密码，点击连接按钮，如图 8 – 26。

等待片刻，直到该热点下方出现"已连接"提示（屏幕上方通知栏也会出现 WiFi 图标），我们就连接上互联网了，如图 8 – 27。

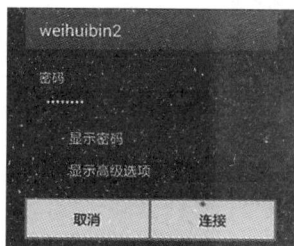

图 8 – 26　输入密码

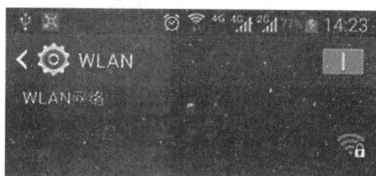

图 8 – 27　WLAN 已连接

8.3.3.2　电信信号接入

从屏幕上方通知栏往下划动，显示快速设置功能区，如图 8 – 28。

图 8 – 28　快速设置功能区

图 8 – 29　关闭 WLAN

点击 WLAN 图标一次，图标变成灰色后，关闭手机的 WLAN 功能，如图 8 – 29。

左右划动快速设置功能区，直至出现移动数据按钮，如图 8 – 30。单击移动数据图标一次，图标变成亮色后，激活系统的移动数据功能，如图 8 – 31。

图 8 – 30　移动数据关闭

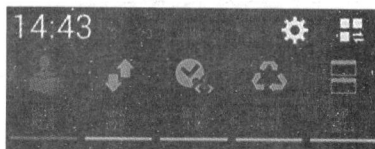

图 8 – 31　移动数据开启

移动数据开启后，根据手机接入网络的不同，会自动连接 4G、3G 或 2G 数据网络。在通知栏上会显示上下箭头的连接标志，如图 9 – 32。这时就可以访问互联网了。

图 8 – 32　4G 网络已连接

8.3.3.3　开通热点

在没有 WLAN 的情况下，手机可以通过 4G、3G 等电信网络连接互联网，并把自身作为网络热点，共享给其他手机连接上网。

点击图 8 – 24 中的"网络分享和便携式热点"命令，进入设置面板如图 8 – 33 所示。

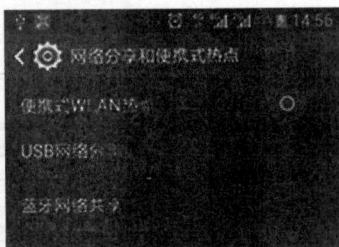

图 8 – 33　网络分享和便携式热点设置面板

点击"便携式 WLAN 热点"命令，进入下一步界面，将右上角的开关划动到开的位置，如图 8 – 34。点击屏幕右下角的"配置"按钮，弹出热点配置窗口，如图 8 – 35。

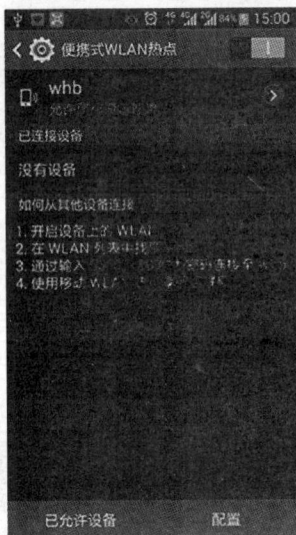

图 8 – 34　便携式 WLAN 热点界面

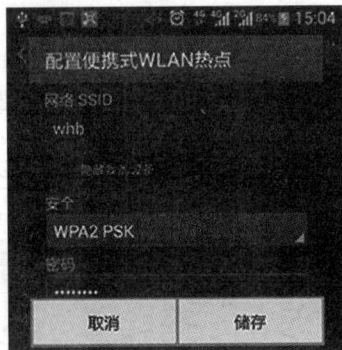

图 8 – 35　配置热点

在窗口中输入热点名称（SSID）和连接密码，储存配置。其他手机按 8.3.3.1 节的叙述打开 WLAN 功能，搜寻可连接的热点，输入连接密码，就能使用热点手机的 4G 信号访问互联网了。

8.3.4　安装、运行和卸载应用

安卓系统中的程序不再叫作软件，而叫作应用（App）。安卓应用安装包后缀名为 APK，它实质上是一个压缩文件。安卓系统默认不允许安装未知来源的应用，首先应当去掉这一限制。点击"应用程序"—"设定"—"一般"—"安全"，勾上"未知来源"选项，如图 8 – 36。

安卓手机获取应用的方式有几种：一是用手机下载 APK 安装包。有一类应用专门提供应用搜索和下载功能，例如安卓市场、应用汇、应用宝等。可最先安装这一类应用，然后通过这类应用再下载安装别的应用；二是用手机助手从电脑上下载，然后安装到手机上。常见电脑手机助手有应用宝、360 手机助手、91 手机助手、豌豆荚手机助手和乐助手等；三是连接电脑，把手机当作 U 盘，从电脑硬盘中拷贝 APK 直接安装。

点击应用程序图标，划动屏幕，找到安装的应用图标，点击图标可以运行应用。长按应用图标，直到手机切换到主屏，在主屏上方出现卸载图标，如图 8 - 37。不要放手，把应用图标拖到卸载图标上，完成卸载。

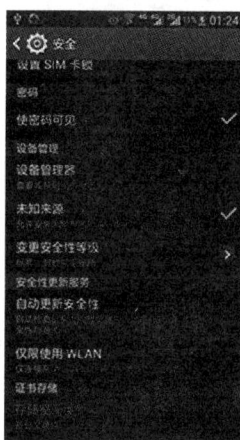

图 8 - 36　允许安装位置来源应用

图 8 - 37　卸载应用

8.3.5　连接电脑

8.3.5.1　USB 数据线连接

用 USB 数据线可以把安卓系统手机和 Windows 台式电脑连接起来。USB 连接有调试和存储两种模式，可以通过"设定"—"一般"—"开发者选项"进行切换，如图 8 - 38。

在上图中勾选"USB 调试"选项，就进入调试模式。所谓调试，就是允许电脑上的外部程序操作手机上的安卓系统。例如用乐助手（PC 版）管理手机时，需要打开调试模式。

去掉"USB 调试"的勾选，就进入存储模式。这时，手机相当于一个 U 盘，电脑和手机间可以相互传输文件，并直接进行复制、剪切、粘贴、删除等文件操作，如图 8 - 39。

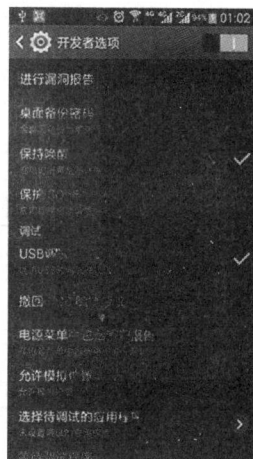

图 8 - 38　USB 调试模式

第 8 章　移动办公

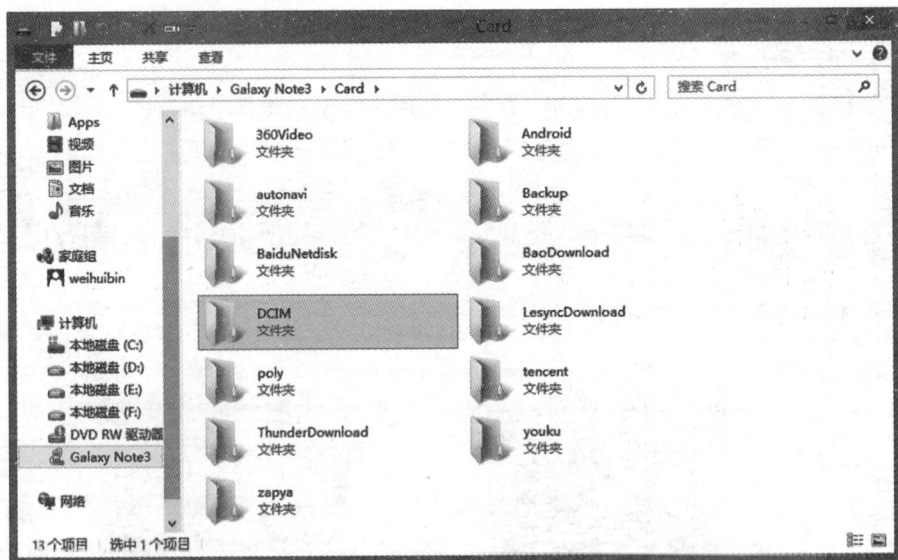

图 8 – 39　手机文件

8.3.5.2　无线连接

手头没有 USB 数据线时，如果电脑和手机接入同一个局域网，可以使用无线连接起来。下面我们以联想公司的乐助手软件为例介绍连接和管理手机的过程。

首先要在电脑和手机上分别安装乐助手软件的 PC 版和安卓版，如图 8 – 40 所示。并保证电脑和手机处于同一个局域网。

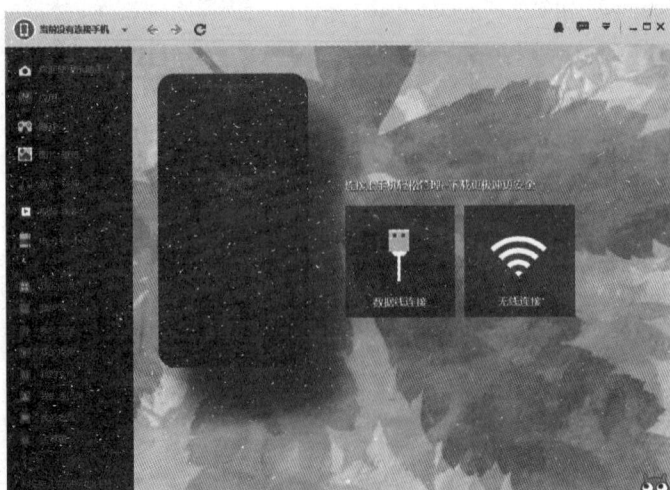

图 8 – 40　乐助手 PC 版

图 8 – 41　乐助手安卓版

点击图8-40中PC版乐助手的"无线连接"按钮，打开"连接向导"，如图8-42。

图8-42 连接向导

点击右下角的"二维码连接其他手机"按钮，弹出二维码窗口，如图8-43。

打开乐助手 点击二维码
界面不一样，换一组

扫描此二维码

图8-43 连接二维码

点击图8-41安卓版乐助手中的"连接电脑"命令，弹出窗口，如图8-44。

点击下方的"无线连接"按钮，弹出窗口，如图8-45。

图8-44　连接电脑

图8-45　无线连接

点击"开始扫描"按钮，出现扫描窗口，如图8-46。

扫描图8-43中电脑屏幕上的二维码，等待片刻后，乐助手提示连接成功，如图8-47。

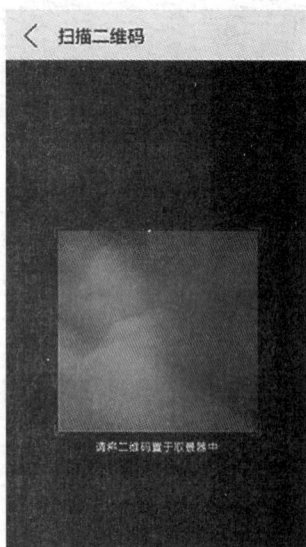

图8-46　扫描二维码

图8-47　连接成功

连接成功后，可用 PC 版乐助手对手机文件进行管理，详见 8.3.6 节介绍。

8.3.5.3　离线传输

下面我们介绍利用即时通讯软件 QQ，在电脑和手机之间离线互传数据。打开手机上的 QQ 应用，点击"联系人"，如图 8 - 48。

点击"我的设备"下面的"我的电脑"，进入离线传输界面，如图 8 - 49。

图 8 - 48　手机 QQ

图 8 - 49　QQ 离线传输界面

在图 8 - 49 下部的窗口中，可以选择把手机中的图片、视频或其他文件传送给电脑。以图片为例，点击图 8 - 49 中的"图片"按钮，在打开的图片列表中选择一张图片，如图 8 - 50。

点击"发送"按钮，等待图片发送完成，如图 8 - 51。

图 8 - 50　选择图片

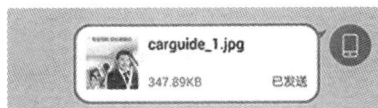

图 8 - 51　图片发送完成

在电脑上登录 QQ，单击"联系人"—"我的设备"—"我的 Android"图标，如图 8 –52。

弹出手机 QQ 和电脑 QQ 间的文件传输窗口，我们看到了刚才在手机 QQ 上上传的那张图片。在图片上单击鼠标右键，就可以把图片保存到电脑硬盘上，如图 8 –53。

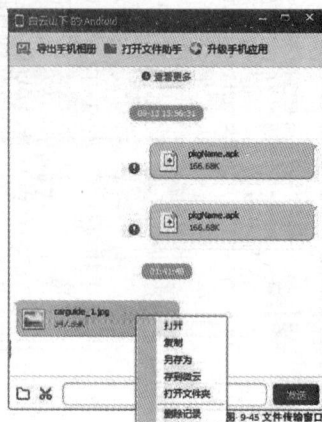

图 8 –52　电脑 QQ　　　　　图 8 –53　文件传输窗口

我们反过来操作上面的步骤，就可以把电脑硬盘上的文件传输到手机中。

8.3.6　文件管理

安卓文件系统比较复杂，不像 Windows 系统那样为人所熟悉。我们可以用 PC 版手机助手软件进行文件管理。使用 PC 版手机助手，首先需要参照 8.3.5.1 节、8.3.5.2 节介绍的步骤用 USB 数据线或无线连接手机。

以 PC 版乐助手为例，其左下方有菜单，如图 8 –54。

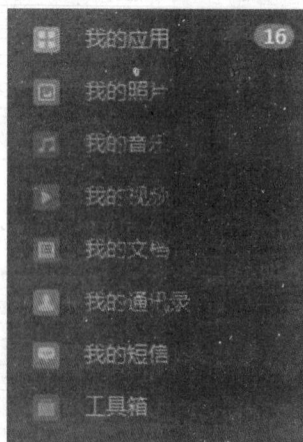

图 8 –54　PC 版乐助手菜单

点击各个菜单项，可以查看、备份或删除手机上的应用、照片、音乐、视频、文档、通讯录及短信等文件，如图 8 – 55。

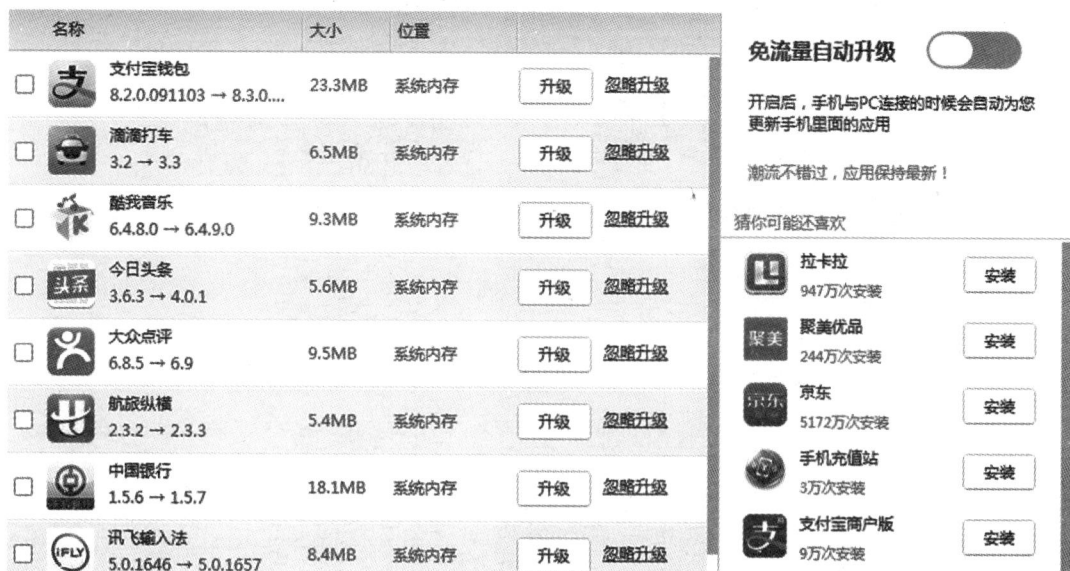

名称		大小	位置		
支	支付宝钱包 8.2.0.091103 → 8.3.0....	23.3MB	系统内存	升级	忽略升级
滴	滴滴打车 3.2 → 3.3	6.5MB	系统内存	升级	忽略升级
K	酷我音乐 6.4.8.0 → 6.4.9.0	9.3MB	系统内存	升级	忽略升级
头条	今日头条 3.6.3 → 4.0.1	5.6MB	系统内存	升级	忽略升级
X	大众点评 6.8.5 → 6.9	9.5MB	系统内存	升级	忽略升级
航	航旅纵横 2.3.2 → 2.3.3	5.4MB	系统内存	升级	忽略升级
中	中国银行 1.5.6 → 1.5.7	18.1MB	系统内存	升级	忽略升级
iFLY	讯飞输入法 5.0.1646 → 5.0.1657	8.4MB	系统内存	升级	忽略升级

免流量自动升级

开启后，手机与PC连接的时候会自动为您更新手机里面的应用

潮流不错过，应用保持最新！

猜你可能还喜欢

拉	拉卡拉 947万次安装	安装
聚	聚美优品 244万次安装	安装
京东	京东 5172万次安装	安装
充	手机充值站 3万次安装	安装
支	支付宝商户版 9万次安装	安装

图 8 – 55　管理手机应用

利用乐助手软件还可以很方便地下载、升级应用。

8.3.7　系统安全和优化

安卓系统和 Windows 系统一样，需要不定期地进行维护和优化以提高运行速度。比如清理垃圾文件、卸载应用、结束不必要的应用、管理开机启动应用、拦截骚扰和广告信息，以及查杀病毒等。下面我们以联想乐安全安卓版应用为例介绍有关操作。图8 – 56 是在手机上打开乐安全应用的界面。

图 8 – 56　乐安全界面

点击屏幕上方圆形的"一键优化"，应用将自动进行结束进程中的冗余应用、整理内存、释放系统缓存等操作，如图 8–57。

点击"流量监控"，应用将按用户预设的限制检查当月 3G/4G 流量，防止超流量付费。

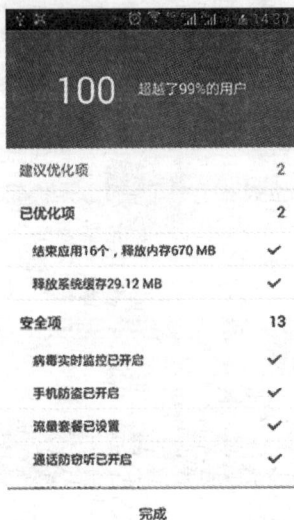

图 8–57　一键优化　　　　　　　　图 8–58　流量监控

点击"手机加速"，乐安全将结束手机进程中的多余应用，节省内存以提高系统运行速度，如图 8–59。

点击"空间清理"，乐安全将扫描系统中的缓存、应用安装包等垃圾文件，删除这些文件以扩大手机存储空间，如图 8–60。

图 8–59　手机加速　　　　　　　　图 8–60　空间清理

点击"骚扰拦截"，可以对垃圾短信和骚扰电话进行设置，如图 8 –61。
向左划动图 8 –56 界面中的下方屏幕，显示第二屏菜单，如图 8 –62。

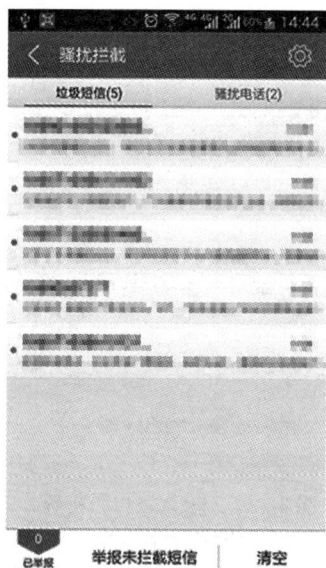

图 8 –61　骚扰拦截

图 8 –62　第二屏菜单

在第二屏菜单中，可以进行广告拦截、病毒查杀、应用管理及隐私保护操作。限于篇幅，此处不作详细介绍。

8.4　电子邮件

移动设备接入网络以后，可以随时收发电子邮件，比台式电脑更为方便。初次使用时，需要先进行邮箱账户的配置。打开安卓应用程序，点击打开电子邮件图标，点击手机菜单按键，弹出菜单，如图 8 –63。

点击菜单中的"设定"命令，进入"设定"页面，如图 8 –64。

图 8 –63　电子邮件菜单

图 8 –64　添加账户

点击"添加账户",出现如图8－65所示的界面,从中选择一个邮件服务商。
在弹出的窗口中输入邮件账户名称和密码,如图8－66。

图8－65　选择邮件服务商

图8－66　输入账户和密码

点击"下一步",等待验证完毕后,弹出同步选项,如图8－67。所谓同步,就是手机自动从邮件服务器中收取新邮件。一般选择"手动",需要时才收取邮件,以免浪费流量。

点击"下一步",在弹出的界面中输入账户名称和发件人名字,如图8－68。

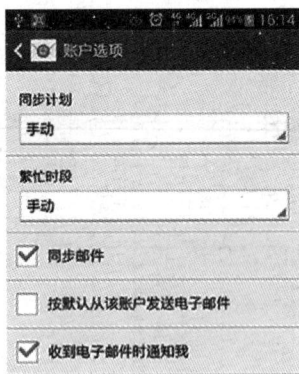

图8－67　同步选项

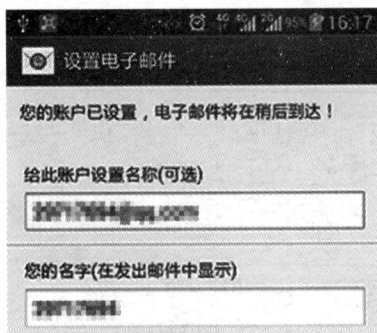

图8－68　输入名称

点击"完成",系统就会收取邮件服务器中全部的邮件,如图8－69。
点击其中的一封邮件标题,可以阅读邮件内容,如图8－70。

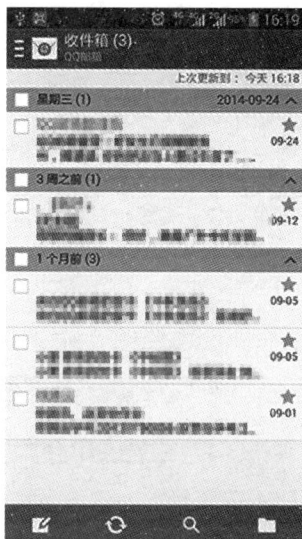

图 8 - 69　收件箱

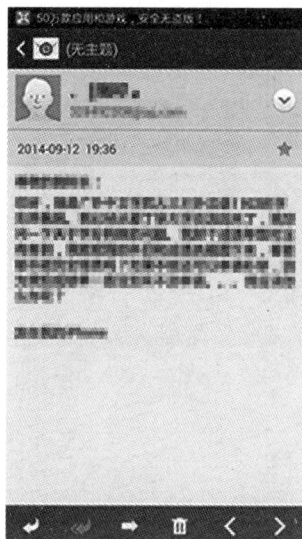

图 8 - 70　阅读邮件

在图 8 - 70 阅读邮件下方有一排图标，其功能和作用如图 8 - 71 所示。

在图 8 - 69 阅读邮件界面中，每一封邮件前面都有一个选择框，点击选择若干封邮件，则屏幕下方出现新的图标，如图 8 - 72 所示。可以批量对邮件进行删除、转移、加星号、标记已读或未读的操作。

在图 8 - 69 收件箱界面下方还有一排图标，其功能和作用如图 8 - 73 所示。

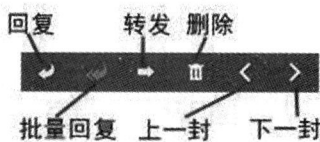

图 8 - 71　阅读邮件界面下方图标的功能

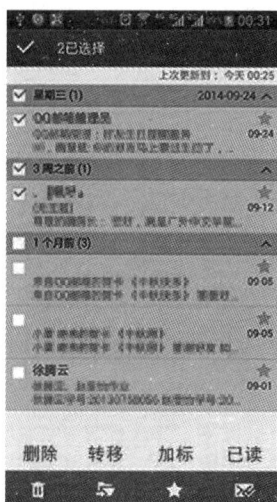

图 8 - 72　邮件批处理

图 8 - 73　收件箱界面下方图标的功能

点击 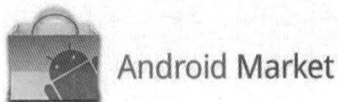 图标，进入写新邮件界面，如图 8 - 74。

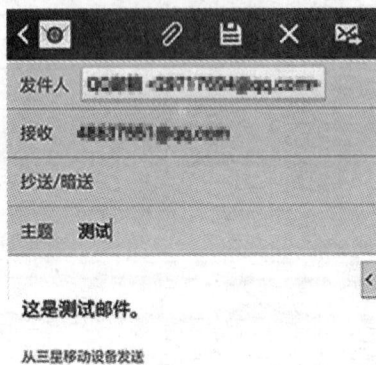

图 8 - 74　写邮件

图 8 - 75　写邮件界面上方图标的功能

写邮件界面上方有一排图标，其功能和作用如图 8 - 75 所示。

写好邮件后，点击屏幕右上角的"发送邮件"图标，就可以将邮件发送出去。

8.5　移动应用

应用是移动办公的灵魂。有了移动设备、移动网络和移动操作系统，还需要各色各样的应用更好地为我们的生活和工作服务。

8.5.1　应用商店

应用商店本身也是应用，它分门别类提供应用的搜索、下载和更新，可以说是应用之母。手机中应先安装应用商店，才能方便地下载到需要的应用。谷歌公司和品牌手机生产商、电信运营商往往在手机中预装了他们的应用商店，如谷歌应用商店、三星应用商店、联想应用商店、华为应用商店、中国移动的"和"商店、中国联通的"沃"商店和中国电信的"天翼"商店等。

图 8 - 76　谷歌应用商店

图 8 - 77　三星应用商店

图 8 - 78 中国移动的 "和" 商店

还有一类公司专门做应用下载的门户，也提供应用商店下载，比如应用汇、安智市场等。

图 8 - 79 应用汇

图 8 - 80 安智市场

另外手机助手软件也提供应用的搜索、下载和更新。

8.5.2 系统相关

一类是安卓系统安全、维护和优化应用，如 8.3.6 和 8.3.7 两节中我们介绍过的乐助手和乐安全。

另一类是通讯类应用，管理来电、短信、通讯录。如来电通、QQ 通讯录、飞信等。主要功能是显示来电号码归属地、拦截骚扰电话和短信、隐私保护、云备份通讯录、分组通讯录，以及群发短信等。

图 8 - 81 来电通

图 8 - 82 QQ 通讯录

图 8 - 83 飞信

还有主题、桌面、壁纸之类的资源应用。

8.5.3　浏览器

安卓系统平台的浏览器有很多品牌，市场占有率较高的是 UC 浏览器、百度浏览器、360 手机浏览器和欧朋浏览器等。公司除开发桌面版的网站外，也要注意建设手机门户网站。手机门户网站按照常见手机的屏幕大小来设计，并进行各种优化，适合用手机浏览器访问。

图 8-84　UC 浏览器

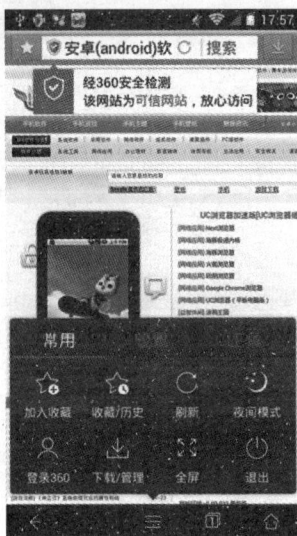

图 8-85　360 浏览器

8.5.4　新闻门户

新闻类应用主要有新浪新闻、搜狐新闻、腾讯新闻、网易新闻、凤凰新闻、澎湃新闻和今日头条等。

图 8-86　澎湃新闻

图 8-87　今日头条

8.5.5　社交网络

这一类的应用主要有 QQ、微信、微博、阿里来往和淘宝旺旺等。社交类应用帮助手机用户向互联网公众或者朋友圈子发布文字、音频或视频等信息。

图 8-88　腾讯微信

图 8-89　新浪微博

8.5.6　文档处理

在手机上处理文档的应用主要有微软的 Office Mobile，金山 WPS Office，Office Suite 和 Polaris Office 等。移动版的 Office 文档应用，比桌面版的软件界面更简洁，操作更简单。在手机上阅读和编辑 Word 文档、Excel 电子表、PPT 文稿或 PDF 文稿，要先安装这类应用。

图 8-90　Microsoft Excel Mobile

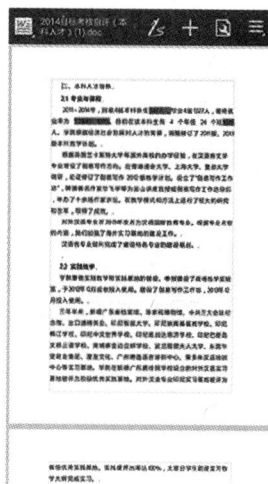

图 8-91　Polaris Office

8.5.7　多媒体应用

音乐类应用有酷我音乐、酷狗音乐、多米音乐、QQ 音乐、百度音乐和千千静听等。人们可以在线搜索、下载和欣赏各类音频资源。

视频类应用有优酷、PPTV、爱奇艺、QQ 影音、迅雷影音、百度视频、暴风影音、乐视视频和搜狐视频等。人们可以在线搜索、下载和欣赏各类视频资源。

图 8－92　酷我音乐　　　　　图 8－93　优酷视频

8.5.8　交通出行

地图类应用有谷歌地图、百度地图和高德地图等。利用手机的 GPS 定位功能，可以确定手机当前的位置。人们可以在地图中搜寻目的地，并规划前往路线。

旅行类应用主要有去哪儿旅行、携程旅行等，可以预订机票、门票和酒店等。

图 8－94　高德地图　　　　　图 8－95　携程旅行

交通工具类应用有航旅纵横、铁路 12306、滴滴打车和快的打车等。人们可以预订机票、火车票，查询航班动态，办理网上值机手续，召唤出租车等。

图 8-96　航旅纵横

图 8-97　铁路 12306

图 8-98　滴滴打车

8.5.9　生活购物

购物类应用有淘宝、天猫、京东、美团、唯品会和亚马逊等。网络购物还需要开通电子支付工具，如支付宝、财付通等。

图 8-99　手机淘宝

图 8-100　支付宝钱包

日历天气类应用有以及 360 日历、万年历、三星日历，墨迹天气、360 天气、联想天气等。日历应用可以查看、设置、提醒日程，天气应用可以查询地区天气。

8.6　思考和操作

（1）下载安装"大众点评"应用，并搜索你附近的餐厅。

（2）使用"航旅纵横"应用，了解当日 CZ3102 航班的状态，模拟安排接机。

第9章
其他办公设备

学习重点： 熟练操作打印机等常见办公设备，能进行简单的维护。

9.1 打印机

9.1.1 概述

打印机是将电脑文件输出为纸质文档的设备，使用非常频繁。按打印原理可分为针式、喷墨式、激光式三种。针式打印机常用于打印票据、厚纸、超大幅面纸；喷墨式打印机常用于彩色、精细打印；激光打印机速度快、效果清晰，常用于打印黑白纸质文档。

图9-1 针式打印机　　　　　图9-2 彩色喷墨打印机

图9-3 照片打印机　　　　　图9-4 激光打印机

9.1.2 打印机安装和共享

我们以联想LJ2000L激光打印机为例，介绍打印机在Windows 8系统中安装的方法。首先，拆除打印机的各种包装，拔出保护膜（如果打印机是新机器），打开打印机上盖，将墨盒放进打印机内。用 USB 数据线连接电脑和打印机，开启打印机电源。

打开"控制面板"—"硬件和声音"—"查看设备和打印机"，如图 9-5。

图 9-5　控制面板

点击工具栏中的"添加打印机"，Windows 系统将对连接的打印机进行搜索，如图 9-6。

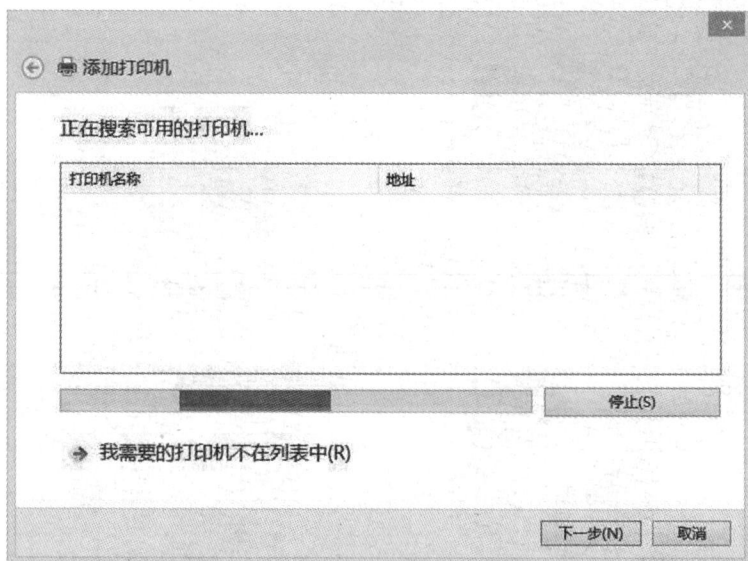

图 9-6　搜索打印机

如果 Windows 系统中没有打印机的驱动程序，将不能搜索到连接的打印机。点击下方链接"我需要的打印机不在列表中"，在弹出的窗口中选择"通过手动设置添加本地打印机或网络打印机"，如图 9-7。

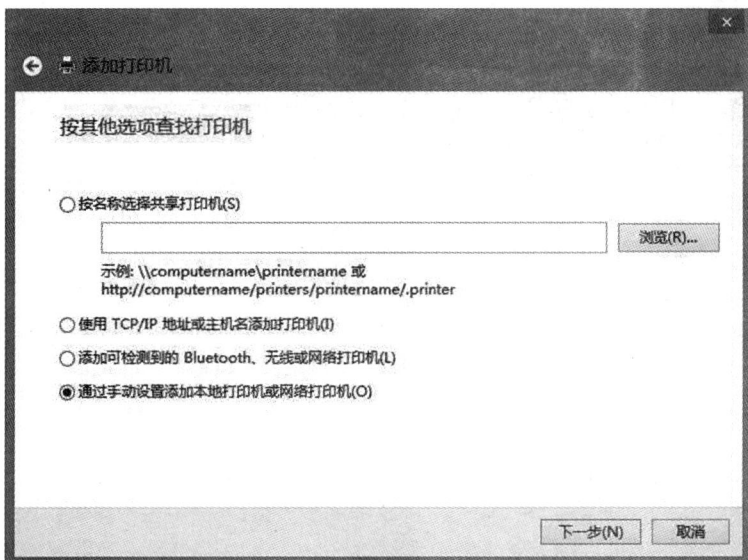

图 9 - 7   添加其他打印机

在弹出的窗口中选择 USB 端口（激光打印机一般都是用 USB 连接），如图 9 - 8。

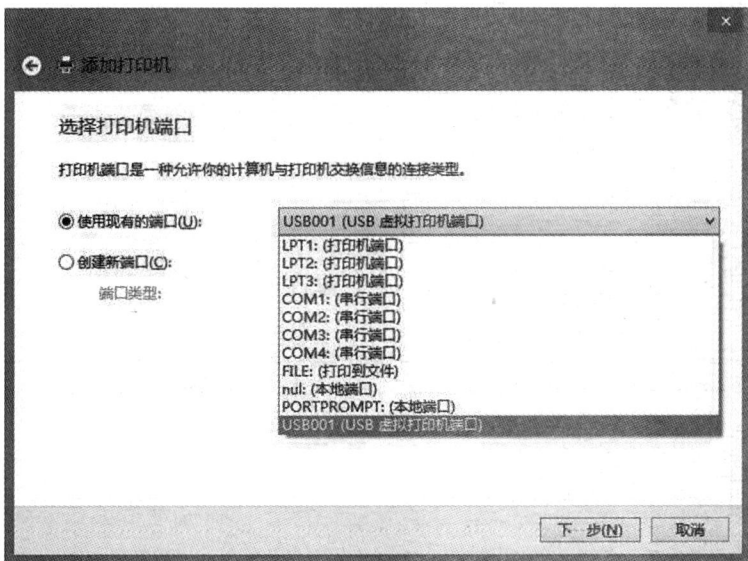

图 9 - 8   选择端口

点击"下一步"，弹出驱动程序安装窗口，如图 9 - 9。

点击右下方"从磁盘安装"命令按钮，在弹出窗口中设置驱动程序路径为光驱或者其他地址。将驱动程序光盘放入光驱。如果光盘丢失，可以上厂家网站，根据打印机型号下载相应的驱动程序。或者登录驱动之家网站 http：//www. mydrivers. com/，根据型号下载对应的驱动程序。

图 9-9 安装打印机驱动程序

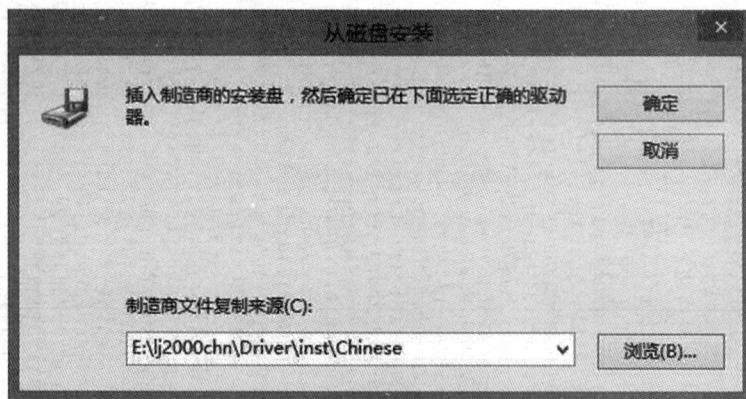

图 9-10 选择驱动程序路径

点击"确定"按钮，Windows 8 将安装驱动程序，正确识别打印机。安装成功后，在控制面板中能看到打印机图标。在图 9-11 中，红色的钩表示这台 Lenovo LJ2000 被设为默认打印机。这时可以装上纸张打印测试页。

为了节约资金、加强环保，办公室往往共享一台打印机。共享不频繁的情况下，可按上文步骤将打印机安装在一台电脑上（简称 A 机），并在 A 机上将打印机设置为共享。打开另一台电脑（简称 B 机）的"控制面板"—"打印机和传真"，点击左上角的"添加打印机"，弹出向导，选择"网络打印机"，输入 A 机 IP 地址及打印机名称，如图 9-12。如弹出账号密码窗口，则输入 A 机操作系统的账号和密码。A 机不能关机，否则无法共享。

图 9 - 11　打印机图标

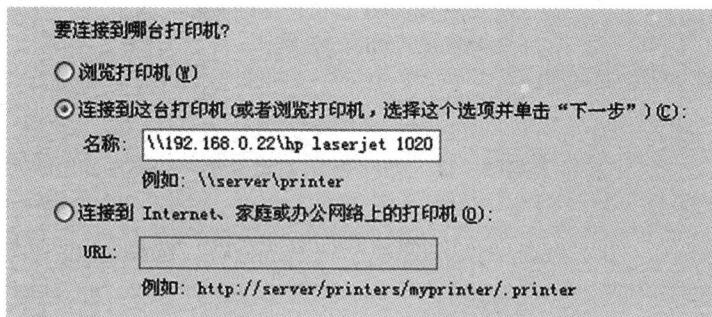

图 9 - 12　输入网络打印机地址及名称

打印量大的办公室可配备打印服务器。打印服务器是一种独立于电脑的外置网络设备，外观类似路由器，如图 9 - 13。将办公室局域网线插入打印服务器的网络端口，将 USB 数据线连接激光打印机。然后需要使用打印机的电脑通过查找网络共享，安装该型号的打印机驱动程序之后，打印机在网络中的任何位置，都能够容易地为局域网内所有用户提供打印。

图 9 - 13　打印服务器

9.1.3　打印机日常维护

打印机长期不使用时，应关闭电源，盖上防尘罩。

针式打印机使用时应注意保护针头，及时更换色带。喷墨打印机应选用正版墨盒以避免喷头堵塞。激光打印机使用时，要仔细检查纸张上有无装订线等异物，防止损害进纸装置。

9.1.3.1　双面打印 Word 文档

为了环保和节省办公经费，高效利用纸张，办公室常常需要进行双面打印。高级的打印机能够设置自动双面打印，不具备此功能的打印机，也可以通过软件设置来进行双面打印。

打开 Word 2013 文件菜单，点击"选项"—"高级"，在打印设置中勾选"逆序打印页面"和"在纸张背面打印以进行双面打印"，其他设置为系统默认，如图 9 - 14。

打印

☐ 使用草稿品质(Q)
☑ 后台打印(B) ①
☑ 逆序打印页面(R)
☐ 打印 XML 标记(X)
☐ 打印域代码而非域值(F)
☑ 允许在打印之前更新包含修订的字段(T)
☐ 打印在双面打印纸张的正面(R)
☑ 在纸张背面打印以进行双面打印(A)
☑ 缩放内容以适应 A4 或 8.5 x 11" 纸张大小(A)

默认纸盒(T): 使用打印机设置 ▼

打印此文档时(H): 🖼 10 其他办公设备.docx ▼

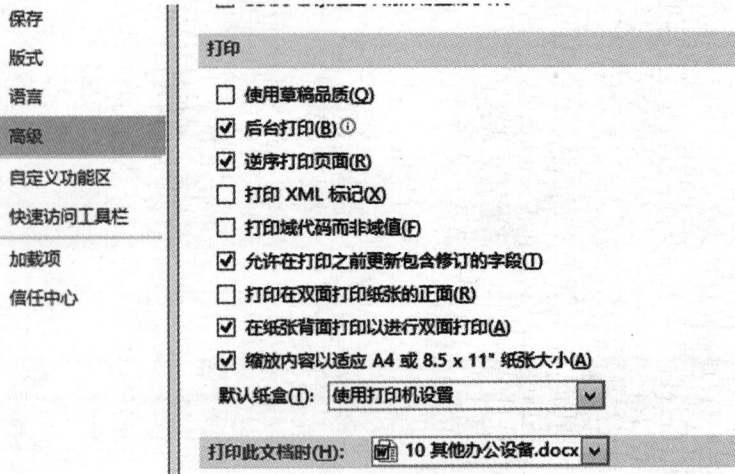

图 9 – 14   Word 2013 打印设置

确定并保存设置。然后点击"文件菜单"—"打印",选择"双面打印",如图 9 –15。

设置

打印所有页
整个文档 ▼

页数:

双面打印
翻转短边的页面 ▼

图 9 – 15   双面打印

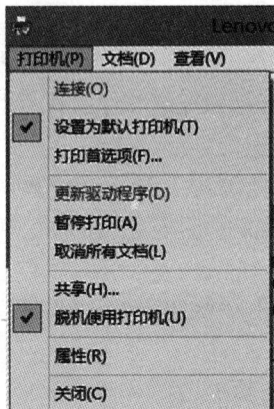

点击"执行双面打印",在一面的打印结束后,将纸张翻转放入纸盒,即可打印另一面。无须手工调整纸张顺序。

9.1.3.2   打印机不打印

按以下顺序由易到难检查原因,排除故障。

首先检查打印机是否通电,USB 连接是否正确,驱动程序安装是否正确。

其次检查打印机是否设为默认打印机,有没有勾选脱机选项。打开"控制面板"—"查看设备和打印机",双击打印机图标,弹出窗口。点击"打印机"菜单,再点击鼠标右键,看看是否勾选"脱机使用打印机"选项,如图 9 –16。如果已勾选,应去掉该项的勾选。

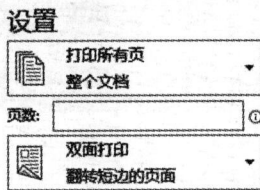

打印机(P) 文档(D) 查看(V)

连接(O)
✓ 设置为默认打印机(T)
打印首选项(F)...

更新驱动程序(D)
暂停打印(A)
取消所有文档(L)

共享(H)...
✓ 脱机使用打印机(U)

属性(R)
关闭(C)

图 9 – 16   打印队列窗口

214

检查前面的打印任务是否完成。打开图9-16所示的打印队列窗口，看看队列中是否有任务未响应。如果是，右键单击该项任务并删除。

完成了这一步骤如果仍然不能正常打印，可以重启打印机和电脑。如果还不行，就需要重新安装驱动程序。

9.1.3.3　墨色过淡

墨色过淡，可能是打印机设置的问题。点击图9-16菜单中的"打印首选项"，弹出窗口，点击"高级"选项卡，关闭省墨模式，如图9-17。

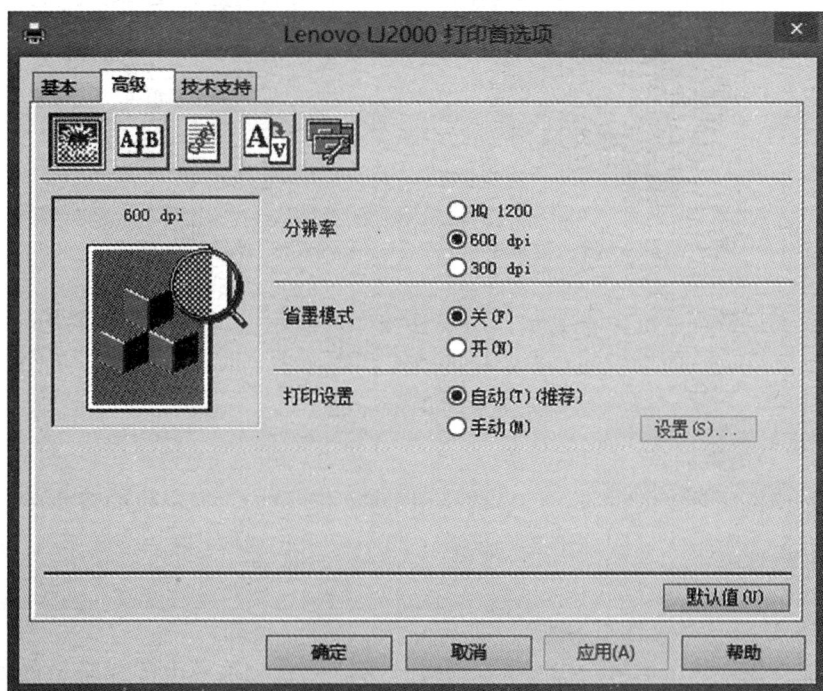

图9-17　打印首选项

如果没有效果，则可能是碳粉用完，需要更换新墨盒或者加碳粉。新墨盒需要摇晃几次，使里面的碳粉分布更加均匀。

9.1.3.4　打印有条纹或者黑影

打印出来的纸张上有条纹或者黑影，可能是纸张异物损害了硒鼓或者墨盒漏粉。需要更换硒鼓或墨盒。

9.1.3.5　卡纸

打印机卡纸时，关闭打印机电源，取出墨盒，打开后档门，然后再小心地抽出卡住的纸张，不要生拉硬拽。打印机卡纸的原因往往是纸张潮湿发生粘连，或者纸张上有硬的异物，也有可能是进纸装置磨损或损坏。

9.2 投影仪

9.2.1 概述

投影仪是一种大屏幕显示设备，通常用于公众展示场合。衡量投影仪性能的主要参数有亮度、分辨率、最大投影面积，以及功耗等。

图 9 - 18　便携式投影仪　　　　图 9 - 19　吊挂式投影仪

便携式投影仪常配合笔记本电脑，用于移动办公展示。吊挂式投影仪固定在会议室、多媒体教室，亮度大，效果较好。投影仪的效果和寿命主要取决于灯泡，工作结束后应充分散热，不能频繁开关。投影暗淡时应及时更换灯泡。

9.2.2 投影仪维护

投影仪是价格比较高的设备，在日常使用中要精心维护。投影仪的寿命主要取决于灯泡。投影灯泡发热量很大，因此不要频繁开关投影仪。收纳便携式投影仪时，应等灯泡充分散热之后进行。

9.2.2.1 投影仪无光线射出

首先，检查投影仪电源灯是否点亮。如果不亮，则仔细检查电源线路是否已插好。投影仪电源灯若呈红色，说明处于待机状态，要用遥控器启动投影仪工作。

9.2.2.2 投影仪无信号

仔细检查投影仪和电脑的连接线是否连接正确，接头有无松动。

笔记本电脑的显示信号有几种模式：只输出到电脑屏幕；只输出到投影仪屏幕；电脑屏幕和投影仪屏幕同时输出。笔记本电脑键盘上往往是 F1 至 F10 中的几个按键控制显示信号，要阅读笔记本电脑说明书，查看按键切换方法。

9.2.2.3 投影效果暗淡

投影效果取决于灯泡亮度、投影屏幕质量、投影距离、焦距和环境光线等几个因素。

首先，应根据使用环境的具体情况，选择购买合适的投影仪。灯泡越亮（流明越大）的投影仪越贵。亮度不够而投影面积又偏大，效果当然不好。

其次，要选择好的投影屏幕。投影屏幕有白屏幕、珠光屏幕（摸起来有粗糙感，仔细观察可以看到屏幕表面有很多细微的突起）、金属幕等几种，效果比投射在白色墙壁上都好。

减少环境光的影响。尽可能关闭照明灯光，拉上窗帘阻止日光射入。如果是便携式投影仪，还可以移动投影仪减少投影距离，调整焦距以减少投影面积。

上述几步都不能解决问题时，有可能是投影机灯泡老化，寿命到期的原因。这时应及时更换灯泡。

9.2.2.4　投影不方正

有时投影出来的屏幕呈梯形或边角弧形，不方正。首先应考虑投影仪或投影幕安装的位置是否水平于地面，可以通过调整脚柱、垫书、移动投影幕等方式进行物理调整。如果不是物理原因，可以用遥控器激活投影仪操作菜单，进行梯形修正。

9.2.2.5　投影偏色

有时投影出来的画面偏红、偏蓝或偏绿，叫作投影偏色。

投影偏色很可能是信号线问题。仔细检查信号线接头是否松动，如果是，则进行加固。也有可能是信号线或接头短路、断针导致信号传输不完整，此时应更换信号线。

如果不是信号线原因，则可能是投影仪的软件设置出了问题。可以操作投影仪菜单，调节色差和色温试试，也可以试着恢复投影仪出厂设置，看能否解决。

也有可能是投影仪中的液晶面板损坏，应及时进行维修。

9.3　复印机和传真机

复印机是办公室经常使用的纸质文档复制设备。复印机利用光电转换技术把纸质文档图像转换成数字图像或电荷信号，利用静电技术将墨粉吸附在硒鼓上，通过热敏压力装置把硒鼓上的墨粉固定在纸张表面，完成复制过程。衡量复印机性能的主要参数有复印速度、复印比例和首页输出时间等。当前主流是数码复印机，完成一次扫描后可实现多页复制，能够减少机械磨损，延长使用寿命。复印机单机价值较大，应注意日常维护。

传真机是通过通信线路（主要是电话）远程收发纸质文档的装置。传真机利用光电转换技术扫描纸质文档，将其转换成数字信号，并通过通信线路发送。目的传真机接收到数字信号后，通过打印系统还原为纸质文档。传真机同时具有电话机功能。符合规定的传真件具有合同法律效力。

为了满足自动化的需求，办公室还广泛使用多功能一体机。多功能一体机外形与复印机极其相似，但该机器把复印、打印、传真、扫描等功能有机结合共享，缩小了设备体积，提高了使用效率，体现了低碳、环保、绿色的新时代办公趋势。

为了保密需要，重要纸质文档不能随意丢弃，应使用碎纸机处理。

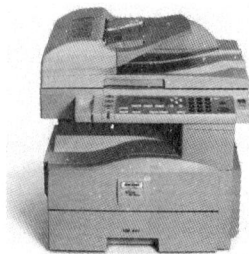

图 9-20　复印机

图 9-21　传真机

图 9-22　多功能一体机　　　　　　　图 9-23　碎纸机

9.3.1　使用复印机

打开复印机电源按键，开机预热 5 分钟。检查文件底稿，将原稿正面朝下放置在原稿玻璃台上，盖好盖板。检查纸仓，看有无足够分量的复印纸。操作复印机菜单键，选择复印比例、份数，按启动键开始复印。

9.3.2　使用传真机

发送传真：检查原稿，将原稿正面朝下放入传真机的进纸仓。摘机，拨打对方传真号码，待听筒传来长长的"嘀"的就绪铃声后，挂机。点击传真机上的发送按钮，开始发送。等待传真机扫描原稿，输出发送报告，检查发送是否成功。

接收传真：无人值守状态时，对方拨打传真机电话号码，无人接听时，固定时间后自动进入传真接收状态。有人值守时，可直接按接收键接收对方发来的传真。要注意检查传真机纸仓中是否有足够的传真纸。

9.3.3　复印机维护

复印机长时间不使用时，应及时关闭电源，延长发热部件的使用寿命，防止火灾。复印机工作时，会产生臭氧等废气，应注意开窗通风。复印机使用一段时间后，会泄漏一些墨粉，应及时清除纸仓和传送辊上面的废墨粉，防止复印出阴影或卡纸。复印机在扫描原件时，不要打开盖板，以免灼伤眼睛。大批量复印原稿时，应先复印少量副本，检查是否正确，防止浪费纸张。复印效果暗淡不清时，应及时加注墨粉。如果发生卡纸，可打开前后挡板，轻轻抽出纸张，切忌野蛮操作。

9.4　数码录音笔、相机和摄像机

数码录音笔是将自然声音转换、记录为 wav、mp3 等格式数字文件的装置。采用闪存来储存数字信息，能够录制单声道、双声道等几百至上千小时的声音信息。

数码录音笔通常用于会议、讲座的录音。录音完成时，应及时将录音文件导出到电脑上进行保存和整理。数码录音笔通常用 USB 数据线连接电脑，有些品牌需要安装附带的驱动程序才能被 Windows 系统识别。有些录音笔记录的声音文件不是常

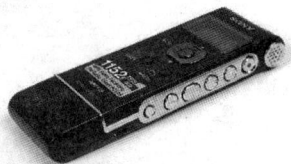

图 9-24　录音笔

用的音频格式，应使用附带的软件把它转换为常用的 mp3 等格式。

数码相机是通过 CMOS、CCD 等光电转换装置拍摄静态图像的装置，也可以拍摄短时间的视频，是办公室最常用的宣传工具。数码相机分为入门级和专业单反两种，主流数码相机分辨率已达 1 000 万像素以上，并带有全景、微距、3D 等特殊渲染效果。

数码摄像机原理与数码相机相近，但主要侧重视频拍摄功能。办公室常用的是微型数码摄像机，简称 DV。主流数码摄像机支持 1920×1080 分辩率全高清视频拍摄。

图 9-25　数码相机　　　　　图 9-26　单反相机　　　　　图 9-27　摄像机

数码相机、摄像机使用前应提前充好电（最好准备备用电池），检查 SD 卡有无足够的存储容量。打开镜头盖，启动电源，设置好分辨率、拍摄模式、光圈、快门，并进行试拍。拍摄时，要尽量端稳机器，不能抖动，有条件时应使用三脚架支撑。光线不足时，应打开环境照明灯光或使用闪光灯。

数码相机、摄像机使用完毕后，应清理镜头，保存在阴凉、干燥、弱光、平稳的地方。

9.5　绘图板和扫描仪

绘图板和扫描仪也是一种电脑输入设备。绘图板用于手绘图形、图像，并可直接输入电脑，常用于美术设计和动漫制作行业。扫描仪利用光电技术，能把纸质的文档、图像、照片转换为计算机文件。扫描仪是档案数字化管理的主要工具。加盖红色公章的纸质文档通常可以扫描成电脑图像，然后制作成 PDF 文档，这样能够保存文档的原始面貌。将具有规范字形的纸质文档扫描后，还可以用文字识别软件（OCR）将其转变为电子文本，以便检索。常用的汉字识别软件识别准确率一般能达到 95% 以上。

图 9-28　无线绘图板　　　　　图 9-29　扫描仪

安装扫描仪：将扫描仪和电脑用 USB 数据线连接，打开扫描仪电源。Windows 系统提示发现新硬件，将附送的光盘放入光驱，安装驱动程序。

使用扫描仪：打开扫描平台面板，将纸张正面向下放入平台，盖上面板。双击打开"我的电脑"中的扫描仪图标，启动扫描向导。按向导提示逐步点击"下一步"，完成扫描操作。

9.6　速录机

速录机是根据手写速记原理，使用专用键盘、专用编码的一种机械装置。1993 年，我国著名速记专家唐亚伟教授发明了亚伟中文速录机。亚伟中文速录机通过双手的多指并击键盘来完成，最多同时可以打出 7 个字，和人的说话是同步进行的，做到话音落，文稿出。速录机常用于会议记录场合，例如网站视频文字直播、司法庭审记录等。

图 9－30　中文速录机

9.7　思考和操作

（1）使用打印机双面打印文档。

（2）扫描一份纸质文件并用 OCR 进行汉字识别。

第10章
信息安全

学习重点： 提高信息安全意识，使用安全软件查杀病毒、优化电脑。

10.1　概述

信息安全是指信息系统（包括硬件、软件、数据、人、物理环境以及基础设施）受到保护，不受偶然的或恶意的原因引起的破坏、更改、泄露，系统连续、可靠、正常地运行，信息服务不中断，最终实现业务连续性。信息安全主要包括以下五个方面的内容，即需保证信息的保密性、真实性、完整性、未授权拷贝和所寄生系统的安全性。其根本目的就是使内部信息不受内部、外部、自然等因素的威胁。

信息技术是一把双刃剑。21 世纪信息技术高度发达，在深刻改变人类生活面貌，造福生产生活的同时，也带来了空前的安全威胁。当前全球网络空间安全形势严峻，信息安全压力日益增大。我们面临的信息安全威胁主要有：①信息泄漏；②破坏数据完整性，数据被非授权修改增删；③拒绝服务，对信息资源的合法访问被阻止拦截；④非授权访问；⑤窃听；⑥假冒授权；⑦病毒和木马；⑧物理侵入；⑨自然灾害和意外事故等。

2014 年上半年，国内信息安全受到威胁的案例比比皆是。1 月 21 日，中国互联网出现大面积 DNS 解析故障，近 2/3 的 DNS 服务器瘫痪，时间长达数小时。1 月 26 日，中央电视台曝光支付宝找回密码功能存在系统漏洞，严重影响用户的资金安全。3 月 22 日，携程旅行网用户支付信息出现漏洞，用户身份及信用卡信息泄漏。4 月 8 日，微软停止支持 Windows XP 系统，不再发布系统补丁，2 亿多用户处于"裸奔"状态。6 月，中央电视台曝光黑客用免费 WiFi 诱导用户连接，非法获取银行账号信息，窃取用户资金。

面对严峻的安全形势，我们应该高度重视信息安全。首先，我们要提高信息安全意识，加强职工信息安全教育。其次，应根据国家《保密法》和互联网信息安全法规，结合本单位的实际业务流程，建立信息安全的规章制度并切实执行。最后，要切实做好信息安全事故发生后的各种预案。

10.1.1　硬件安全

采购和使用符合国家保密法规和质量标准的硬件设备。涉密计算机设备不得接入互联网，应实行物理隔离，封闭计算机 USB 等外部接口，防止信息被非法拷贝。涉密信息不能用电子邮件发送。储存介质应当有编号，收发、使用必须登记。

加强门禁、监控等安防装置。配备消防灭火装置，不间断电源，备份数据，防盗、防火、防断电、防硬件崩溃。

内外网间配备硬件防火墙，进行物理隔离。

10.1.2 软件安全

10.1.2.1 软件补丁

选用安全的操作系统软件和应用软件，及时安装各种升级补丁，堵塞漏洞。计算机系统要设置开机密码和登录密码，删除或停止存在安全漏洞且不必要的服务程序。及时修复路由器、交换机、防火墙等硬件设备的补丁，设置好安全策略。

10.1.2.2 安全使用浏览器

使用正版浏览器软件，不轻易点击未知链接。要在正规的资源网站下载软件，不使用来路不明的软件和盗版程序。使用公共电脑浏览器后，要清除浏览记录和表单密码。认清重要网站的网址和标志，防止被假冒钓鱼网站诈骗，泄漏网上银行等重要信息。

10.1.2.3 密码安全

使用大写字母、小写字母、数字和特殊字符组成的复杂密码。不要用简单的身份证号码、生日、电话号码数字作为密码，防止被猜测破解。建议使用纸张抄写密码，妥善备份。

10.1.2.4 定时查杀病毒木马

安装防病毒软件，及时升级数据库，定时查杀病毒木马。使用 U 盘等存储介质前先全面查杀病毒木马。

10.1.2.5 网购安全

尽量到大型品牌电商网站购物。信誉良好的电商网站可以提供各种承诺保证，防止欺诈。妥善保管好身份证号码、银行卡号码、邮寄地址、订单记录等重要信息，防止外泄。开通网络支付的银行账号存入现金金额不能太多，并设置最高支付额。仔细识别短信验证码信息，手机号码丢失和报废时，及时注销旧号。

10.1.2.6 移动网络安全

使用不明来源的 WiFi 连接互联网时，尽量不进行网络支付操作，防止资金信息外泄。要到有信誉的网站下载应用，防止应用偷用流量。安装手机安全软件，定时扫描优化手机系统，拦截骚扰短信和广告。

10.1.2.7 手机安全

设定手机的开机密码，开启手机安全软件的防盗、防丢失功能。丢失手机后，可以用防盗功能进行 GPS 追踪，也可以备份回传或销毁手机上的重要信息。

10.2 计算机病毒防治

计算机病毒是办公自动化中常见的安全威胁。

计算机病毒是编制者在计算机程序中插入的破坏计算机功能或数据，影响计算机使用并且能够自我复制的一组计算机指令或程序代码。计算机木马是一种特殊的病毒，它是后门程序，可以进行非授权的访问和控制，常被黑客用作远程控制的工具。

10.2.1 病毒的特点

计算机病毒具有感染性、传播性、隐藏性、潜伏性、可激发性和破坏性等特点。

10.2.1.1 感染性和传播性

计算机病毒能够将自身代码插入正常的文件之中，使之成为病毒传播的媒介。计算机病毒具有自我复制的能力。病毒可以在本地计算机硬盘上复制，或通过局域网、互联网的途径，以网页链接、电子邮件等形式向更大的范围扩散。

10.2.1.2 隐藏性、潜伏性和可激发性

计算机病毒具有隐藏性，一般情况下难以被发现。有些病毒设置自身文件属性为系统隐藏文件。计算机病毒感染计算机和文件后，有的并不会立即发作，可以长期潜伏在系统中。等到具备特定的条件时（例如特定时间节点），就会激活发作。

10.2.1.3 破坏性

计算机病毒能够增加、删除、修改、复制或锁定计算机中的文件，导致系统和软件不能正常运行。有的病毒甚至能破坏硬件（如 CIH 病毒破坏 BIOS 芯片）。木马能在计算机系统中开设后门，导致信息被黑客非法查阅、获取和控制。

10.2.2 分类

计算机病毒有多种分类方法。

按照病毒破坏性可分为：①良性病毒；②恶性病毒；③极恶性病毒；④灾难性病毒。

按照病毒传染方式分为：①引导区型病毒，病毒感染硬盘操作系统引导区；②文件型病毒，主要感染 com、sys、exe 等后缀类型的文件；③混合型病毒，具有引导区型和文件型两类病毒的特点；④宏病毒，使用 VBA 语言编写寄生在 Office 文档中的病毒。

按照病毒传染途径分为：①源码型病毒，攻击软件源码，病毒代码随同软件源码一起被编译，较少见；②入侵型病毒，该类病毒将自身代码插入正常程序中，随正常程序的运行一起运行；③操作系统型病毒，这类病毒感染系统文件，阻止或偷换系统的一些功能；④外壳型病毒，这类病毒将自身附加在正常程序的头部或尾部，重新编译为可执行程序。

10.2.3 症状

计算机中病毒时，有的没有什么特殊表现（例如木马），有的表现出各种各样的征兆：

计算机不能正常启动。例如，病毒破坏了 BIOS 信息，导致不能正确识别硬盘等物理硬件。硬盘引导区被破坏，不能引导系统。操作系统文件被破坏，缺少系统引导文件。

计算机运行速度变慢，经常死机。因为病毒复制传染，占用大量内存，导致系统运行缓慢，甚至出现蓝屏死机。

硬盘存储空间大量减少，病毒疯狂复制，占用大量空间。

非用户操作向外发送电子邮件或其他信息。

浏览器主页被锁定。使用浏览器访问网页时跳出大量广告窗口。访问速度异常缓慢。

正常程序不能运行，文档不能打开。

文件访问被阻止，不能进行复制、粘贴、删除等操作。文件长度无故增加，日期和时间被修改。

10.2.4 防治

在办公室工作中，要按照 10.1.2 节所述做好计算机病毒的预防工作。平时可使用安全软件进行日常系统维护。感染计算机病毒后，可使用杀毒软件进行查杀。

常用计算机安全软件有 360 安全卫士（包含 360 杀毒组件）、金山卫士（包含毒霸组件）、瑞星杀毒、卡巴斯基。目前，这些安全软件的通用服务都是免费的。

用浏览器访问 http：//www.360.cn/，下载 360 安全卫士软件。安装完毕后，运行软件，界面如图 10－1。

图 10－1　360 安全卫士

10.2.4.1 电脑体检

点击图 10－1 中的"立即体检"按钮，360 安全卫士将查杀计算机病毒，全面评估电脑安全状况。这需要几分钟的时间，检测完成后，360 安全卫士将列出电脑当前存在的安全威胁并提出建议，如图 10－2。

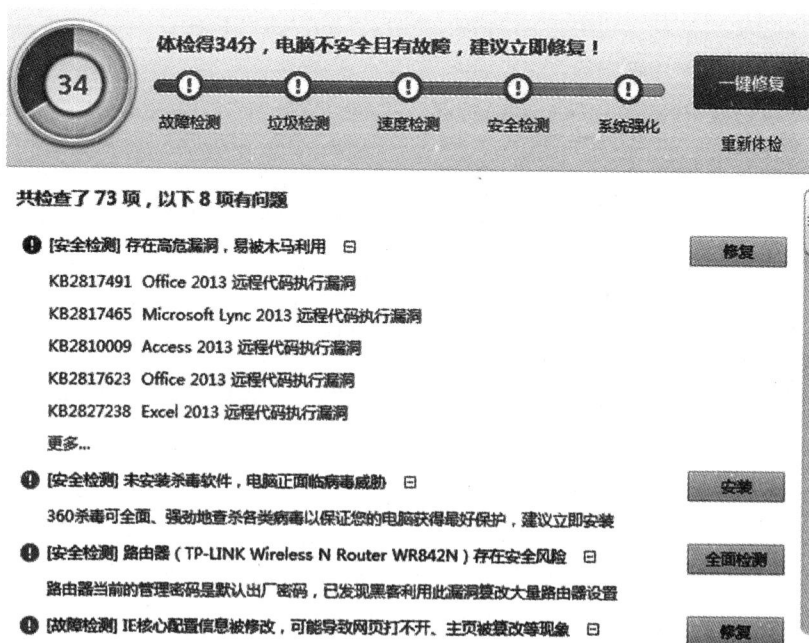

图 10 – 2　检测结果

可以点击右上角的"一键修复",修复全部问题。或者在下方的列表项中,逐项选择修复。

10. 2. 4. 2　木马查杀

点击图 10 – 1 上方菜单中的第二项"木马查杀",360 安全卫士切换界面,如图 10 – 3 所示。

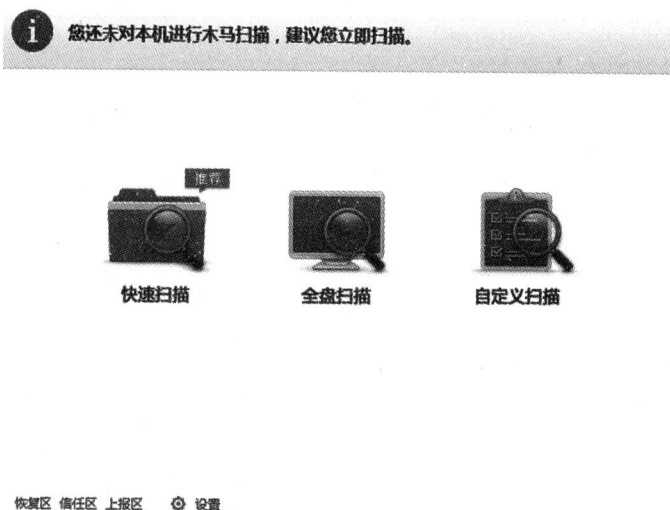

图 10 – 3　木马查杀

初次安装使用时，建议进行全盘扫描，平时可选择快速扫描。

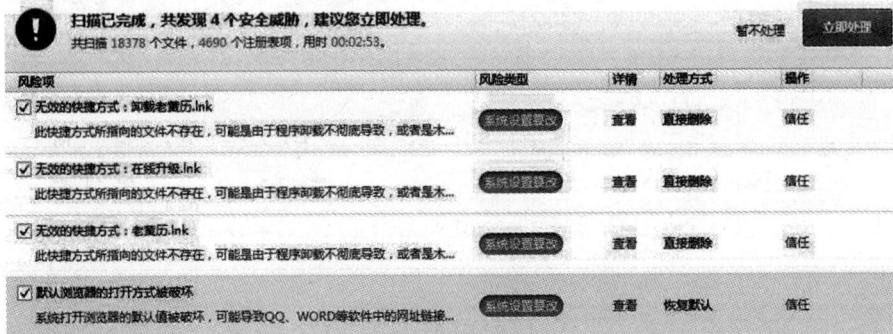

图 10 - 4　扫描结果

扫描完成后将列出结果，可以立即处理扫描出的威胁。

10.2.4.3　系统修复

点击系统修复，弹出窗口，如图 10 - 5。点击"常规修复"，可以解决一些图 10 - 5下方列出的问题。漏洞修复，可以下载安装最新的操作系统软件补丁。

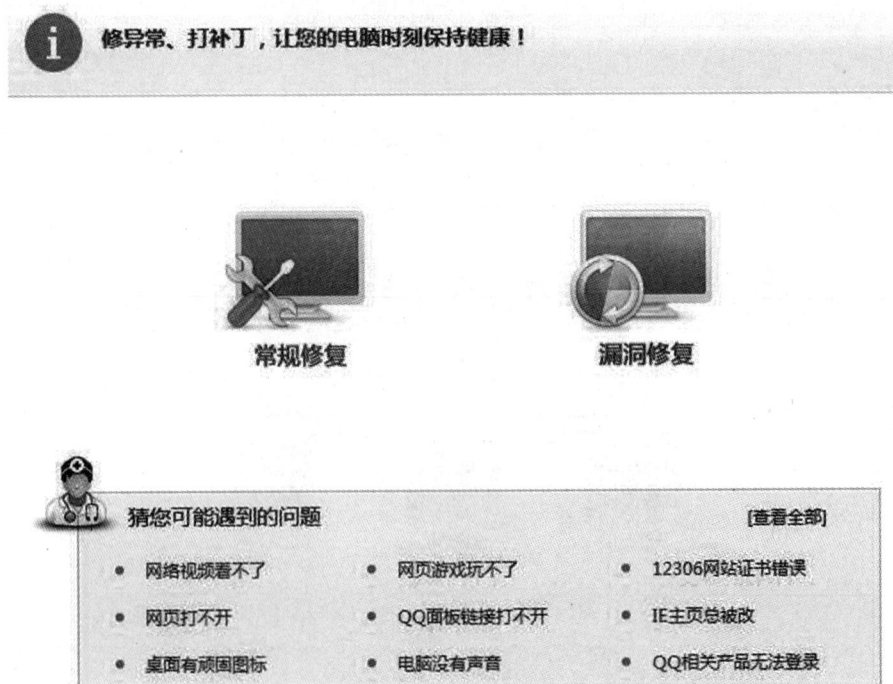

图 10 - 5　系统修复

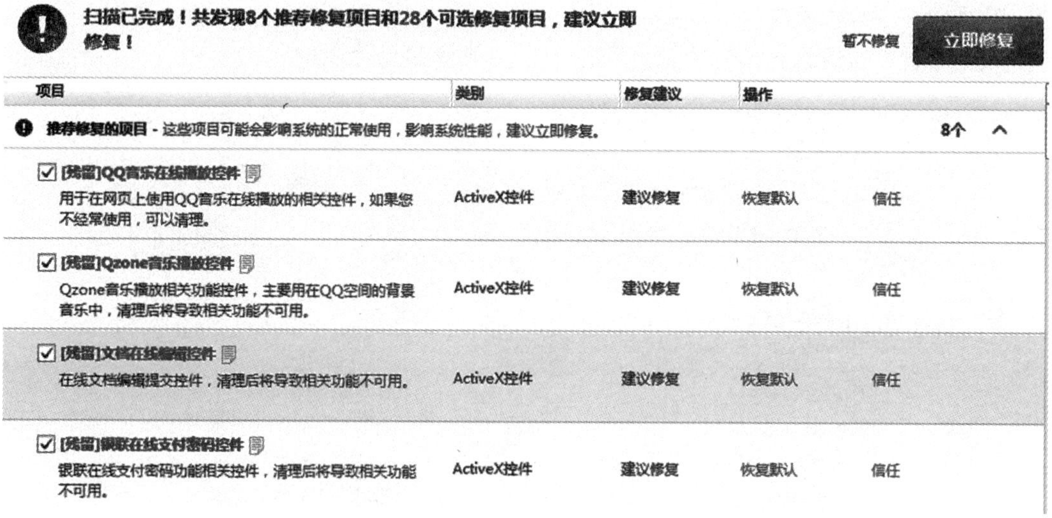

扫描已完成！共发现8个推荐修复项目和28个可选修复项目，建议立即修复！

暂不修复　立即修复

项目	类别	修复建议	操作
❶ **推荐修复的项目** - 这些项目可能会影响系统的正常使用，影响系统性能，建议立即修复。			8个 ∧
☑ **[残留]QQ音乐在线播放控件** 📋 用于在网页上使用QQ音乐在线播放的相关控件，如果您不经常使用，可以清理。	ActiveX控件	建议修复	恢复默认　信任
☑ **[残留]Qzone音乐播放控件** 📋 Qzone音乐播放相关功能控件，主要用在QQ空间的背景音乐中，清理后将导致相关功能不可用。	ActiveX控件	建议修复	恢复默认　信任
☑ **[残留]文档在线编辑控件** 📋 在线文档编辑提交控件，清理后将导致相关功能不可用。	ActiveX控件	建议修复	恢复默认　信任
☑ **[残留]银联在线支付密码控件** 📋 银联在线支付密码功能相关控件，清理后将导致相关功能不可用。	ActiveX控件	建议修复	恢复默认　信任

图 10 - 6　常规修复扫描结果

发现 44 个高危漏洞，需要立即修复。
共选择了 44 个补丁，共需下载 1248.51 MB。

返回　重新扫描　立即修复

☑ 🚨 **高危漏洞**　44个 ∧
这些漏洞可能会被木马、病毒利用，破坏您的电脑，请立即修复。

☑ KB2817491 - Office 2013 远程代码执行漏洞	2013-06-25	82.41MB
☑ KB2817465 - Microsoft Lync 2013 远程代码执行...	2013-07-02	114.25MB
☑ KB2810009 - Access 2013 远程代码执行漏洞	2013-09-11	4.97MB
☑ KB2817623 - Office 2013 远程代码执行漏洞	2013-10-09	11.88MB
☑ KB2827238 - Excel 2013 远程代码执行漏洞	2013-10-09	91.68MB
☑ KB2837618 - Outlook 2013 信息泄露漏洞	2013-11-12	89.58MB
☑ KB931125 - Windows 根证书更新程序	2014-03-10	0.44MB
☑ KB2863910 - Word 2013 远程执行代码漏洞	2014-04-08	167.20MB
☑ KB2878316 - Office 2013 远程执行代码漏洞	2014-05-14	171.74MB
☑ KB2880463 - Office 2013 远程执行代码漏洞	2014-05-14	100.73MB
☑ KB2881013 - Lync 2013 远程执行代码漏洞更新	2014-06-10	94.08MB
☑ KB2760587 - Outlook 2013 垃圾邮件筛选器更新	2014-09-10	4.34MB

图 10 - 7　漏洞修复扫描结果

建议对高危漏洞进行修复，根据需要来选择修复应用软件的补丁。

10.2.4.4 电脑清理

电脑清理可以清除电脑中的垃圾文件、上网痕迹和无用插件。

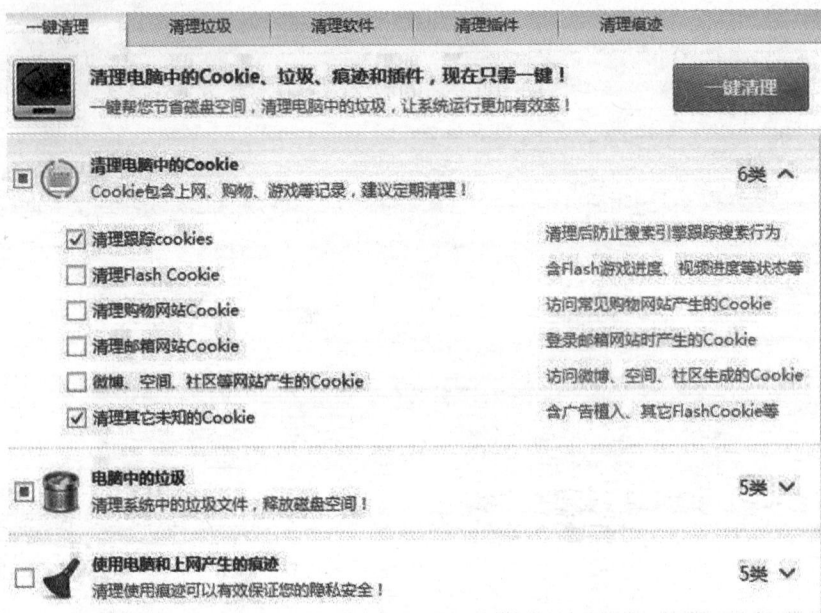

图 10-8　电脑清理

10.2.4.5 优化加速

优化加速可以结束内存中正在运行的程序进程，释放内存空间，整理内存碎片，提高系统运行速度。

图 10-9　优化加速

10.2.4.6　360 杀毒

360 杀毒是 360 安全卫士以外的单独组件，专用于病毒查杀。

图 10 - 10　360 杀毒

可以根据电脑的具体情况选择进行全盘扫描或快速扫描。

图 10 - 11　快速扫描

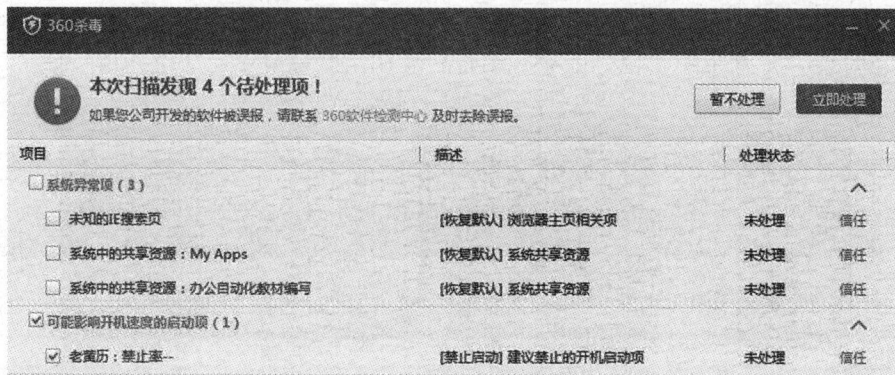

图 10 – 12　扫描结果和建议

10.3　思考和操作

（1）下载一个 U 盘病毒专杀工具查杀 U 盘病毒。

（2）使用 360 安全卫士给实验室电脑打上系统补丁。

参考文献

［1］梁建卿．办公自动化技术教程［M］．北京：清华大学出版社，2014.

［2］孙敏，刘勇．办公自动化［M］．北京：北京理工大学出版社，2010.

［3］王国胜，岳喜龙．Windows 8 中文版操作系统从入门到精通［M］．北京：中国青年出版社，2012.

［4］龙马工作室．Windows 8 完全自学手册［M］．北京：人民邮电出版社，2013.

［5］华诚科技．Office 2013 办公专家从入门到精通［M］．北京：机械工业出版社，2013.

［6］杨章伟．Office 2013 应用大全［M］．北京：机械工业出版社，2013.

［7］明日科技．Android 从入门到精通［M］．北京：清华大学出版社，2012.

［8］包翔．经理人的游牧办公学　移动互联网办公手册［M］．北京：机械工业出版社，2014.

［9］覃海波．办公设备使用与维护［M］．北京：高等教育出版社，2012.

［10］石志国，薛为民，尹浩．计算机网络安全教程（第 2 版）［M］．北京：清华大学出版社，北京交通大学出版社，2011.